图书在版编目(CIP)数据

街道背后：海上地名寻踪（续篇）/ 薛理勇著.

上海：同济大学出版社，2016.1

ISBN 978-7-5608-6108-1

Ⅰ.①街… Ⅱ.①薛… Ⅲ.①地名—介绍—上海市

Ⅳ.①K925.1

中国版本图书馆CIP数据核字(2015)第297224号

街道背后——海上地名寻踪（续篇）

著　　作：薛理勇

出版策划：萧菲菲(xff66@aliyun.com)

责任编辑：陈立群(clq8384@126.com)

装帧设计：陈益平

责任校对：徐春莲

出版发行　同济大学出版社　www.tongjipress.com.cn

（地址：上海四平路1239号 邮编：200092 电话：021-65985622）

经　　销　全国各地新华书店

印　　刷　上海锦良印刷厂

成品规格　170mm × 213mm　256P

字　　数　280 000

版　　次　2016年1月第1版　　2016年1月第1次印刷

书　　号　ISBN 978-7-5608-6108-1

定　　价　48.00元

上海市黄浦区档案局（馆）组 编

# 街道背后

## ——海上地名寻踪（续篇）

薛理勇 著

同济大学出版社

# 目　录

# 曹家渡和上海曹姓

沪西的“曹家渡”是一个“区片地名”。所谓区片地名是一种地名的形式，一般指称地名所指有一个中心点以及其周边的区片。如今指称的“曹家渡”一般指以长寿路、长宁路、万航渡路、万航渡后路四路相交的五岔路口为中心，包括相近地区。上海地名习惯，把五路交叉处称“五角场”，如沪东黄兴路、四平路、邯郸路、淞沪路、翔殷路五路相交处为“江湾五角场”，今“大柏树”处有汶水东路（原水电路西段）、逸仙路、邯郸路、曲阳路、中山北一路五路相交，在上世纪40年代以前，这一带就叫作“小五角场”，所以，曹家渡五路交叉处以前又被叫作“曹家渡五角场”或“五角场”，如今，大概只有老上海才会把“曹家渡”叫作“曹家渡五角场”。

望文生义，曹家渡应该是一个渡口的名称，而如今的“曹家渡五角场”离吴淞江（即苏州河）还有一段距离，这“曹家渡”地名是怎么来的呢？

中国曹姓的历史可追溯到公元前11世纪，周王朝建立后分封诸侯，周武王的弟弟振铎的封地为曹国，以姬为姓，建京城陶丘（今山东省定陶以西），实际疆域相当于今山东西部。公元前487年，曹国被宋所灭，国破家亡后，曹国宗族“以国为姓”，即他们将原姬姓改姓曹，于是，原曹国国民也相继改姓曹，所以，早期曹姓主要集中在今鲁西一带，以后慢慢向周边蔓延。想来，出生于亳州的曹操，也应是曹国人后代。南北朝时，由于南北战乱不已，开始有大批曹氏宗族南迁江淮一带，成为淮南的庞大族姓，直到今天，淮南一带以汪、程、曹、黄为“四大姓氏”；北宋后期，胡骑南下，有更多北方宗族南迁江南，据上海《曹氏宗谱》记载，当时曹氏“从而徙者一十八支”，其中有一叫曹大明者率领其宗族“卜居华亭县上海镇范家浜之后，即今曹家渡”。这里要把上海的行政建置交代一下，今天的上海在唐朝以前分属昆山、嘉兴、海盐三县，到唐朝开元、天宝年间，这里已有华亭、青龙两镇及22个乡，户数过万，根据唐朝制度“六千户为上县”，天宝十年，即公元751年置华亭县，范围大致相当于今吴淞江以南的上海市全境；大概到了北宋，在原上海浦边上形成一个以酒业为主的榷场，叫“上海务”，直到南宋咸淳年间，“上海务”正式升格为“上海镇”，又过了几十年，即元至元二十九年（1292），升上海镇为“上海县”[1]。南宋末年，上海镇是华亭县下的一个镇，《曹氏宗谱》以“卜居华亭县上海镇”行文，说明事出有据。“范家浜”是上海的一条古河道，在明初的治水工程中就消失了，而古籍关于它的记录太少太简，以致后人很难知道其流向。《明史·河渠志四》收录当年水利大臣夏原吉的奏疏：

> 松江大黄浦乃通吴淞江要道，今下流遏塞难浚；旁有范家浜，至南仓浦口径达海，宜浚深阔，上接大黄浦，达泖湖之水。

文中的“仓”应是“跄”之误，“南仓浦”是“南跄浦”之误。元《嘉禾志》：“南

清末曹家渡附近苏州河

[1]关于设上海县的时间，历来有至元二十八年和至元二十九年两种观点。至元二十八年批准设置，二十九年主簿到任。1991年上海举办建县700周年纪念活动，支持二十八年之说。

跄浦。在府东北百里。前志云：范家浜西。吴淞江口曰跄浦，亦曰大跄浦。”这说明“范家浜”与“南跄浦”之间的关系，即南跄浦在范家浜的西面。明正德和清康熙《松江府志》载：

南跄浦……在上海东北三十六里。其支流为东沟浦、西沟浦、马家浜。

清《同治上海县志》中也讲：

南跄浦，夕在东虬江东，通东、西沟、马家浜。

“东沟”的地名还在，显然，原来的南跄浦在今浦东新区东沟一带。

按夏原吉奏疏中讲，范家浜在大黄浦的旁边。明《弘治上海县志》中讲：

范家浦。在县（上海县）东北，旧名范家浜。洪武间吴淞江淤塞，潮汛不通。永乐元年，华亭人叶宗行上言疏浚通海，引流直接黄浦，阔三十余丈，遂以浦名。

原来，到了元代和明朝初年，太湖流域最大的泄洪道——吴淞江下游淤塞严重，到雨季洪峰到来时，它无法及时将大水排入大海，使太湖流域成为一片泽国，而到旱季，它又蓄水不足，容易造成旱灾，于是，水利大臣夏原吉听从华亭人叶宗行的建议，放弃江桥以

清末民国初上海名流廉泉、吴芝瑛夫妇住宅小万柳堂在曹家渡苏州河南岸

下的吴淞江故道，疏浚江桥以下的吴淞江支流，使其西段成为吴淞江新的下游河道，而东段则与原黄浦打通，成为新的黄浦下游水道，将黄浦引入大海。从此，吴淞江和黄浦关系倒置，原来是主流的吴淞江成了支流，而原来是吴淞江支流的黄浦成了主流，并替代吴淞江的地位，成为流经上海最大的河流。同样，我们可以得出一个结论，古代的“范家浜”相当于今江桥以下的苏州河，以及今苏州河以下的黄浦江水道。

上海位于范家浜之南，以上海城里人的角度来讲，近江处为“前”，过了江的地方为“后”，上海世博会浦东一个出入口称“后滩”，地铁7号线设有“后滩站”，“后滩”是一个历史地名，就是以位于上海县城隔黄浦江的滩地而得名的。这支徙入上海的曹姓在“范家浜后”定居，这“范家浜后”应该指今浜北的曹杨路一带，而曹杨路也就是以该路连通曹家渡和杨家桥而命名的。毫无疑问，原来的“曹家渡”是吴淞江边的一个渡口名，以这里曹氏宗族集中居住而得名。

历史上的上海地区以“顾、陆、朱、张”为“四大姓”，历年的《上海县志》“人物”卷中，收录的曹姓人物有三十余人，是最多的姓氏之一。

《明史》和《同治上海县志》中记载：曹闵，字崇孝，号锦溪。曹家行人。明弘治九年（1496），他以进士衔授沙县（今福建沙县，今上海的饮食业中特多“沙县小吃”）知县，又以政绩卓越晋南御史，正德年间他又和同事合参刘瑾叛逆罪有功晋广西佥事。此后刘瑾被打入大牢，但刘瑾之余党仍活动猖獗，曹闵认为“一瑾去而众瑾尚在”，担心会遭到刘瑾同党的报复，主动申请辞官回到家乡上海，仍居住在曹家行，这个曹家行就在今曹家渡的对岸。不过若干年后，曹闵的族人逐渐向县城转移。

大概在曹闵同时代中有一位曹诚（守愚）迁到南门外五里桥（今五里桥路一带）开了家诊所，他“诊视有神解，投以丹膏，病立起”，他又为人“敦朴廉介”，几次在诊所里或出诊时拾得巨金设法归还失主，上海名绅，日涉园主陈所蕴特为他写了篇《还金传》的文章，并题赠“拾金不昧”匾。他的两个儿子曹国祯（明卫）和曹国裕（起潜），孙子曹六龙（君升，号南叟）和曹六韬（君略）都是沪上名医。曹六龙除行医外还开馆教授，他本人的科举考试很不顺利，但他所教学生“登科者甚众”，于是他被松江府和上海县“累举乡饮宾”，即多次出席地方官员为举人以上举办的筵席。曹六龙的一个儿子叫曹垂灿（字天琪，号绿岩），他可是上海历史上最有名气的人物，他是顺治四年（1647）进士，先后做过河北藁城和浙江遂安知县，在职期间极有口碑，后来辞职回到上海，组织和参与

《康熙上海县志》的编纂。旧志中记载了关于曹垂灿的一则故事：

> 国朝顺治十年秋，海寇张名振再犯县治，总兵官王燝督战辱师，民聚而诟。巡抚周按临，燝恐民暴其走遁失机状，反诬民通贼，自南浦至静安寺界欲尽屠之，周惑其说。邑侯阎绍庆偕邑绅曹公垂灿联袂长跪，愿以百口为保。不许，将俟鸡鸣纵戮。是夕，神降官廨，俨立阶下，周心动。至夜半，仍欲屠之，又见神直视摇首如是者数四，遂释。

原来在清初，旧明王朝的余部仍在沿海开展反清活动，上海的局势动荡不定，而驻上海的清军总兵无能，作战多次失利，于是他就把战事的不利归罪到上海百姓与明朝残部的勾结，准备镇压百姓。曹垂灿立即出面向总兵交涉、求情，总兵依然我行我素，一天夜里，总兵几次梦见上海城隍降临，禁戒总兵不许胡作非为，总兵才放弃计划，避免了清初对上海的大屠杀。

曹垂灿有一个侄子叫曹泰曾，是康熙十七年（1678）举人，官福建莆田知县。曹垂灿的儿子曹炯曾（世宏），官江西赣州知县，他奉母命在上海建立“曹家祠堂”，今上海老城内文庙的东侧有一条叫“曹市弄”的小路，其旧名叫“曹祠堂”，就是以坐落在这里的“曹氏宗祠”得名的。

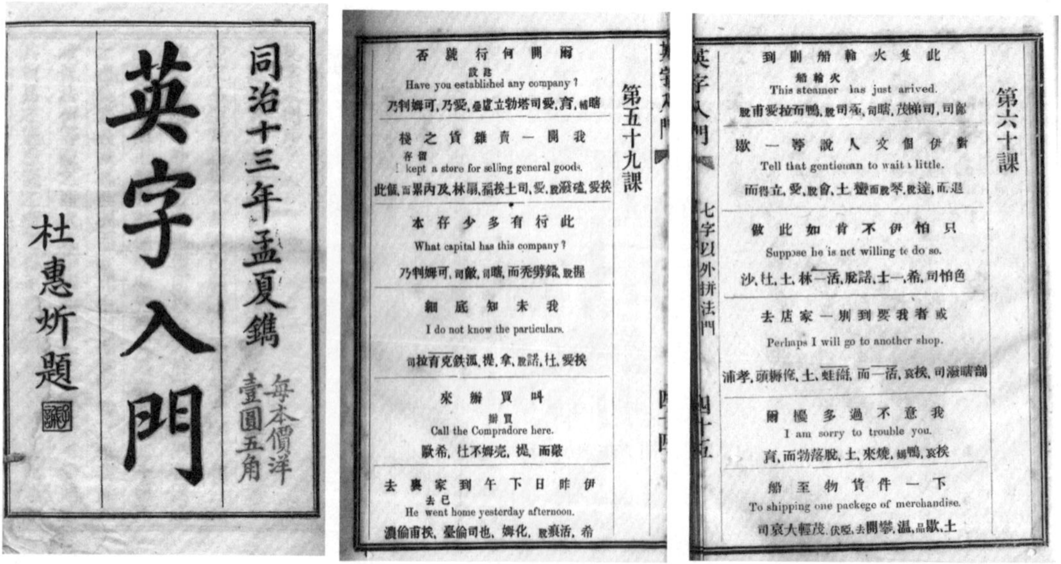
同治十三年孟夏鐫

英字入門

每本價洋壹圓五角

杜惠炘題

第五十九課

爾開何行號否
Have you established any company?

我一間賣雜貨之棧
I kept a store for selling general goods.

此行有多少存本
What capital has this company?

我未知底細
I do not know the particulars.

叫買辦來
Call the Compradore here.

伊昨日下午到家裏去
He went home yesterday afternoon.

第六十課

此隻火輪船剛到
This steamer has just arrived.

對伊個人說一等
Tell that gentleman to wait a little.

只怕伊不肯如此做
Suppose he is not willing to do so.

或者我要到別一家店去
Perhaps I will go to another shop.

我不意過多攪爾
I am sorry to trouble you.

下一件貨物至船
To shipping one packege of merchandise.

清上海人曹骧编著《英字入门》是中国第一部英语教科书

到了近代后，这支曹氏宗族中还出了一位对上海做出巨大贡献而又被上海人遗忘的人物，他就是曹骧。《民国上海县志·人物志》：“曹骧，字润甫。八岁入西人所设蒙塾习中西文，同治初入英界工部局任译务，尝著《英字入门》行世。华人之为英字典自骧始……”

曹骧（1844–1923）字润甫，早年就读于英国人创办的“英华书院”，后来进工部局当翻译，以前，由于交通不发展，地区与地区之间的交通往来很少，北方的“官话”是官方语言，而地方上使用自己地方的“方言”，所谓“方言”就是地方语言之义，当然，上海人只会讲上海话，宁波人只会讲宁波话，广东人只会讲广东话。近代上海开埠后，上海又多了一门英语，而且已成为商界的重要语言，外国人要与中国人打交道，必须聘用初通英文的中国人充翻译、当买办，而中国人要与外国人打交道，谈生意，最好也能懂英语，于是，上海掀起了一股学习英语的浪潮。曹骧在《英字入门》序中讲：

……近来各口岸学习英国字语者日新月盛。我国之研究西学者，往往有所撰述，如粤东唐景星先生之《英语全集》、邝容阶先生之《字典集成》、浙宁冯泽夫先生之《英语注解》等书，大抵皆殚精研虑，足以嘉惠后学，然所注均非沪音，我邑人之欲习者，终以未易学步为憾。

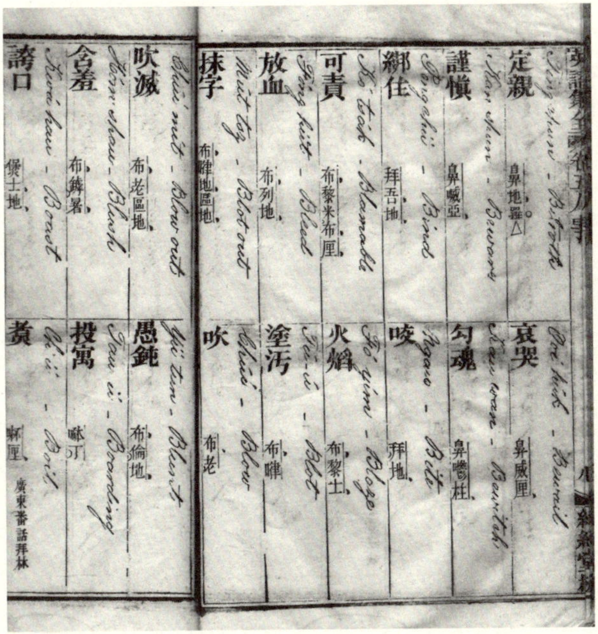


广东人唐廷枢（景星）用广东方言注音的《英语全集》

当时上海只有广东人唐廷枢（景星，1832–1892）编的《英语全集》、邝容阶编的《字典集成》英语初学手册，但都是用广东话注音，还有宁波人冯泽夫等合编的《英语注解》，又是用宁波话注音的，上海人几乎无法使用，于是他也编了一本以上海方言注音的《英字入门》，并于同治十三年（1874）刊印，用活字排版印刷，由于该书出版于《英语全集》、《英语注解》后，使他可以吸取前者的经验和教训，全书以浅出深入，由浅到深的原则分为70课，另附有“论英字源委”、“单字门”、“拼法门”、“学语要诀”等章节，介绍英文的结构、语法、拼音、读音、学习技巧等，它已不是初学者的“手册”，而是有系统的“教科书”，与后来的教科书编排体例十分相近，因此，《英字入门》不见得如《民国上海县志》吹嘘的“华人之为英字典自骧始”，但是，作为英语教材它可是名副其实的第一本，并为以后英语教材的编写和发展奠定了基础。

近代以后上海逐渐发展为一个近代化大城市，各项建设在蓬勃发展中，道路、桥梁建设是市政建设中最大的项目，投资大，工程多，亟需大量苦力，于是工部局想出了一个极恶劣的办法——强迫被关押或服役的中国人犯承担上海租界的筑路任务。于是，在上海租界里，经常可以看到戴镣铐和不戴镣铐的中国人犯在“红头阿三”看管下修建道路的场景。

租界是为了避免华洋杂居容易引起纠纷而建立的一个侨民居住区和商贸区，但是经历了1853年的小刀会起义和1860年至1862年的太平军东进行动后，大批的上海城里人和苏南浙北的难民进入上海租界，原来为“华洋分居”而设立的租界又成了“华洋杂居”之地。实际上，在很长的时间里，洋人的总数不超过5%，而华人的比例超过了95%；“华洋杂居”必然会引起华人与华人的诉讼，华人与洋人的诉讼，由于洋人在华享有领事裁判权，华洋诉讼肯定不利于华人，因此，租界里的华人迫切要求上海道参与租界司法，上海道也希望收还对租界里华人的司法权，同时，租界当局也希望利用上海地方政府来维持租界的秩序。于是1864年上海道与英国领事正夏礼（Harry Smith Parkes，1828~1885）签订《洋泾浜北首理事衙门章程》，“洋泾浜”是上海县城北郊的黄浦江支流，1914年至1916年被填平筑路，即今延安东路，近代以后它成了上海英、法租界的分界河。该章程规定上海道署在洋泾浜北首的英美租界里设立一个理事衙门，由英领事和上海道各派一名官员组成法庭，凡涉及租界的刑事案件和华洋诉讼和华人之间的诉讼，即由这个法庭审理和裁决，所以这个法庭后来被叫作“会审公堂”，这种制度则被叫作“会审制度”。刚开始，这个法庭还能遵守“章程”的约定和程序审理，但是过了若干年后，外国法官的权力不断扩大，而中国法官的权力日益缩小，最后，外国人就把持了会审公堂。

“章程”并没赋予会审公堂对已判决关押的人犯可以用于苦力的权力，更何况会审公堂只对中国人犯强行筑路，而外国人犯则可以免除这一劳役，引起了一部分民族自尊心和维权意识较强的中国人的反对和批评。1886年，曹骧上书上海道，他的上书不仅得到上海市民的支持和声援，也引起了上海道的重视，后来由上海道照会会审公堂，严格禁止强迫犯人修路。

到了清末，上海的曹氏已是一支庞大的族群，南门内有一大宅园本是赵氏的“保定堂”，清初被曹垂灿收买成了曹氏的“咸宜堂”，如清秦荣光《上海县竹枝词·古迹三十》中讲：

> 城南东偏保定堂，传系赵氏为仪宾者建，俗呼“驸马厅”。张氏、潘氏、乔氏居后，国初为曹垂灿宅，有“咸宜”额，赵文敏（孟頫）手迹。

曹家在南门内的“咸宜堂”后来被叫作“同仁里”，相当于今中华路679~721号一带。著名学者于光远原名郁钟正，他的祖上是上海沙船巨商郁泰峰，是上海望族，郁家与曹家为姻亲，于光远称曹汝霖为舅公，于光远童年时去过曹汝霖在北京的家，这位“舅公”还抱着“外孙”玩，于光远还告诉我，曹汝霖在上海的老家就在“同仁里”。大概十几年前，当时同仁里面临拆迁，我曾几次赴那里，真的，那里的大院里还有一很古典的飞檐凉亭，在宅院的墙壁上，以及自来水的水斗上分散了许多刻有文字的石碑，我曾告诫上海市历史博物馆的领导们，注意这里的拆迁动态，将那些残碑征集进馆，可惜，领导永远是不会听群众的，现在想起来，只有“可惜”二字可言。

据上海《曹氏宗谱》记载，上海曹氏自宋室南迁，始迁董家渡，至明永乐十二年（1414）曹氏成员中有一个叫曹孟庄的人中过举人，并将自己的家属迁到现在的周浦。当时周浦镇还没形成，所以这里被叫作“曹家弄”。又经过几代后，其后人曹俸（字巨禄）又把自己的家属迁到南汇的白洋，他就被尊为浦东曹氏的第一代，而他的儿子曹桂（字竹轩）又率这支曹氏迁到“川邑二十保二十五图都台浦”，这个地方就是现在川沙东北的曹路，当然，这个曹路的地名也是以曹氏集中而得名的。据最新出版的《沙川县志》中记载，现在川沙共有曹姓1.1万余人，各姓氏中排名第17位，而川沙的曹姓大部分集中在曹路附近，它在这里一带人口仅次于顾姓而排名第二位。

# “泾”是细长的河流

我以前住在虹口，徐家汇是离我家很“遥远”的地方，但是，从徐家汇往南，前后有漕溪公园、漕河泾、桂林公园、康健园等多处“好白相”（好玩）的地方，一方面学校组织的春游、秋游大多会沿此线路白相，我们私人也会沿此线路游玩。当时我们讲的“漕河泾”并不是指河流，而是临漕河泾河流的一条街。

关于漕河泾，从清《嘉庆上海县志》开始，历朝县志中均有记录，内容大同小异，《光绪上海县志·卷四·水道上》中记：

> 漕河泾（见前志）。自龙华港分支西南流，过漕河泾镇，至瑶阶桥，折而南，径南新泾，又西南为何家浜，入娄县界，至姚家石桥，通横沥（何家浜以西今淤）。

关于“漕河泾”名称的来历和意义，未见于古籍，有人以为，这是一条运输漕粮的河道，于是被叫作“漕河”，后来加“泾”而被叫作“漕河泾”，此释未必“事出有据”，不过还是“言之有据”。大概在明代中期，就在漕河泾出现了一“漕河庙”，此只是一水神庙，大概到清乾隆以后，这座漕河庙成了这里的城隍庙，香火很盛，每年清明、中元、十月朔分三次举行巡会，届时，当地信徒和百姓，抬着城隍像沿路到龙华，再从龙华返回，场面壮观。于是，就在漕河庙处形成镇市，即“漕河泾街”，我们当年去的“漕河泾”实际上是“漕河泾街”，这条街现在大概已经消失了。

漕河泾也被当地的文人雅士雅称之为“漕溪”，今天这里的“漕溪路”、“漕溪北路”即以其得名，附近的“漕宝路”和“龙漕路”，则是漕溪路通七宝和龙华而得名，凡周边带有“漕”字的路名，均与漕河泾或漕溪路有关。

上面引用的《光绪上海县续志》中提到漕河泾向西北流时中间一条“径南新泾”，也就是讲，漕河泾的一段河道借用了“南新泾”，实际上，所谓“南新泾”只是“新泾”在南面一段的称谓。《吴郡志》收录北宋郏亶关于吴淞江南岸支流中未谈到“新泾”，而南宋末《绍熙云间志》中记：

新泾浦。在县东北八十里。

上澳浦。在县东北八十里。

西芦浦。在县东北八十五里。

这里要注意几个问题，南宋时今上海地区只有华亭县，上海只是华亭县下辖的一个市镇，所以文中的“县”不是指上海，而是指华亭县，县治即今松江城厢镇；古代，吴淞江是太湖流域最大的河流，也是流经上海市区最大的河流，所以，苏南治水工程始终围绕吴淞江展开。郏亶在讲江南治水方针中讲：

古者，既为纵浦以通于江，又为横塘以分其势，使水行于外，田成于内，有圩田之象焉。

或五里、七里一纵浦，又七里或十里为一横塘。因塘、浦之土以为堤岸，使塘、浦阔深而堤岸高厚……而水可拥（涌）而趋于江。

细长的河流往往被叫做“泾”

这里又必须了解一些上海的地理和地名知识，吴淞江是太湖最大的泄洪道，是流经上海最大、最重要的河流，所以，涉及上海的古籍中，凡提到“江”就特指吴淞江，历史上或现在，称“江”的河流也只有吴淞江及吴淞江故道；在农耕年代，江河除了航运功能外，其最重要功能是泄洪和蓄水，江河如不能及时排泄太湖洪峰，江南就会成为水乡泽国，而旱季时，江河的蓄水量不足，那肯定会造成干旱，所以古人治水的主要方针，就是沿吴淞江每隔五里或十里，开挖一条深而宽的河流，使其成为吴淞江支流，由于吴淞江基本上是东西流向的，即所谓“横”向的，所以，吴淞江的这些支流基本上是南北向的，即“纵向”的，古人把吴淞江大的支流一律称“浦”，所以“浦”就是“纵浦”；人们又沿浦每隔七里或十里，再开挖“浦”与“浦”沟通的河流，称“塘”，而“塘”又多为横向，所以叫“横塘”，一般讲，“塘”本义并不指河流，而是指堤岸，如海塘、河塘，而江南就是利用开挖河浜的土筑成堤岸，所以，在上海地名中，凡含有“塘”的河流，往往

徐家汇附近的漕河泾

也就是经人工开挖的河流。

由上可知，上引《云间志》所讲新泾浦、上澳浦、西芦浦一定是吴淞江支流，它们也是南北向河流。

清初顾祖禹《读书方舆纪要》卷十九中收录元代水利建设中的档案资料，说：

> 元大德间，麻合麻（应是蒙古人的名字）等集议治水，以为太湖之水不流于江……并淀山湖之水往东流于大曹港、柘泽塘，东、西横泖，泄于新泾，并上海浦，注达于海。

看来，到了宋朝后期，吴淞江下游已严重淤塞，人们就在吴淞江下游尚未淤塞处开挖了一条吴淞江南岸的大支流，替代原吴淞江已淤塞的下游水道，引吴淞江水向南并入“上海浦”，再由上海浦将水引入大海，这条新开凿的吴淞江支流就被叫作“新泾浦”；到了明永乐治水工程时，彻底放弃吴淞江的下游水道，开挖上海浦，使它成为大黄浦的下游水道，新泾浦的作用就不太大了，地位也日益下降，河流逐渐萎缩成一条细长的河流，原名字上的“浦”也被取消而被叫作“新泾”。新泾很长，跨几个行政区，于是，其南段被叫作“南新泾”，北段叫作“北新泾”。

近代以后，1901年公共租界工部局沿北新泾筑罗别根路（Rubicon Road，即今哈密路），1925年又筑林肯路（Lincoln Road，今天山路）和庇亚士路（Pearce Road，今北翟路），使北新泾北端入吴淞江口形成三路交叉口，是上海深入西北的主要通道，于是，就在这三路交叉口附近形成集市，称“北新泾市”。

金山区枫泾镇位于上海市西南部，与浙江嘉善接壤。也许由于偏离上海市区的原因，开发建设稍迟，经济欠发达，使它反而成为上海保存较好的江南古镇之一，已被公布为国家级的历史文化名镇，和“新沪上八景”之一。

不少人以为，枫泾地方一定有许多枫树，镇亦以枫树得名。其实错了，实际上枫树是一种耐寒性较好的植物，生长在纬度略高的地区，如北京的香山，一入秋后，满山的红枫叶成为人们争相观瞻的风景，上海野生枫树很少，庭院种的枫树大多长不大。南宋《绍熙云间志》有一条很简的记录：

> 海惠院。在白牛市。建隆初，里人姚廷睿以宅为寺。初名兴国福寿院，治平元年改今额。姚即为伽蓝神。

“建隆”是宋太祖“黄袍加身”时使用的年号，为公元960年，这个建于北宋初的

“兴国福寿院”确实是上海地区较早寺庙；到了宋英宗治平元年（1064），可能是寺院发展的原因，就改名“海惠院”了，最滑稽的是“姚即为伽蓝神”，“伽蓝”又作“僧伽蓝”，是梵文音译，佛教《十诵律》中讲：“地法者，佛听受地为僧伽蓝，听僧起坊舍。”“听”即“听从”、“听取”，古代公函中，“听”多为皇帝批文用字，表示同意、批准、准许，所谓“佛听受地为僧伽蓝，听僧起坊舍”，就是准许僧人置地产，造寺院，“伽蓝”即指佛教寺院，如《洛阳伽蓝记》就是讲洛阳寺院的专著，我已记不清哪本明代笔记中讲的一个故事，济公不受佛教清规戒律的约束，一次在佛堂里煮狗肉，而柴不够了，他就讲：“狗肉还未熟，伽蓝再取一尊来。”后来“伽蓝”也指“烂泥菩萨”。《云间志》中讲：“姚即为伽蓝神”，就是后人把起造寺院的姚廷睿当作佛像供奉，中国古代施主“舍宅为寺”的现象很普遍，而把“舍宅为寺”者尊为“伽蓝神”者罕见，故不惜笔墨赘述之。

《舆地纪胜》在“两浙西路嘉兴府白牛村”条中记：

白牛村。在华亭，陈令举弃官居之，号“白牛居士”。

《读史方舆纪要》在“松江府华亭县，娄县朱泾镇”下记：

泖桥西十八里即风泾镇，一名白牛市。

《清嘉庆一统志》在“松江府风泾镇”下注：

在娄县西南五十四里，旧置风泾驿于此，一名白牛市。

“白牛市”先后有不同的名称——白牛村、风泾镇、风泾驿，唯独不用“枫泾”。

《舆地纪胜》中提到的“陈令举”即陈舜俞，字令举，北宋庆历六年（1046）进士，在任山阴（今绍兴市）知县时，坚决抵制“青苗法”，嘉祐四年（1059），被皇帝评为“直言极谏科第一人”，旧志记：“舜俞尝居秀州之白牛村，自号白牛居士。有《庐山记》、《都官集》。”意即他曾隐居在“白牛村”，所以自号“白牛居士”，也有人认为，陈舜俞隐居时常骑一白牛游荡于乡村田间，自称“白牛居士”，后来他住过的村庄就被叫作“白牛村”。至于何一种说法更接近事实，这已经讲不清。陈舜俞一身正气，据讲，后人仰其高风亮节，就把一条流经原白牛村的河流叫作“清风泾”，后来又被省呼之为“风泾”，大概到了民国以后才被叫作“枫泾”。现在的枫泾镇里有“白牛路”，“白牛新村”，枫泾已经是上海古镇旅游的重地，除了保护历史地名外，如何发掘当地的人文历史，一定会给古镇旅游增光加彩，希望当地政府认真对待。

# “可的牛奶公司”与“居尔典路”

上海图书馆坐落在淮海中路1555号，西临高安路，这里与高安路相接的就是湖南路。在租界时期，湖南路叫“居尔典路”，约筑于1918年后。法租界的路名有一较大特点，就是较多使用曾对法租界产生影响，作出贡献的人名来命名，于是，人们猜测——这位“居尔典”一定是某一侨民或什么人的名字。如《徐汇区地名志》在“湖南路”条中讲：

本路筑于1918~1921间，为法公董局筑。原名居尔典路，以第一次世界大战中战死的旅沪法侨命名。1943年10月改名湖南路，以湖南省名命名。

但至今谁也没查阅到这位叫居尔典的法国侨民的资料，更不知他到底是何许人也，于是，人们对《徐汇区地名志》的释文产生了疑问，其后编纂出版的《上海地名志》又有一说：

湖南路……民国七~十年（1918~1921）筑，以英国驻华公使命名居尔典路（Route A.Charles Culty）。

众所周知，英国与法国是欧洲的两个大国，隔英吉利海峡相望，历史上，英、法之间战争不断，关系不睦到了互相敌视的状态，甚至直到今天，许多法国人不愿与英国人用英语对话，上海的法租界怎么会用一个英国驻华公使的名字来命名其租界里的道路，这令人生疑；英国驻华公使是地位显赫的外交官，历史上确实有一被汉译为“居尔典”或“朱尔典”的英国驻华公使，约1876年来华，充英国驻华公使馆翻译生，1896~1906年任英国驻朝鲜总领事，1906年任驻华公使，1911年担任北京公使团领袖公使，好像他没有干过令法国人值得感激的事，何况，他的英文名为John Newell Jordan，与法租界的“居尔典路”的法文Route A. Charles Culty 相差实在太大，所以，法租界的“居尔典路”绝不会是用英国驻华公使的居尔典或朱尔典命名。

那么，这个“居尔典”到底是何人或何物呢？

上年纪的上海人知道，以前在上海西部有许多侨民开设的奶牛养殖场和牛奶加工厂，上海人统称为“牛奶棚”。今上海图书馆所占用土地是原上海乳品二厂土地，占地3公顷多，而上海乳品二厂前身又是“可的牛奶公司”。“可的”由英国侨民A.Charles Culty创办于1912年，并以自己的名字取公司名称为Culty Dairy Co.,Ltd，并以Culty的上海话发声取华名为“可的”。从上世纪30年代到上海解放初，“可的”是上海最大的奶牛养殖场和牛奶及奶制品的著名品牌，上海人（包括侨民）饮用的鲜奶及其他奶制品的一半以上就是“可的”，这样，我们完全有理由相信，“居尔典”是“Culty”的汉语发声，而这条“居尔典路”（Route Culty）则以与其相邻的“可的牛奶公司”（Culty Dairy Co.）而得名。

外国人的人名文字很长，由姓、父姓、名组成，如今泰兴路旧名“麦特赫司脱路”，是以最早来上海的英国基督教伦敦会传教士麦都思（Walter Henry Medhurst）之名命名的，但路牌说明只用他的名字写作“Medhurst Road”，所以，居尔典路的常用路名为Route Culty，或Culty，Rte。实际上，今淮海西路是一条租界当局在租界之外筑的“越界筑路”，中文路名叫“乔敦路”或“加藤路”，英文路名叫Jorden Road，而这条路倒是以英国驻华公使朱尔典的名——Jorden命名的。

现在，上海有一家规模性的遍布上海的便利店也叫“可的”，它只是利用了旧上海“可的”的名称而已，两者并无任何关系。

# “抛球场”和“盆汤弄”

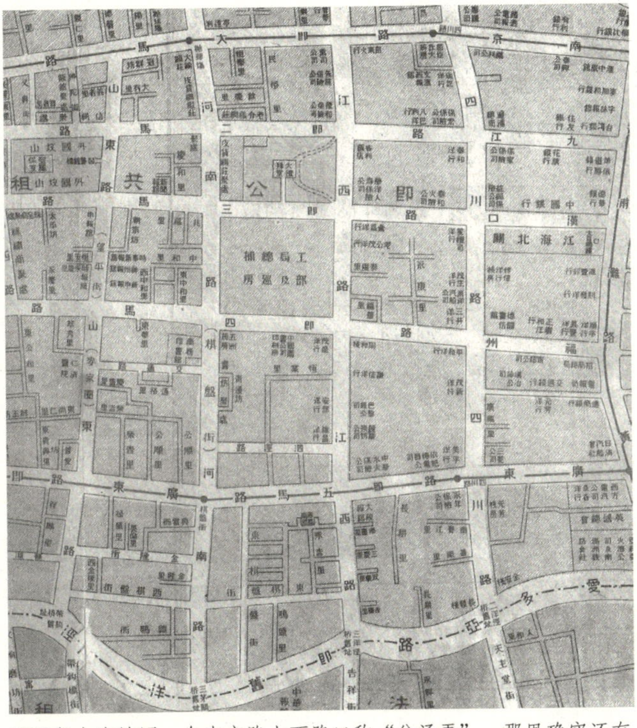

1818年上海地图，今南京路山西路口称“盆汤弄”，那里确实还有一条叫“盆汤弄”的小弄堂

近代上海是一个经济发达的都市，上海的“十里洋场”更是名播全国，于是，上海有一些出版印刷机构将上海的城市风景拍成照片，印刷成明信片发行，为上海留下了许多珍贵的历史照片，不少明信片上还印有照片上街景的地名，使后人知道这些历史照片所拍摄的地方，不过，时过境迁，经历百年之后，照片上的风景早已消失，甚至一些历史地名也早已湮没，人们无法知道这些照片或地名今日的位置。

“抛球场”即今南京东路河南中路口，在一百年前这里也是上海最闹热的地段。1843年11月17日上海开埠，1845年英租界率先在上海建立，当时只确定今北京东路至延安东路之间的外滩为租界，到了第二年才又确定今河南中路为西界，总面积830亩，于是侨民就在西界处树立了栅栏，这条路也被叫作Barrier Street，中文名“界路”。

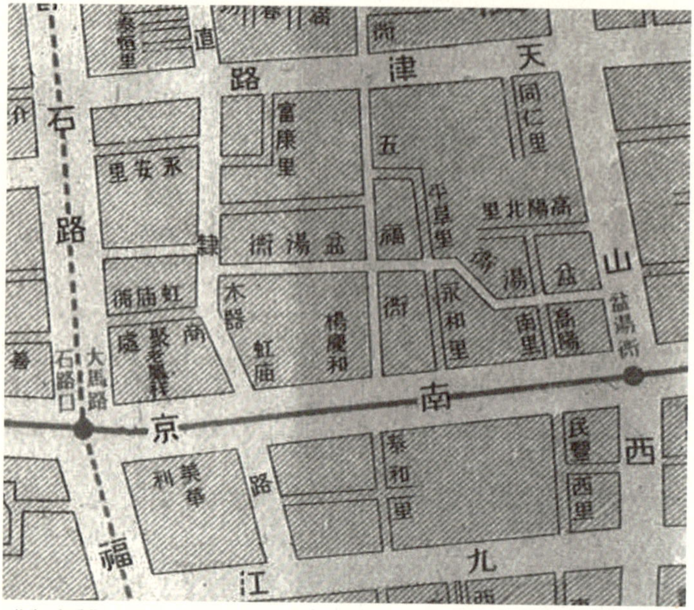

“盆汤弄”小弄堂的具体位置

早期进入上海的侨民很少，背井离乡，初来乍到的侨民们生活枯燥而单调，于是他们从海外运进了一些马，集资成立了一个“跑马会”，大概在1846年时，经上海道台准许在Barrier Street北面的两侧购进了一块共81亩的土地，建了一个跑马场，四周被辟为马道，中间的空地部分被建为花园，部分被建为运动场，这个跑马场的南正门就对着后来的南京路，于是南京路最初的英文名被叫作Park Lane，相应的中文名就叫“派克弄”或“花园弄”。在早期的文献中记录上海有一条叫作“Fives Court Lane”的小路，上海市档案馆编《工部局会议录》中收录的1854年7月26日工部局董事会议记录中有：

…to Lay down a public road from the Bund end Park Lane to the Fives Court.

编者将这段英文译为：

> 要求道路码头委员会及警务小组委员会从派克弄的外滩一端至五圣殿铺设一条马路。

译文无误，但是将“Fives Court”译作“五圣殿”，不知据出何处。

《牛津现代高级英汉双解词典》的解释：

> ball game played with the hands or a bat in a walled court. (英)一种球戏（用手或球棒在有墙围绕的庭院中进行）。

《简明不列颠百科全书》将“Fives”中译为“英式墙手球”，释文更清楚：

> 英式墙手球　fives主要流行于英国的墙手球运动，其中又分伊顿墙手球、拉格比墙手球和温彻斯特墙手球等。男学生有时随便用球击墙，逐步发展即成为这种

球类运动。与其他墙手球比较起来，英式墙手球所用的球小而硬，早先用皮革、现用塑料包裹。墙手球场地三面有墙，后场敞开。全场分为高场与低场，中间隔有一级矮阶。比赛时，双方各有两名运动员，都戴皮护手套。一局开始时，只有发球员一人立在高场。发球员投球，使之撞击前墙线上部分，然后撞击右侧墙，再落入下场。对方则可选择所发的好球予以还击。击球必须用手或腕部一次击出，不得用身体其他任何部位触球。此后，双方轮换击球。球落地弹起一次即应回击，不得将球击到前墙线下部分。一方先赢得12分胜一局。发球方赢一球，得一分；如果发球员失误，由发球员的同伴再发球；如发球方两人均失误即丧失发球权。一般没有单打。比赛通常采五局三胜制。拉格比墙手球场地四面有墙。观众席设在后墙之上。

吴友如绘“明眸皓腕”，桌球也曾被叫做“抛球”

清苏州木版年画《四马路洋场胜景图》，四马路即福州路，是上海的高消费区

比赛方法与伊顿墙手球相同，只是第一次接对方发球的运动员即是发球员，他可以自己投球，也可以要求对方球员投球，此时对方即可击球得分。先得15分的一方胜一局，一般采三局两胜制，有单打和双打。温彻斯特墙手球场地与拉格比墙手球场地相似，但后场略窄于前场。温彻斯特墙球仅流行于几所学校。

看来，Fives是英国早期流行的球类运动，一般在庭院（court）内进行，以手抛棒击为主要形式，所谓“英式墙手球”只是现代人对Fives的译名，而它在19世纪中叶进入上海后根本没有中译名，而上海人只是根据它“手抛棒击”的形式称之为“抛球”，如1872年5月18日《申报》载署名“海上逐臭夫稿”的《沪北竹枝词》讲：

抛球看惯不须称，拍卖商量到泰兴。听说明朝大跑马，倾城士女兴飞腾。

作者原注：“抛球乃西人戏剧，设场马路之东。拍卖，交易之称。泰兴，洋行之名。大跑马一年二次，观者如堵。”《点石斋画报》创刊于1884年5月，该画报“亥一”绘有“西人抛球”画，配话文讲：

抛球一事为西国通行之技，其式甚多，有击于桌上者，重球制以象牙，击于地上者，重球制以木，铺板于地而击之；更有击之于野外者，重球或亦有二，一则以树乳制成，抛者各持一软板，往来交掷，一则以皮制就，其抛击全恃手力，盖西人之借以行血气舒筋骨也。

看来，当时还没有足球，进入上海的许多球类运动多以手抛球为形式，于是许多球类运动都被叫作“抛球”，该文提到的“击于桌上者”应该是“桌球”，旧时上海人称之“落弹”，即今所谓“斯诺克”；“击于地上者”即“保龄球”，而图中所绘“抛球”更像今日的棒球，所以，“Fives Court”不是“五圣殿”，而应该是“抛球场”，而那条“Fives Court Lane”就是“抛球场弄”，即今天津路。“抛球场”本指位于今南京路北，河南中路两侧的那个跑马场或Fives Court，当这个“抛球场”被拆后，地名实指的位置发生了转移，指原抛球场南门外，市口顶闹热的南京路河南路口。“抛球场”是旧上海知名度很高的地名，并一直被沿用到上世纪60年代，我少年时代还常听老人们使用这个地名，

《点石斋画报》绘“西人抛球”

南京路河南路口一带旧称“抛球场”，是知名度很高的地名

如今，它已彻底湮没了。

今黄浦区山西南路旧名“山西路”（Shanse Road），以前，以南京路为界，北段俗称“盆汤弄”，南段俗称“昼锦里”，也是上海知名度很高的地名。

所谓“盆汤”实际上是上海人对“盆浴”的讲法。江南一带把公共浴室叫作“混堂”，此早见于明郎瑛的《七修类稿·卷十六·混堂》：

混堂天下有之，杭最下焉。有好事者借喻为记，颇得箴规之义，录以告不知耻者。记云：吴俗，甃大石为池，穹幕以砖，后为巨釜令与池通，辘轳引水，穴壁而贮焉，一人专执爨，池水相吞，遂成沸汤，名曰混堂，榜其门则曰香水。男子被不洁者、皮垢腻者、负贩屠沽者、疡者、疕者，纳一钱于主人皆得入澡焉。

上海有“混堂”的历史可以追溯到清初，混堂是公共浴池，一池水使用一天，许多人泡在池中洗澡，实在不卫生。尤其进入近代后，上海经济发展很快，对不少经济富裕的人来讲，他们就不希望在这种浑水池子里洗澡，而上海的绝大部分家庭不具备这种卫生设施，许多人犯了愁。精明的商家看到了机会，对传统“混堂”作了改进，变“混堂”为浴堂。清宣统二年（1910）版《上海指南·卷五·浴堂》中讲：

> 浴堂有池汤、盆汤两种。池汤，浴者同在一池洗澡，有为病毒传染之虞，不如盆汤佳。盆汤又分客盆、官盆二种，客盆每人六十分，官盆百二十文。如双凤园、沧浪亭、玉津池三家，则有特设之广大洋盆，其上设有莲房管，可行冷水雨浴，价二百四十文；冬季则设有火炉，入浴时不特毫不觉冷，反觉热度太高。陈设颇精美，手巾等亦甚洁净。堂内剃头、擦背、划脚之人俱有。其营业时刻，大抵自午前十一时至晚间十二时止。

清末民国初，上海一个成年全劳力的月收入一般在2—3元之间，1银元约可兑1500文，当时的米价约每斤15文，猪肉价约每斤80文，洗一次最低价的客盆为60文，官盆120

“抛球场”的另一视角

南京路盆汤弄路口，这里除“盆汤”外，还多鞋袜店

文，更高档的则需240文，按当时人的生活水平而言，这个价格并非任何人承受得起。

1906年出版的《沪江商业市井词》中咏：

备人沐浴亦开堂，白石温泉炷异香。

荡涤全身如玉洁，喜新厌故换衣裳。

分间沐浴唤盆汤，热气熏蒸汗似浆。

揩拭毛巾香皂具，烟茶供给又周详。

看来，上海人挺会感受汰浴的乐趣的。

早期的盆汤主要集中开设在南京路北侧，山西路的一条狭长弄堂里，据说，这里曾有十余家盆汤，于是，盆汤弄初指这条弄堂，由于这个“盆汤弄”太出名了，后来，南京路山西路口一带也被叫作“盆汤弄”，大概到了20世纪初以后，其他地方的“混堂”相继开设，人们不必非到“盆汤弄”汰浴，山西路的盆汤业衰落，不过，“盆汤弄”这个俗地名一直沿用到上世纪50年代，以前山西路跨苏州河有一木桥，它也被叫作“盆汤弄桥”。

山西路南段，即今北京路至福州路的山西南路旧名“昼锦里”。《史记·项羽本纪》中记录了这样一件事，秦朝末年，刘邦先西楚霸王项羽攻进了秦朝帝都咸阳，项羽随后赶到，他的手下劝项羽立即在咸阳称帝，建立“西楚”王朝，这位自称“霸王”的项羽迟疑不决。“项王见秦宫皆以烧残破，又心怀思欲东归，曰：‘富贵不归故乡，如衣绣夜行，谁知之者’。”司马迁笔下的项羽真的是“卡瓦侬”，他放着登基做皇帝的事不干，反而在想，自己在远离家乡几千里之外建立霸业，就像穿着锦绣的衣裳在夜里出行，家乡父老们怎么能看得到呢！于是他决心返回江东老家，也真是他的小家子气，楚汉之争不仅使刘邦翻了盘，项羽丢了家业，还丢了性命，此时他才醒悟过来——“吾何以见江东父老”。“衣绣夜行”后又被写作“衣锦夜行”，即穿着漂亮的衣裳夜间行走，比喻升官发财了却无人知道。有了“衣绣夜行”后才有了“衣绣昼行”，《三国志·魏志·张既传》：

> 魏国既建，为尚书，出为雍州刺史。太祖谓既曰：“还君本州，可谓衣绣昼行矣。”

张既是雍州（今陕西长安一带）人，魏国初建时任尚书，不久迁雍州太史，魏太祖对他讲：“这下你可以回到家乡，让家乡的父老们见到你衣锦荣归了。”“衣绣昼行”后又作“衣锦昼行”，即穿着漂亮的衣裳白天行走，比喻在自己的家乡做官，或在外地发迹后回到家乡，与“衣锦荣归”近义。“昼锦”与“衣锦昼行”同义，就是白天穿着漂亮的衣服。

旧上海的租界号称“十里洋场”，其中“四马路”（即福州路）是最著名的消费娱乐区，这里茶楼酒肆林立，妓院书寓鳞次栉比，几乎上海的妓院全部集中在“四马路”及相邻的地段，这里也被叫作上海的“红灯区”，妓院是高消费场所，妓女也是高消费人群，于是，沿“四马路”两侧就形成了一些以高档女性消费者为对象的商业街，如近福州路的浙江路一带旧称“小花园”，这里是上海最大的女鞋市场，“小花园女鞋”曾是上海的知名品牌；南京路北侧，福建路与浙江路之间有一条叫“香粉弄”的小路，这里就是上海的胭脂香粉市场，而“昼锦里”则是女子服饰及脂粉市场。清末民国初，这里被改建为里弄住宅，这些里弄仍取名“昼锦里”或东、西“昼锦里”。清末民国初，西方的女式时装影响了上海，传统的女装业衰落，昼锦里的女装市场萎缩，不过，作为俗地名“昼锦里”一直被沿用到上世纪50年代。

在上海旧城里也有一条叫“昼锦路”的小路，已见于拙著《街道背后》的介绍，此略。

# “山穷水尽”说路名

我业余任上海市地名学会副理事长，因此经常参加上海市地名办公室主持召开的关于上海道路名的更名、命名会议，经常会遇上此类事——即一个新市镇或新城规划或建设中，那里会在短时期或同时出现许多新辟筑马路，就要给这些马路命名，而一下子要给这些马路命名，并非易事。于是，比较容易而且实用的办法就是先为这个地区的历史文化作一总结和归纳，找出其有特征的历史文化现象，再给那些道路逐一取名，这样，既保持了该地区历史文化的延续，也使路名有较强的指向性，方便人们查找。这种办法20世纪五六十年代已被采用。如五六十年代上海在西部兴建曹阳新村时，这里就出现了许多条马路需要取名，当时就使用花卉果树来为这些道路命名，于是这一带就出现了如花溪路、兰溪路、枫桥路、杨柳青路、枣阳路、桐柏路、梅川路、梅岭路、李村路、桂巷路之类路名，如果你知道这些知识，就比较容易按图索骥。

实际上，这种方式在租界时期也出现过。1900年前，法租界西界在周泾，约在上世纪被填平筑成“敏体尼荫路”，以法国驻上海首任领事敏体尼（Louis Charles Nicolas Maximilien Montigny，1805～1868）名字命名。1900年法租界扩张成功，原“打铁浜”（相当于今自忠路、顺昌路、太昌路、重庆中路）以东以北之地被划进法租界新界，公董局立即对新租界市政进行规划和建设，仅几年时间，这里一下子出现了十余条新马路，规划中就决定用中国名山大川名作为这些新马路的规划路名，并原则上规定南北向道路使用山名，东西向道路使用河流名（这应该考虑到，中国大部分河流由西向东流）。此间筑成的道路有：佛山路（Fou Chan,Rue）、寒山路(Han Chan,Rue)、衡山路(Hen Chan,Rue)、华山路（Hoa Chan,Rue）、孤山路（Kou Chan,Rue）、狼山路（Lan Chan,Rue）、梅林山路（Meiling Chan Rue）、泰山路（Tai Chan,Rue）、天山路（TienChan,Rue）、峨眉山路（Omi Chan,Rue），桂林山路（Kuei Ling Chan,Rue）；汉江路（Han Kiang,Rue）、龙江路（Long Kiang,Rue）、闽江路（Min Kiang,Rue）、乌江路（Ou Kiang,Rue）、湘江路（Siang Kiang,Rue)、西江路（Si Kiang,Rue）、吴淞江路（Ousong Kiang,Rue）、黄河路（Hoang Ho,Rue）、雅砻江路（Ya Lon Kiang,Rue）、洋泾浜路（Yang King Pang,Quai du）等。不过，仅几年后，公董局可能考虑到法租界已经形成的道路和路名形成和特征，于1906年将这些路名全部更改了，见下表。

在以往出版的著述中，多把历史上的“洋泾浜”理解为今延安东路，这大致上不错。实际上，洋泾浜是黄浦江在浦西的支流，大致相当于今延安东路，西面在今成都路附近与一条叫“长浜”，约相当于今延安中路的河流相接，所以，当“长浜”被填平后筑成的马路就叫“长浜路”，即今延安中路。但是，洋泾浜在今天的“连云路”（今部分已被建为

法租界新旧路名对照表

| 原路名 | 更改后中文名 | 更改后法文名 | 今名 |
|---|---|---|---|
| 佛山路 | 李梅路 | Lemaire,Rue | 望亭路 |
| 寒山路 | 平济利路 | Bluntschli,Rue | 济南路 |
| 衡山路 | 萨坡赛路 | Chapsal,Rue | 淡水路 |
| 华山路 | 白尔部路 | Paul Beall,Rue | 重庆中路 |
| 孤山路 | 维尔蒙路 | Vouillemont,Rue | 普安路 |
| 狼山路 | 白莱尼蒙浪路 | Brenier de  Montmorrant,Rue | 马当路 |
| 梅林山路 | 茄勒路 | Galle,Rue | 吉安路 |
| 泰山路 | 安纳金路 | Henneguin,Rue | 东台路 |
| 天山路 | 格洛克路 | Brodie A. Clark ,Rue | 柳林路 |
| 峨眉山路 | 贝勒路 | Amiral Bayle,Route | 黄陂南路 |
| 桂林山路 | 白尔路 | Engene Bard, Rue | 顺昌路 |
| 汉江路 | 麦赛尔蒂罗路 | Marcel Tillot,Rue | 兴安路 |
| 龙江路 | 白尔路 | Boppe Rue;Auguste | 太仓路 |
| 闽江路 | 爱来格路 | Allegre ,Rue,Route | 桃源路 |
| 乌江路 | 奥利和路 | Oriou,Rue | 浏河路 |
| 湘江路 | 皮少耐路 | Buissonnet,Rue | 寿宁路 |
| 西江路 | 宝昌路 | Paul Brunat,Route | 淮海中路 |
| 吴淞江路 | 蒲柏路 | Boppe,Rue Auguste | 太仓路 |
| 黄河路 | 喇格纳路 | Grene,Rue da la | 崇德路 |
| 雅砻江路 | 葛罗路 | Baron Gros ,Rue | 嵩山路 |
| 洋泾浜路 | 恺自迩路 | Kraetzer,Rue | 金陵中路 |

“延中绿地”）处突然向南，又在金陵西路折向西北，沿今金陵西路在成都路附近并入“长浜”，所以，这一段洋泾浜被填平后就叫“洋泾浜路”，后又改名恺自迩路，这也是法租界与公共租界的分界线。在许多篇文章中提到，今西藏中路和西藏南路（北段）分别是叫作“泥城浜”和“周泾”的河流，在1899年和1900年前，它们分别是公共租界和法租界西界，所以，这里的东西向马路均以这里为西边终端，唯有延安东路是向西越过西藏路，一直在成都路与延安中路相接，这就是当年“洋泾浜”留下的影迹。

1906年法租界公董局对该地区道路的重新命名，几乎全部使用了法国历任驻上海领事和法租界公董局历任总董、董事的名字作为道路名，其中白莱尼·蒙浪、李梅、恺自迩、吕班是法国领事；平济利、维尔蒙、宝昌、奥利和、萨陂赛、葛罗、白尔、茄勒等是公董局总董或董事。其中对上海法租界制度和建设影响最大的当推白莱尼·蒙浪。

上海的法租界建立于1849年，在此后十几年中，上海发生小刀会起义，太平军东征事件，战争使上海政局动荡，社会秩序混乱，而法租界位于上海县城与英租界之间，与上海县城仅一城濠之隔，于是，在沪法国官员、军人、商人，甚至传教士就利用这一地理特点，与上海地方官吏，小刀会义军首领、地方帮派势力勾结，走私军火、鸦片，开设烟馆、赌场、妓院牟利。白莱尼·蒙浪是贵族出生，有子爵身份，1864年12月接任驻沪领事。他上任后第一件事就是打击公董局专权的气焰，他召开法租界租地人会议，在会上攻击公董局擅权，尤其是公董局放纵、包庇赌场而使法租界财政损失严重，提议在法租界全面禁赌，在与上海道台丁日昌协商后，双方张贴布告，宣布1865年6月12日始，法租界关闭赌场，不准再开，倘敢不遵，从重究办。于是导致法国领事馆与法租界公董局的冲突，公董局甚至动用巡捕力量保护赌场，抵制领事禁令；于是，白莱尼·蒙浪上书法国外交部，称：“这班由巴黎送来的巡捕，竟都是无赖之徒！他们来中国的目的，竟是完全想设法发财的。他们一到上海，立即表现出害群的态度，恶劣的个性；他们不但不能维持法租界的治安，反而自己显现着不道德的坏现象。”当他的主张得到外交部支持后，就以“案奉法国皇帝陛下政府外交部大臣之训令”，避开公董局，直接领导和指挥巡捕房，甚至下令巡捕房封闭公董局，并自行召开租地人会议，另行组建公董局。由于白莱尼·蒙浪是“奉宪”办事，法租界公董局深知难以抗衡，于是被迫做出妥协。1866年，在白莱尼·蒙浪主持下，公董局通过了《公董局组织章程》，规定：“董事会由法国总领事和由选举而产生的四个法籍董事、四个外籍董事组成，任期两年；至于中国绅士或绅董，经总领事会同上海道台指定一人或数人，可以以顾问资格出席董事会议。”“董事会只有在总领事召集时才能开会；总董依法由总领事兼任；总领事有权停止会议。”虽然，“总董依法由总领事兼任”一条并没有严格得以实现，但总董一职须由总领事批准或任命得以贯彻，所以，与公共租界完全不同，法国总领事长期掌控了法租界公董局，从而长期操纵和控制了法租界。当然，要研究上海法租界的历史，这一点至关重要。

1943年的上海路名更名中也计划使用名山大川作为路名命名的办法，但上海人熟知，而且适宜使用者不多，当时只是将原法租界宁波路，霞飞路，乔敦路分别更名为泰山东路、泰山中路、泰山西路，1946年又以南京国民政府主席林森之名更改为林森东路、林森中路和林森西路，即今淮海东路、淮海中路和淮海西路，由于这些路名使用时间不长，知之者甚少；又改原贝当路为衡山路、改海格路为华山路，改葛罗路为嵩山路，并沿用至今。

贝当路（Pétain，Avenue）由法租界公董局筑于1922年，长约2公里，是通往徐家汇的主干道。贝当（Philippe Pétain ，1856~1951），法国人，农家出生，毕业于圣西尔军事学

贝当路（衡山路）的国际礼拜堂

院，以少尉军衔在阿尔卑斯山区服役，1914年第一次世界大战爆发时，58岁的贝当晋升为将军，奉命防守凡尔登，他指挥的军队多次遏制德军进攻，使他成为一位英雄。1918年，英、法对德大反攻时任法军总司令，大战结束后晋升法国元帅，法租界即以新筑的一条主干道命名为“贝当路”。不过，在第二次世界大战中他扮演了一个很不愿扮演的不光彩角色。1940年5月战争开始时，德军进攻法国，他应雷诺政府之邀任副总理，6月，84岁高龄的贝当奉命组阁，因法国败局已定，他只得向德国求和，在维希政府中担任“元首”。二战结束后，1945年8月被法国法庭以通敌罪判处死刑，旋改判终生禁闭，囚于大西洋约岛的一个要塞中，1951年7月23日死亡，享年95岁。

华山路原名“海格路”（Haig，Avenue），最初又叫“英徐家汇路”，由英租界当局筑于1861年，是“越界筑路”，也是早期从静安寺通往徐家汇的唯一通道，故称“英徐家汇路”（上海早期还有一条“法徐家汇路”，由法租界当局筑于1861年，从斜桥沿原肇嘉浜北岸通往徐家汇，该路相当于今徐家汇路和肇家浜路。参见拙著《街道背后——海上地名寻踪》）。海格（Haig，Douglas Haig，1st Earl，1861~1928今多译作“黑格”）是英国陆军元帅，毕业于英国桑赫斯特皇家军事学院，曾参加苏丹和南非战争，后在印度当行政长官。1906~1909年任陆军部训司长时，协助陆军大臣霍尔丹组建参谋部，并组织建立一支远征军以备可能发生的欧洲战争（即第一次世界大战）。第一次世界大战正式爆发后，他即率军赴法国北部，1915年任第一军军长，同年底晋英国远征军总司令，以后指挥了索姆河战役，第三次伊晋尔战役，仅两次战役就使英军伤亡近百万人，是一战中争议较大的英国指挥官。但这两次战争为保卫法国，同时又为1918年第一次世界大战的胜利奠定了基础，1919年他被封为伯爵。1914年法租界扩张成功，原“法徐家汇路”大致上成了法租界北界限，“英徐家汇路”则成了法租界西界线，也就是讲，该路以东是法租界，出了该路就是“中国地界”。1922年，可能是表示对海格在第一次世界大战中对法国作出贡献感激，也可能那条“英徐家汇路”的部分权利属于英国人，而如今却成了法租界的地盘，法租界公董局就将“英徐家汇路”以英国元帅海格之名，命名为“海格路”。1943年又更名为华山路。

# “上海市”是怎么来的

上海是一个国际性大都市，“上海市”是中国的直辖市之一，《辞海》解释：“市”是行政区域单位。上海是工业、金融、贸易、交通、和文化教育事业较发达的特大城市，人口集中。在我国有中央直辖市和省、自治区辖市之分。犹如江苏、安徽、浙江只是一个地名，而江苏省、安徽省、浙江省才是区域名一样。由此，“上海”只是一个地名，而“上海市”才是行政区划名称。日常生活中，“上海”常用来指代上海市的市中心，而“上海市”则包括了市中心和其下辖区（县）。所以上海周边区（县）的人讲“到上海去”通常指到上海的市中心，而居住在市中心的人搬迁到周边区（县），也会有“离开上海”的潜意识。

那“上海市”应该从何时开始计算呢？这是一个看似简单，其实却很难解答的命题。

古时的商业不甚发达，城邑里的商家店铺不多，所以“市”有点像现在沿街设摊的“自由市场”，清晨，各地的人赶往市场，中午时分正式开市，人们在交易后，还来得及在傍晚前赶回家里。后来，市场又分早市、午市和夜市。如《周礼·地官·司市》记载：大市，日昃（即午后太阳偏西）而市，百族为主；朝市，朝时而市，商贾为主；夕市，夕时而市，贩夫贩妇为主。

直到近代，“市”仍指市场或有集市的地方，如《同治上海县志·卷一·疆域·镇市》记载，上海共有“镇市”45处，其中称之“市”的有34处，它们是：洋泾市、杨师桥市、李家宅市、新木桥市、高行市、塘口市、桥头市、徐家汇市、虹桥市、北新泾市、杠栅桥市、华漕市、张家塘市、梅家弄市、朱家行市、长桥市、华泾市、曹家行市、塘湾市、颛桥市、菏巷桥市、语儿泾桥市、老闸市、新闸市、静安寺市、内虹口市、外虹口市、引翔港市、沈家行市等。这里的“市”也不是行政区划名称，只是纯粹的市场概念，当后来“市”作为城市或行政区划的特点名称使用后，历史上的“市”一般被称作“草市”，也就是为了区分行政区划通名中的“市”。

《墨子·七患》载："城者，所以自守也。"城本义指城墙，是一个城市的军事防御体，古时稍具规模的城市大多建有城墙，为了增加城墙的防御能力，一般还沿城外挖护城河，称"城濠"或"城池"，成语以"固若金汤"比喻牢固而难以攻破的设防，其中"金"即指城墙，"汤"则指护城河。有了城墙就容易区分城里和城外，城里是人口稠密，经济发达的城市中心区，城外就是"郊"、就是"乡下"了。

历史上中国实行省、府（州）、县三级行政制，即中央政府把全国划分为若干省，省下分若干府，府下再设若干县，中央政府所在城市称京畿、皇城：省政府所在城市称省城、省会：府州政府所在城市称府城、郡城：而县政府所在城市称县城或邑。

古代中国是一个农业大国，长期以来视农为本，视商为末，重农轻商，崇本抑末的政

十六铺外马路，还能见到清朝的中国警察

策占主导地位，城市经济很不发达，几乎所有城市没有独立的行政机构，也没有“市政”概念，连现代出版的《辞海》中也不收录“市政”一词。

而在欧洲，尤其是古希腊文明的全盛时期，城邦（city-state）制已经建立，并长期影响欧洲社会的结构和进步，城邦是一个独立城市的政治制度，即以一个城市为中心，对周边地区享有主权。到了中世纪，古代的城邦制度被废除，但城邦制度对欧洲社会结构的影响依然存在，所以，欧洲许多城市往往是个相对独立的行政区划，有独立的行政领导和组织机构，即“市政府”（Town Hall或City Hall），并以城市为政治、经济和文化中心，管辖和控制城郊。

鸦片战争后，上海、宁波、福州、厦门、广州五个沿海城市对外开放，后又有更多沿海沿江城市对外开放，列强在许多开放城市建立了租界，租界是独立于中国行政体系和法律制度之外的殖民地，侨民们也模仿欧洲的城市管理模式来管理城市，领导城市建设。以上海为例，1854年7月11日，上海租界就成立了名为Shanghai Municipal Council的机构，直译作“上海市政委员会”，委员会成员（Councilman）通过选举产生，委员会选举产生“市长”（Council manager），由于汉语中没有与municipal（市政）相对应的词，人们也找不出一个合适的词来翻译，而Municipal Council的职能和职权与清中央政府中职掌工程建设的“工部”相似，于是被汉译为“工部局”，而上海工

南市马路总工程局

部局的总董实际上就是上海租界的“市长”。

上海原来无所谓“南市”和“北市”。后因租界在原上海县城外北郊建立，且租界里又形成了一个以对外贸易为主的市场，故谓之“北市”，于是在租界以南的上海老城厢以国内贸易为主的市场被称作“南市”。

1906年出版的《沪江商业市景词·南北两市》：

> 南北分开两市忙，南为华界北洋场。
>
> 有城不若无城富，第一繁华让北方。

上海的侨民们把南市叫作south city。1873年《申报》发表杨勋《别琴竹枝词》一百首，其中一首讲：

> 我欲开言唤阿三，来司（饭）悄悄亦常谈。
>
> 嫂夫雪的郎由谷，偕而城中共往南。

“别琴”即pidgin的音译，即“洋泾浜语”：“阿三”即“I say”的音读，即“我说”、“我想说的是……”，初来上海的侨民不会讲上海话或中国官话，当他发现对方并没听懂他的话的时候，就会不断地讲“I say”，“I say”，而上海人也不知这些外国人为何一直在讲“I say”，于是把他们叫作“阿三”，据说，上海人把印度巡捕叫作“红头阿三”即由此而来；“来司”即rice音读，即米饭，“悄悄”为“chowchow”，即沪语“吃”的pidgin English，上海人以“饭吃过了勿”作为最通用和常用的问候语，“来司悄悄”即“饭吃过了勿”。“嫂夫雪的郎由谷”则是“south city along you go”也即“偕而城中共往南”——“与你一起到南市去”。

在租界影响下，上海华界的城市管理体制也逐渐发生变化。19世纪后期，上海要沿今黄浦江岸的外马路筑一条临江马路（即今外马路），并以此马路来确定江岸，但上海没有市政的组织机构，于是在1895年临时组织建立一个叫作“南市马路工程局”的机构，专门负责筑马路，当这条马路筑成后这个机构也应该解散，当马路筑成并交付使用后，人们发现有数以百计的各种摊贩在新马路上出现，大家为争夺地盘而大打出手，新马路上的设施破坏殆尽，人们才认识到——马路也需要管理和维护，于是立即把即将解散的“南市马路工程局”改组为“上海南市马路工程善后局”，原来的筑路工程机构就变成了管理机构，1905年改组为“上海城厢内外总工程局”，成为一个完全意义上城市的市政组织和领导机构。机构实行董事会制，董事会主席称“总董”或“领袖董事”。李平书长期任“领袖董事”。当时上海县是松江府下辖的县级政府，知县（即县长）是上级政府任命和委派的，而“上海城厢内外总工程局”经民选产生，其职权仅限于上海城厢内外的城市区域。

1894年爆发的中日甲午战争以大清战败而告终。战后，国人群情激奋，全国上下要求变法的呼声一浪高过一浪，终于爆发了戊戌变法。进入20世纪，全国要求改变国体，实行“君主立宪”的呼声又起，1908年清廷正式颁布《全国城镇乡地方自治章程》。次年，上海城厢内外总工程局即遵照章程改组为“上海城自治公所”。但仅过了两年，1911年11月上海爆发“光复运动”，前清的上海政府被推翻了，11月6日革命军建立了“沪军都督

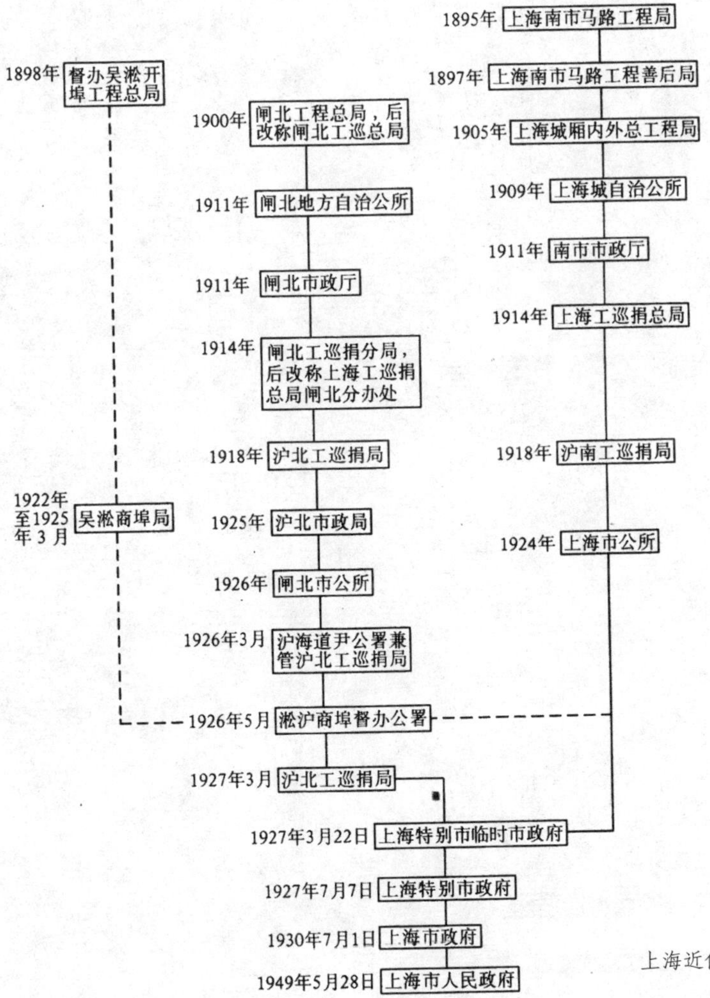


上海近代市政机构沿革图

府”，原上海城自治公所即改组为“南市市政厅”，由民政总长李书平任命莫锡纶为市长，这是上海行政长官名称中出现的第一个“市长”，但其与后来的“市长”概念存在很大差异。

进入20世纪，上海迅速崛起而成为中国的主要城市，政权迭变，政府也经多次改组（见附图文）。1927年南京国民政府建立后，军阀混战基本结束，中国进入暂时的稳定期。1927年7月，南京国民政府颁布了《市组织法》。

总则第一条：市冠以所在地名称为某某市。第二条：凡人民聚居地方具有下列

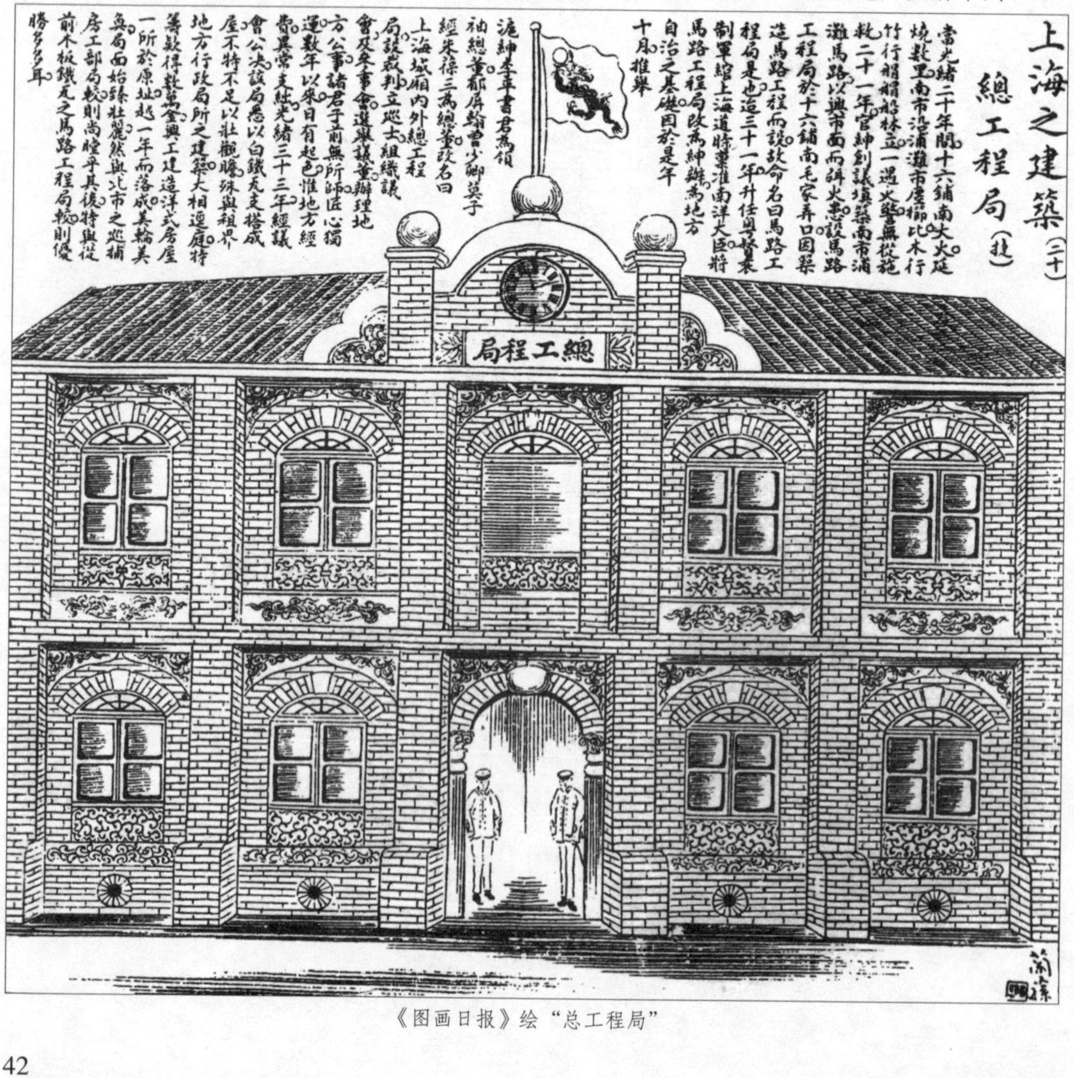


《图画日报》绘“总工程局”

情形之一者设市得直隶于行政院：

一，首都。

二，人口在百万以上者。

三，在政治上，经济上有特殊情形者。

具有前项二、三两款情形之一，而为省政府所在地者，应隶属于政府。

《市组织法》第三条中规定：

一，人口在三十万以上者。

二，人口在二十万以上，其所收营业税、牌照费、土地税每年合计占该地总收入二分之一以上者。

这个《市组织法》出台，意味着“市”就作为城市的行政区划名正式使用，当时只设直隶中央政府行政院的“特别市”（即今天讲的“中央直辖市”）和直隶省政府的省辖市，设立市的标准主要两大类，其一是所在地方的人口总量，另一个标准就是该地方城市收入必须占全部收入的二分之一以上。上海完全符合设市的标准，经南京政府行政院批准，1927年7月7日“上海特别市”正式成立，国民政府任命黄郛为第一任上海特别市市长。新任上海特别市市长立即接管了原北洋政府时期的上海各行政机构，并先后成立秘书处及财政、工务、公安、卫生、公用、教育、土地、农工商、公益等9个局；同时根据与行政院划定的“上海特别市”区域，接管了原上海县和宝山县部分乡镇和地区，重新划定特别市下辖的“区”，上海的市以下的行政单位称之“区”也即从此开始，当时除了租界以外（原公共租界改称“第一特区”，法租界称“第二特区”）共设：淞南区、漕泾区、法华区、蒲淞区、闸北区、引翔区、殷行区、吴淞区、江湾区、彭浦区、真如区、高桥区、高行区、陆行区、洋泾区、塘桥区、杨思区、曹行区、塘湾区、闵行区、北桥区、颛桥区、马桥区、三林区、陈行区、大场区、杨行区、七宝区、莘庄区、周浦区等30个区，总面积527.51平方公里。

1930年，行政院公布修订后的《市组织法》，规定原中央政府行政院下辖的“特别市”中取消“特别”一词，直接称“市”。于是，原“上海特别市”也改称“上海市”。

与所有城市的进步和发展一样，上海城市的进步、发展和扩大也经历了一个漫长的历史时期，但上海称市，也即行政区划名和概念上的“上海市”还是以1927年7月7日设立的“上海特别市”算起，不知此论是否能被学者们所接受。

# "王家库"还是"王家沙"

应静安区规划局、文化局等单位之邀，参加一个关于历史文化地名保护规划的会议，于是，大家列举了许多应该和值得保护的历史地名，其中就有"王家沙"。

中国的地名通常有"通名"和"专名"两部分组成，所谓通名就是地理实体，如山、河、桥、路之类，"专名"指这个实体的专用名称，如泰山中"泰"为专名，"山"为通名，在城市道路名中，如南京路中"南京"为专名，"路"为通名。而这"王家沙"中"王家"就是专名，"沙"则为通名。

"沙"在许多地方指沙洲，就是较大的江河湖泊中生成略露出水面的陆地，但在上海及周边地区，"沙"多指江河入海口的一些"岛"。以长江为例，长江东流直下，在上海的北面注入东海，当长江水进入大海时，受海洋潮汐影响，水流速减缓，于是，江水中夹带的泥沙会在此地沉淀下来，日积月累，经过千百年积累，就在长江口形成和出现一些由泥沙堆积起来的"岛"，这些"岛"越积越大，就形成了大小不一的"沙岛"，上海人称"沙"，我手头有一份民国初上海崇明县的测绘地图，标明了数不清的"沙"，实际上今崇明岛原来的名称就叫"崇明沙"，现已改名长兴岛、横沙岛的原来也叫"长兴沙"、"横沙"，如今长江口外还有如永隆沙、老鼠沙、团结沙、扁担沙、黄瓜沙、新开沙等沙岛。今浦东新区北部的川沙，原来也是沙岛，只是在很久以前，原来与大陆分离的川沙与陆地相连而成了大陆的一部分而已。

已故老友顾炳权先生主编的《浦东辞典》有"九段沙"词条，是这样解释的：

> "九段沙"在浦东新区施湾海岸线东约10公里处，地理位置正处在长江南支南港入海口的口门附近。长轴方向，呈北西—东南向，长约35公里，宽约10公里。属典型的心滩类型。自80年代以后，局部已露出海面。

"九段沙"实为"九团沙"，是上世纪80年代后开始露出的，当其露出水面后，冲积沉陆的过程加快，面积也不断扩大。迄今为止，九团沙上尚无居民居住，上海市人民政府也将其列为“自然生态保护区”，禁止百姓开垦和居住，以给鸟类创造一个理想的生态环境，使每年成群南来北往的候鸟有一个良好的休憩、繁殖环境，同时也确保浦东机场飞机飞行的安全。由此可以深信，九团沙的知名度也将日益提高。

九团沙何以被叫作“九段沙”，许多人未暇顾及。据笔者所知，约在上世纪90年代，有关机构在沙上设立了一个水文观察站，当时人们要为这个沙和观察站取个名儿，就问当地百姓，这个沙叫什么名称，当地人讲叫“九团沙”，但该水文观察站门口却树了一块“九段沙水文站”的牌子，“九段沙”的名称也就此被确定下来。

可见，“九团沙”之所以变成“九段沙”，原来是由于沪语中“团”与“段”发一个音，当地百姓讲的是“九团沙”，而水文站工作人员误为“九段沙”。

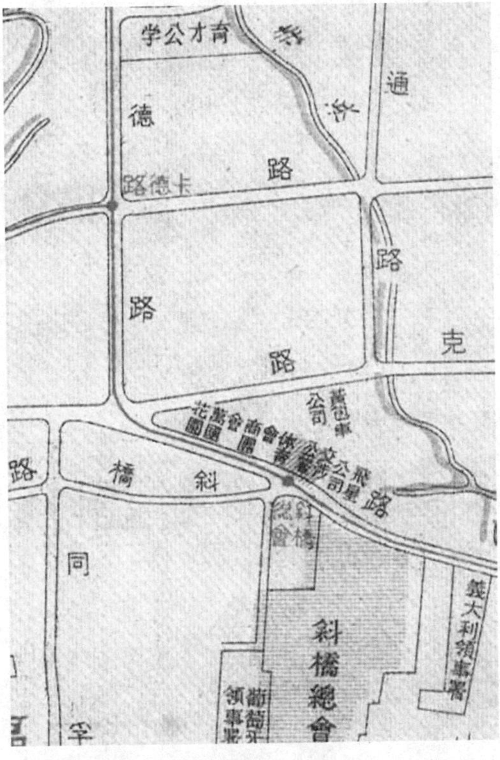


1918年上海地图，图中的“斜桥总会”即今南京西路上海电视台外，“斜桥路”即今吴江路，“寺浜”流到此地，“交涉公署”就在南京西路吴江路口

上海靠海，至迟在宋代，上海的煮盐业已相当发展，宋末至元代，上海的海盐产量在江浙盐场中占了相当比重，当时煮盐生产处于半军事化制度，一个煮盐单位称“团”，一个团内有几口煮盐灶，就被叫作“几灶”，所以，今浦东近海及江苏盐城以东沿海均保留有许多带“团”和“灶”的地名。明代，上海的煮盐业逐渐衰落，盐区逐步取消，“团”作为政区名也逐渐消失，但今浦东仍有大团、六团等地名，这就是盐区地名“团”留下来的痕迹。现在浦东的祝桥以前是“五团”，川沙城厢镇则为原“八团”，川沙以北至高桥，则为旧“九团”，这种地名至20世纪中期仍广为使用，解放后很长一段时期，当地仍有许多人习惯使用老地名。今天露出水面的九团沙相当于今浦东新区以东的海面，即相当于原六团到九团以东的海面，当时如向住在六团的居民打听，他们也许会讲这新长出来的“沙”叫“六团沙”，

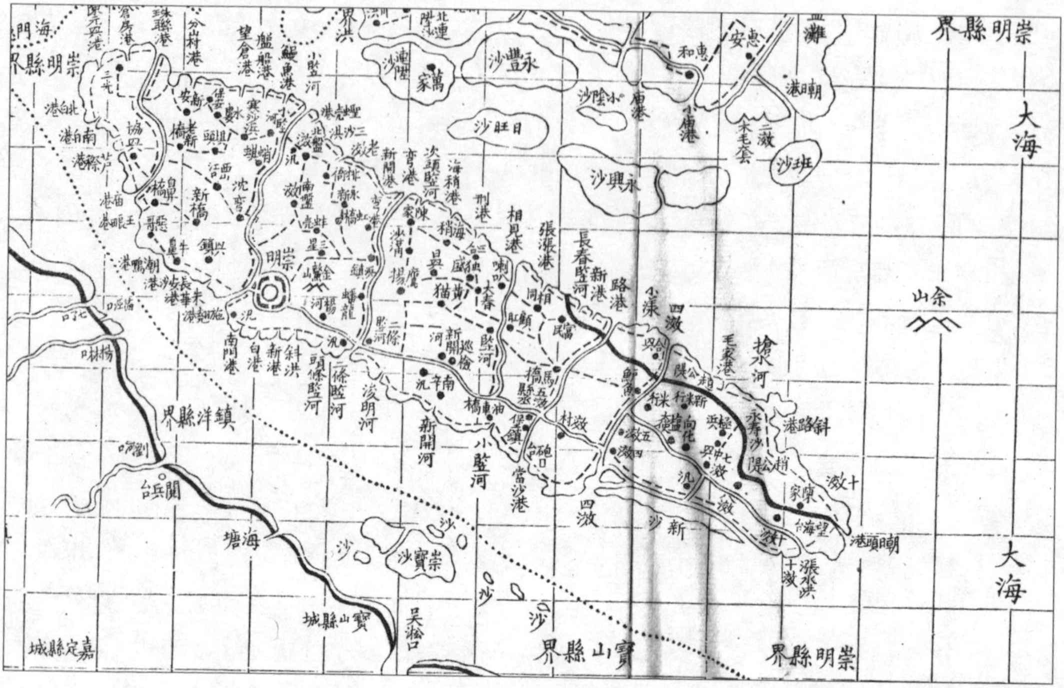


1895年长江口地图，江中的沙岛称之为“沙”

向住在八团的人打听，他们又可能讲是“八团沙”，而当时水文站工作人员遇到的可能正巧是九团人，于是它又被叫作“九团沙”了。不过有一点可以肯定，“九段沙”之“段”是“团”之误。

九团沙是上海海面上一个自然保护区，每年有大批鸟类在此栖息和繁殖，可能会吸引不法分子上沙非法猎杀；九团沙位于长江口处，每年春天，也有数以千计的渔民到此捕捉鳗苗蟹苗，他们也会借“沙”寄宿，于是又会使媒体大量报道“九团沙”的新闻。同样，九团沙也可能在不远的将来会与浦东新区陆地相连，它又将是浦东新区的一块土地，其名声也将大噪。好在上海市地名办公室尚未对“九段沙”的地名正式公布，建议浦东新区政府和上海市地名办公室对“九段沙”或“九团沙”的地名作一番论证，最后确定应属于它的正确名称。此语当否，祈大家赐正。

“王家沙”在今静安区石门路一带，离海有几十公里，估计东汉时已成为陆地，这个“沙”一定与冲击成陆的沙岛无关。实际上，在历史地图中，在今“王家沙”位置大多标的是“王家厍”，而且，在今上海郊区以“厍”为通名的地名何止百处，上海方言中“沙”音念如su ò，而“厍”、“舍”的音也与su ō 相近，显然，“王家沙”是“王家厍”之讹。“厍”与舍、宅同义，除了指房舍、住宅外，多用于村落地名，历史上的上海，王姓是个小姓，至今仍无法知道，这王家厍是以哪支王姓得名，或这里是否出过王姓的名人。

与“厍”同义的有“厝”，普通话含cuò，在古代汉语中指停放棺材的临时性房子，古代葬礼，替死人换衣、捆扎叫作“小殓”，把尸体放进棺材叫“大殓”，古代土葬，花费大，仪礼繁，当大殓结束后不是直接入土，家人要为墓地看风水，选日期，做墓穴，刻墓碑，大多数人家下墓在死者大殓后三年（甚至更长）进行，于是必须将装有尸体的棺材（一般称“灵柩”）暂时寄放到一个地方，叫作“厝”或“暂厝”，有钱人家的“厝”会用砖瓦在自己的农田里造一临时性小房子暂厝，叫作“亭子”，而穷人只得用柴草包扎棺材暂厝，叫作“柴包棺材”。不过，闽台一带的“厝”多指房舍，如清人《台海使槎录·赋饷》：“瓦厝、草厝共征银一千二百四两零。”《红旗飘飘·海陆丰农民运动的领导者彭湃》：“田公（地主）着厝（在家里）吃白米，田仔（佃户）耕田耕到死。”我就是福建人，可以操家乡话对话，家乡话就把屋讲作cuò，以前我并不知道cuò该怎么写，后来收到家乡人来信，才知道cuò写作“厝”，直到今天，福建沿海一带有许多带“厝”的自然村落名称，我想，上海的“王家厍”，也许在福建会被写作“王家厝”。

“王家厍”只是一个乡村的村落地名，几乎没有古籍记录到它，清《光绪上海县续志·卷二·建置》在讲“洋务局”中提到了“王家厍”这个地名，说：

> 洋务局（或称新洋务局，或称北洋务局，系对于租赁之洋务局而言之）。在二十七保南十二图王家厍池浜桥西。初，巡道延见外宾，晤商交涉事宜，均在署中。光绪二十五年始赁静安寺路洋商屋为洋务局，嗣继续订租（月租银五百六十两，后月加银九十两，既置局屋，后称此为老洋务局）;三十一年八月，巡道袁树勋以赁屋非久计，详准购置于此……

上海道代表南洋通商大臣全权处理上海的所有涉外事务，于是，上海道署就在城里设立了一个叫“洋务局”的机构，每周一次（后增加到两次）接待洋人，随着上海的发展，涉外事务越来越多，那个设在老城里的洋务局已不适应新局势的要求，1899年，洋务局以月租560两的价格租了一幢位于“静安寺路”的洋房办公，可能是租金太贵，且政府机构租房办公也不太合适，1905年又买进一幢“二十七保南十二图王家厍池浜桥西”的洋房，成为洋务局址。文中提及“王家厍池浜桥”，“池浜”又作“寺浜”、“竖浜”，是苏州河南岸的小支流，在上海，“浜”一般指靠近城镇的东西走向的河流，而这条小河浜是南北流向，也就是讲是一条竖向的浜，于是叫“竖浜”，后讹作“池浜”、“寺浜”（沪方言中竖、池、寺的发音十分接近，音近sī），今静安区慈溪路原名“池浜路”，就是1932年填池浜筑的马路，故名。同样，在更早一点的1918年《上海租界城厢地图》中，还能看到尚剩的“寺浜”，大致在今慈溪路（向北延伸线）的苏州河南岸引水南下，在今南京西路青海路口附近断流，而就在青海路顶端的南京西路上还标有一个“交涉公署”的机构名称，其全称为“外交部驻上海交涉公署”，原来清政府倒台后，上海道署即解散，原“洋务局”则由中华民国外交部接管后改组为“交涉公署”。当然，所谓“池浜桥”指原静安寺路跨池浜的桥，这一带地方就叫“王家厍”。从一份1918年的上海地图中还可以看出，此时，“池浜桥”已经消失，“池浜桥”地名也随着桥的消失而湮没了。

在本书相关篇目中提到，上海是江南水乡，有许多知名和不知名的河流，以后逐步分期被填平，有一条吴淞江的不知名支流在今昌化路桥附近引江水向南，一直通到新闸路，其中今长寿路以北段大概在1908年被填筑成“东京路”，即今昌化路，以下河段也分期填平筑路，即今昌化路南段，在昌化路与泰兴路之间有“东王家巷”和“西王家巷”的地名，显然，“厍”是自然村落用名，而“巷”是城市道路或居民点用名，大概随着城市化进程，原“王家厍”分为东、西两个居民点，被叫作东、西王家巷，现在这里还有“东王居委会”和“西王居委会”。

地图上的“王家厍”消失了，犹如“提篮桥”、“东新桥”的桥消失了，但“提篮桥”、“东新桥”作为地名仍在使用一样，当自然村落——王家厍消失后，但王家厍作为区片地名仍在使用。静安寺路与海格路（南京西路与华山路）是上海最早筑的马路，尽管1899年静安禅寺以东区域被划进租界，但“王家厍”以西区域仍是居民稀少之地，1906年上海开通从静安寺至虹口公园电车时，由于犹太富商哈同反对和阻挠，电车不能沿静安寺路的哈同花园门口经过，就只得沿赫德路、爱文义路（常德路、北京西路），在卡德路（石门二路）南拐后再走静安寺路向东，所以，从静安寺到卡德路的静安寺路上没有电车轨道和电车通行。

1900年后，上海西侨每年会有多次竞走、长跑、自行车、机器脚踏车比赛，就以“王家库”为起点，沿静安寺路、海格路到徐家汇，或原路返回，或以其他地方为终点，后来中国的一些体育会也定期不定期举行各种田径比赛，也以“王家库”为起点或起讫点，这才使“王家库”名气大增。不过，城市里的人不识“厍”字，“王家厍”就被写作“王家沙”。

大概在20世纪40年代，有商家在南京西路809号，即石门路转角处开了家点心店，取名“王家沙点心店”，解放后它逐渐发展成为沪西著名点心店，该店供应的“两面黄”、“虾肉馄饨”闻名沪上，这又使“王家沙”这一地名知名度继续攀升。

如今的“王家沙”作为区片地名，通常指南京西路与石门一路相交处附近一带的地方。也许，久而久之，“王家沙”会随着功能的衰减而湮没，保护历史地名最佳的办法是使用地名，如何保护如“王家沙”之类的历史地名，真的该研究研究了。

# Parkes Road与Park Road

今人民公园对面，与国际饭店相邻的是黄河路，十几年前，这条长约700米的黄河路上鳞次栉比地密集了数十家中高档餐厅，黄河路也被誉为“美食街”而闻名上海及周边地区。我有不少外地朋友，到上海后就直接指明要到黄河路聚餐。黄河路旧名“派克路”，筑于清光绪十三年（1887），最初的英文路名叫作Parkes Road，也许后人不知这“Parkes”为何物或何许人也，而该路南端顶到英商跑马总会的跑马厅（相当于今人民公园和人民广场），跑马厅的外周是马道，中间空地建为各种运动场，种植了许多树木和绿

南京路黄河路口，右侧即跑马厅

化，犹如一个花园，大概到上世纪20年代，这条“Parkes Road”就被讹作“Park Road”，自然也被人们以为是以那个跑马厅而得名的。

Parkes是人名，全名Harry Smith Parkes，中文名巴夏礼，在近代中国历史上也是一位颇有影响的人物。在第二次鸦片战争中担任英军全权代表额尔金（James Bruce, Earl of Elgin and Kincardine，1811~1863，旧译“爱尔近”，今闸北安庆路旧名“爱尔近路”，即以其名命名）的翻译主任，于通州被清军抓捕，押往北京，释放后又积极支持联军进攻北京，参与火烧圆明园，并参加起草《北京条约》。在电影《火烧圆明园》中，那个与清军将领僧格林沁大打出手，并被抛入河中的英军将领就是巴夏礼。

巴夏礼（1828~1885）是英国人，是最早闯入上海的德国传教士郭士立（**Karl Friedrich August Gützlaff**,1803~1851,又译作郭实腊、郭甲利、郭实立夫等名的妻弟，1832年6月，他奉命乘“阿美士德”号商船闯入上海，在进入上海之前，他在长江口外发现一外国人尚不知晓的小岛，后被命名为**Gützlaff Island**,即“郭士立岛”，即今“大蕺山”。（可参见拙著《街道背后——海上地名寻踪》），并随郭士立学习汉语。1841年，年仅13岁的巴夏礼即随英军进入中国，次年，只有14岁的他被英国外交部任命为英国公使璞鼎查的秘书兼翻译官，成为进入中国年龄最小的外交官。鸦片战争后期，他参与中英《南京条约》起草，1844年任英国驻厦门副领事、领事，两年后任驻广州领事。上任伊始，1856年10月8日，一艘叫“亚罗”号的中国商船上因藏有海盗而被广东水师搜查，巴夏礼在接到“亚罗”号雇用的英籍船长报告后，即谎称“亚罗”号系英国商船而向清廷交涉，要求立即释放被捕的海盗。两广总督在了解“亚罗”号确实系中国商船的情况下，仍同意先释放被拘捕者，再作处理，但巴夏礼仍不依不饶，不断扩大事态。10月23日，英军以“亚罗号事件”为借口，悍然挑起第二次鸦片战争。英、法等国在第二次鸦片战争中获得更大的利益，巴夏礼自然又是英国的功臣。

1863年巴夏礼晋驻上海总领事，其在上海期间所做的最重要的事就是在上海租界建立“会审公堂”。

鸦片战争后，包括英国在内的许多与中国签约国取得了领事裁判权，即签约国公民在中国触犯中国法律，须由中国官方将人犯移交该国领事处理，中国官方无权对签约国公民起诉和审判。1845年，上海为避免“华洋杂居”而同意设立租界。租界是外国人居住地，不会发生华洋冲突。但是，当1853年小刀会起义爆发后，租界允许城里的上海人进入租界

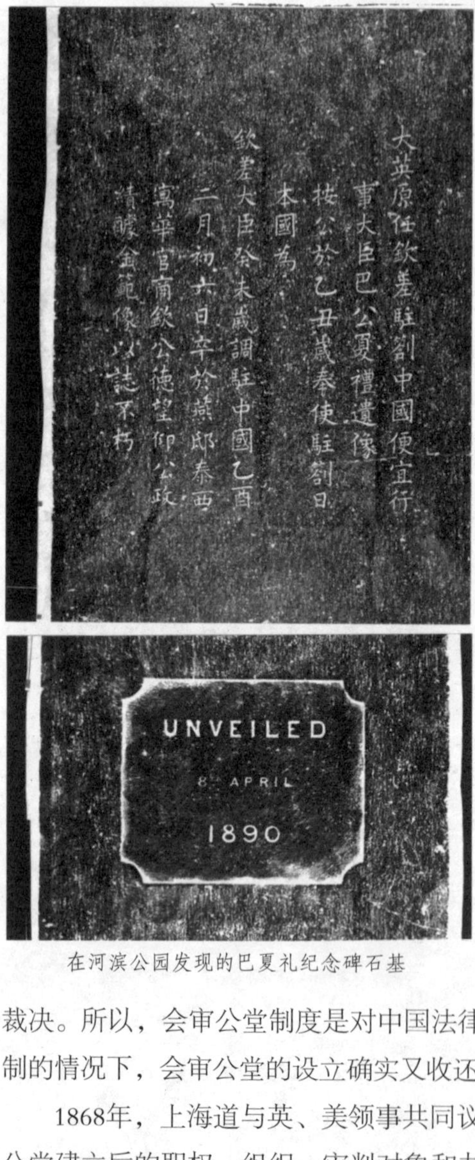


在河滨公园发现的巴夏礼纪念碑石基

避难，于是租界又出现了“华洋杂居”的情况。在1855年小刀会被镇压后，有些犯法的中国人逃进了租界，清廷的捕快也进入租界拘捕逃犯，租界拒绝中国官捕进入租界抓人犯之请求，并借口讲：“这些人均是英国洋行的雇员，受英国法律保护，未经英国领事之准许不得拘捕。”于是租界成了中国法律的真空地带，中国的法律在中国的土地上不能约束中国公民。1860年太平军东进时，进入上海避难的中国人越来越多。据统计，1862年上海租界总人数不足20万人，而华人占了18万以上，于是租界内华人与华人，华人与洋人的诉讼案日益增加。英国人没有足够的能力调解和审判日益增加的华人诉讼案，中国人也希望由自己的政府来为华洋诉讼中主持公道。当然，中国政府更希望收还在租界中失去的对自己臣民的约束权。但以什么形式和方法来协调其间之关系，中英双方一直想不出一个使双方均能满意的办法。于是，巴夏礼提出了一个会审制度，即由上海道在租界内设立一个法庭，由上海道和领事各委派一名代表组成会审公堂，凡租界内华人之间或华洋之间的民事、刑事诉讼由会审公堂审判裁决。所以，会审公堂制度是对中国法律的恣意践踏，但是，在中国已失去对租界法律管制的情况下，会审公堂的设立确实又收还了对租界的某些权力。

1868年，上海道与英、美领事共同议定了《上海洋泾浜设官会审章程》十款，对会审公堂建立后的职权、组织、审判对象和办法等作了详细规定，规定会审公堂是中国官方设立在租界内的特定法庭，主要受理审判租界内华人与华人、华人与洋人诉讼的民事、刑事案件。凡是华人之间的诉讼由中国法官审理裁决；凡涉及洋人的诉讼必须等洋人官员到庭后审判。中国人犯潜入租界者，会审公堂可发票拘捕，不必再通知租界巡捕房。凡受雇于洋商的中国人犯罪，须有雇用国领事之允许方可拘捕等。这个“章程”经南洋大臣请示北京总理衙门批准生效。1869年1月7日上海英美租界会审公堂正式建立。会审公堂最早建在南京路香粉弄口，不久一个叫四来德的英国商人捐赠了一块相当于今南京东路第一食品商店的土地，于是会审公堂在这里重建，1900年后又迁到了今浙江北路191号。

会审公堂主要受理租界内发生的民事和刑事诉讼，如遇重大诉讼还须转领事团裁判，如1875年4月4日中国轮船招商局所属“福星”轮在北洋水域与怡和洋行所属“澳顺”轮相撞，“福星”轮当场沉没，造成中国官员、水手65人死亡，这也是中国近代史上第一次重大海难事件，因会审公堂难以审理如此大的案件，即转交上海道与领事团裁决，最终判决怡和洋行赔招商局42000两，并支付受难者家属抚恤金共11000两。

会审公堂初建时还有点像公堂的样子，但是在以后的发展中外国领事利用种种手段扩大其权力。大概到1895年后，洋人不仅参与了华人之间的诉讼，甚至还夺取了会审的终审权。以1903年上海发生的《苏报》案为例，按清朝法律，《苏报》案是严重的反政府事件，清廷要求该案会审后交中国法庭再审；外国人也知道，章太炎、邹容一旦被引渡出租界，必被清廷处以极刑，这也必将会引起中国人民的不满，从而造成严重反租界运动。因此，他们认为该案发生在租界，应由会审公堂裁决，拒绝引渡，最终仅以章太炎、邹容言论不当罪分别判了三年和两年的监禁。

由于中西习俗上的差异，在法律上也产生了很大冲突。1905年时，有一个姓黎的广东籍官员在四川做官，死于任上，办完丧事后，其妻黎黄氏携领女佣15人及行李百件搭乘“鄱阳”轮从四川到上海，准备再从上海搭船回广东。一个中国官吏有15个女佣在中国是极普通的事，而上海公共租界获镇江的密报后，断定这是一起贩卖妇女案，并争取侦破此案。黎黄氏一行一进入上海就被巡捕房拘捕，并移会审公堂审判。按会审公堂制度，未作最终判决的人犯在审判期间应由会审公堂看押所拘押，所以第一天审理后，会审公堂准备将她们移到公堂的女看押所内。但是，参加会审的英国陪审员副领事德为门（B. Twyman）认为黎黄氏是重大贩卖妇女案的疑犯，会审公堂的女押所设施落后，应转交巡捕房看押。于是，双方由于对案情的理解不同而发生了争执，并大打出手。最后，租界派巡捕将黎黄氏押入西牢，15名女佣暂交济良所看管。

上海的广东人获悉有广东官吏孤孀被拘事件后，也没弄清黎黄氏的身份就联合行动起来。上海的广肇公所（是广州、肇庆两地同乡会馆）号召上海广东人营救黎黄氏，并致电中央各部剖白黎黄氏的身份和来上海目的，并拜会上海道要求据理力争。这样，黎黄氏事件就从一件简单的拐卖妇女案上升到力争主权的外交纠纷。由于广东帮在上海是最有势力的帮派，不少广东人是洋行的买办，上海道和领事均不能等闲视之，最终双方达成妥协，领事故意越开会审公堂之职权，将黎黄氏及15名女孩直接交给广肇公所，听从其任意发配，将会审公堂女押所改为女监，关押未审或已终审的女犯。至于黎黄氏是好人还是坏人，就没有下文了。

由于现代的一批“学者”对上海史缺少一个系统的认识，也不去了解和研究会审公堂建立时的社会背景，他们不可能对会审公堂的历史及性质做出科学的分析。上海某陈列室中曾陈列过一张早期会审公堂审案的历史照片，诉讼的华洋两人中，华人是下跪的，而洋人是站立的，于是这些“学者”大呼不公。他们也许真的不知道，在中国封建社会法庭中，臣民面对官员一律下跪，而在西方习惯中，被审人是不必下跪的。为了使读者对早期会审公堂有所了解，原《洋泾浜设官会审章程》共十款，抄录前几款如下：

> 一、遴委同知一员，专驻洋泾浜管理各国租界内钱债、斗殴、盗窃词讼各等案件；立一公馆，置备枷杖以下刑具，并设。凡有华民控诉华民，及洋商控告华民，无论钱债与交易各事，均谁其提讯定断，并照中国常例审讯，并准其将华民刑讯、管押及发落枷杖以下罪名（笔者注：由于外人享有领事裁判权，中国官员无权对其作出处罚）。
>
> 二、凡遇案件涉及洋人必应到案者，必须领事官会同委员审问，或派洋官会审；若案情只系中国人，并无洋人在内，即听中国委员自行讯断，各国领事馆毋须干预。
>
> 三、凡为外国服役及洋人延请之华民如经涉讼，先由该委员将该人所犯案情移知领事官，立将应讯人交案，不得庇匿；至审讯时，或由该领事，或由其所派之员，准其来堂听讼。如案中并不涉及洋人者，不得干预。凡不作商人之领事官及服役并备用之人，如未得该领事官允准，不便拿获。
>
> ……

巴夏礼首拟的会审制度，解决了关于租界内的司法问题，这同样是中国官员在租界司法权丧失殆尽的情况下，争取收回部分同法权斗争之结果。至于在会审公堂建立后的若干年后，列强利用中国官员的懒庸，逐渐操纵和把持了会审公堂，这就是另外一个话题，就

民国南京西路黄河路口，左侧高的建筑即大光明电影院

公共租界会审公堂在审理案子，外国会审员只能陪审

如1903年商约大臣吕镜宇、伍廷芳针对会审公堂流弊滋多，妥订案例简章的奏折中所讲：

> 会审公堂创设之始，立法本极详细，如果确守成规，原无中外偏畸之弊。惟近来洋官于互控（指华人与洋人的诉讼）之案，大率把持袒护，虽有会审之名，殊失秉公之道……

他们奏折中对上海会审公堂早期章程还是持肯定态度的。

1878年，巴夏礼晋任英国驻华公使，并兼驻日本、朝鲜公使。1885年在北京去世。上海的英国侨民为纪念这个曾为上海租界事业做出重大贡献，又是从上海总领事晋升为英国驻华公使的巴夏礼，在英租界外滩最昂贵的土地上，为他塑立铜像。

整个纪念像由碑基和铜像两部分组成，纪念碑用整块巨形花岗石制作，正反两面分别以英、中文字记录其生平与立碑目的。铜像为等人高立像。1890年4月8日，上海的侨民为巴夏礼铜像揭幕。

不过，上海人并不多知道这座铜像是哪一个外国人，就把它叫作“铜人”，于是，铜像所在的南京路与北京路外滩就被上海人叫作“铜人码头”，这个地名一直沿用到上世纪50年代。

与外滩的其他城市雕塑一样，1941年12月8日日军进驻租界后，便将铜像拆了，像被熔化做枪炮，巨大的基石无法处理，就将其扔到了河滨公园的空地上。上世纪80年代中期，现上海文广新闻传媒集团发展研究部负责人鲍晓群博士偶然发现该碑基，并将巴夏礼铜像碑基运到上海市历史博物馆。

在巴夏礼逝世后两年，工部局就将一条新筑的马路命名为Parkes Road，即“巴夏礼路”，也就是阴差阳错的原因，这条Parkes Road又被讹作Park Road。这也是上海地名史上的一则故事。

当年南京路外滩的巴夏礼铜像

# 保安司徒庙与金司徒庙

俗语云“跑得了和尚跑不了庙”，似乎是把佛教的僧人——和尚的处所讲作“庙”，事实并非如此。通常情况下，佛教的temple称“寺”、“禅寺”、“禅院”等，如上海的龙华寺、静安寺、玉佛禅等；道教的temple中，供“真神”者大多称之“观”、“宫”等，如上海的白云观、三元宫，苏州的玄妙观等，“庙”繁体为“廟”，《说文解字》：“庙，尊先祖貌也。”庙是供祖先的地方，生人经常要到那里朝拜，所以叫“庙”，古代礼制所谓“天子七庙，诸侯五庙、大夫三庙、士一庙”，并非天子有七座庙，诸侯有五座庙，而是一座庙里供多少牌位，即天子的庙里正中供他的先祖，两侧供“文武世室”，即开创西周王朝的周文王和周武王，再两侧则以“昭东穆西”排列，供在位天子的父、祖父、曾祖、高祖，合起来共七位。“凡亲过高祖、则毁其庙，以次而迁”，也就是讲，在位天子驾崩后，继位天子就要重新排牌位，驾崩天子的高祖牌位被清除出庙，而他的牌位又被放进庙里。后来，地方上或道教会为一些对地方作出贡献的人物，或传说中的神道建庙，所以，“庙”又多指一个地方的土地庙，用得最多的就是城隍庙、东岳庙、水神庙之类，而数量最大的就是主管一方平安的“土地庙”。

上年纪的上海人一定记得上海南京路上有一“虹庙”，它处于闹市，香火极旺，在上世纪60年代前，它的知名度一点也不输于南京路上的“四大公司”。

虹庙又作“红庙”，庙门上书“保安司徒庙”，这是它的正名。刊印于1875年的王韬著《瀛壖杂志》卷六中讲：

> 保安司徒庙建于矴沟浦上。是庙未详建于何时，已见于郑亶《水利志》。今名红庙，内供关帝、观音。绀宇红墙，结构幽敞。向时极为寥落，自会匪踞城后，香火日盛。然赛神酬愿者皆青楼中人，每至观音入道、诞生之日，纱舆络绎而至。或作《红庙烧香竹枝词》，云：
>
> “纷纷车马往来忙，粉黛丛中别样妆。自是烧香争早起，不教云雨恋襄

王。”“秦楼楚馆半娇娃，也解皈依礼佛家。第一倾城颜色好，云鬟斜畔插生花。”“深深合掌拜莲台，愿祝莲花并蒂开。却笑青楼多薄倖，慈悲空自说如来。”

郑亶是宋朝的水利专家，指挥和领导太湖流域的治水工程，其奏疏中确实提到，在吴淞江南岸的大浦中有一“钉钩浦”（即“町沟浦”）排列次序介于沪渎浦和上海浦之间，但是在明代，这沪渎浦和上海浦不仅是地名湮没了，而且河道也在治水工程中发生很大的

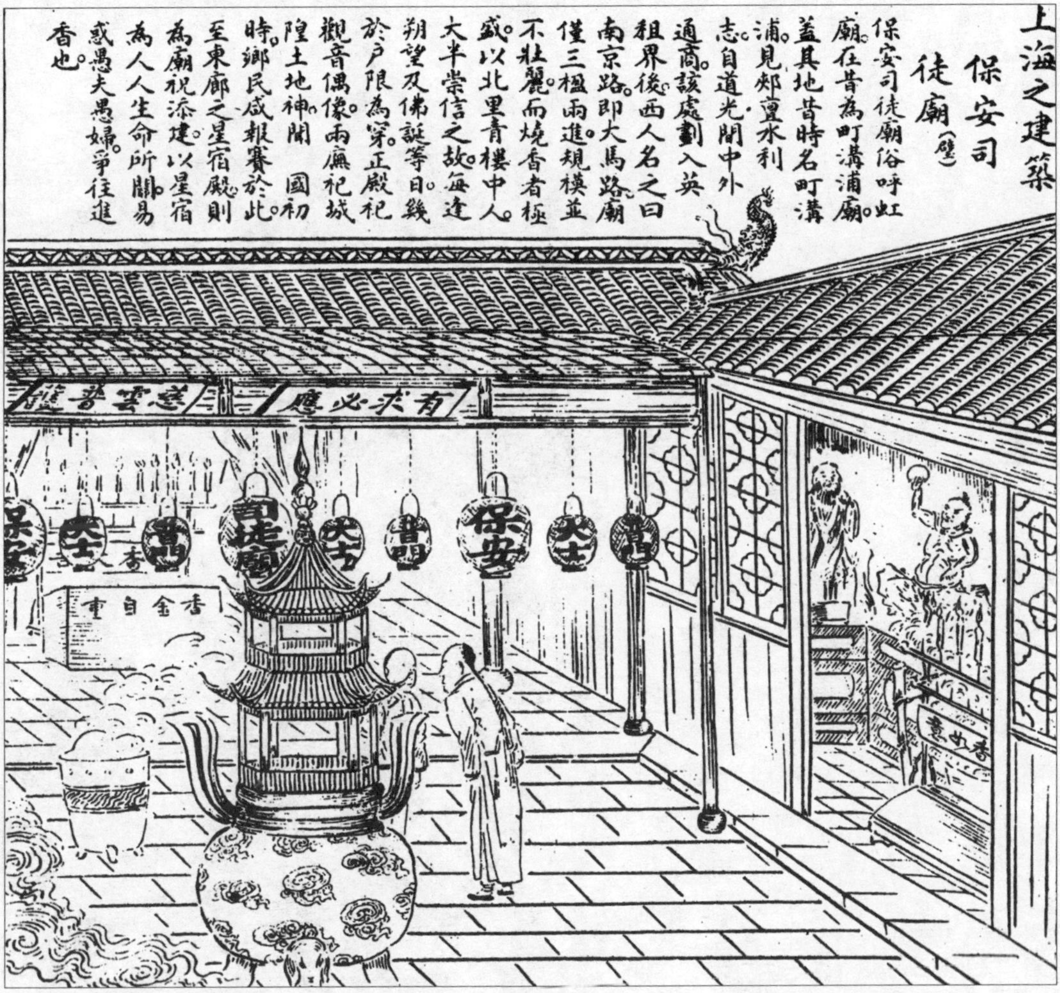


清末《图画日报》绘“保安司徒庙”，右侧即新建的星宿殿，与我见过的完全不一样

变化，以致今人已不知道其确切位置和流向，所以，要找到“钉钩浦”也并非易事。不过，《同治上海县志》载：“东芦浦，一名溇浦，又名矴钩浦。”而这条“东芦浦”直到20世纪初还在，相当于今石门路和瑞金路，这里东距“虹庙”至少2公里，看来，王韬所讲虹庙建于矴钩浦上之说不确。不过，王韬讲，虹庙本来只是上海县城北郊的一座小庙，香火并不盛，“自会匪居城后，香火日盛”，文中“会匪”指“小刀会”，1853年9月7日小刀会起义后就占领了上海县城，估计有好几万上海人逃离县城，进入租界，使虹庙香火日盛。王韬还讲，到虹庙的进香者多“青楼中人”，1876年刊印葛元煦著《沪游杂记》中也有同样记录：

司徒庙，即红庙，庙内不供司徒而供大士，虽仅平屋数间，粤妓尤信，每烧全猪奉献。

汉朝官制，中央政府下设司徒、司马、司空，分别掌握行政、军事和司法，合称“三公”，是中央政府的中枢机构。“司徒”又作“司土”，直接掌控土地、税赋等，于是，民间的“司徒庙”实际上就是“土地庙”。记得上世纪90年代，单位组织去上饶、武夷山等地旅游，在“上饶集中营纪念馆”附近一小山包上，有一形似墓地的地方，并无建筑物，但碑上刻有“司徒庙”三字，许多当地人在烧香，同事们感到挺滑稽。我告诉他们，这“司徒庙”就是当地的土地庙，庙的建筑可能在“文革”中毁了，这“司徒庙”石碑可能也是后来好事者为之。我有一位叫於明的朋友，在长江公安局上海分局任职，他十分喜欢上海的文物古迹，经常“流

1937年南京路上的虹庙，主供“保安司徒”

窜”于上海的大街小巷，乡村田间，寻找遗址遗物。一次，他在某地发现一方刻有“司徒之神”的石碑，不知为何物，我即告诉他，这是以前某地方土地庙的神牌位。《沪游杂志》所云“庙内不供司徒而供大士”，意即这座司徒庙已没有“司徒之神”的神牌位，而供观音菩萨。显然，这座“保安司徒庙”已改变了经营方针和范围，观音是中国为数不多的神道，最受女性尊敬和欢迎，难怪敬香者多“青楼中人”。

佛教是戒荤的，所以，礼佛一般以香烛为主，也可“借花献佛”，供鲜花、瓜果之类，但在上海的广东“咸水妹”、“老举”之流全不顾这些，以广东人的烧全猪敬奉观音菩萨，难怪有人作竹板词云：

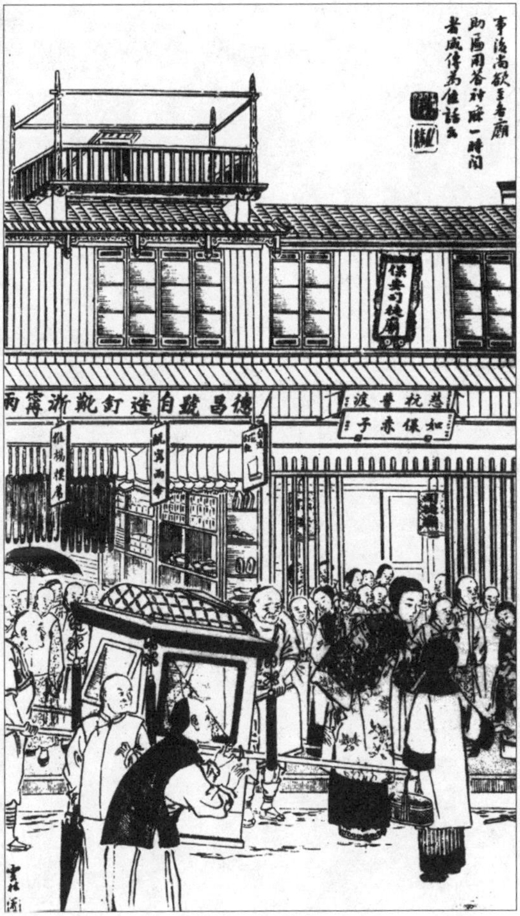


《点石斋画报》绘“保安司徒庙”

> 红庙门外买香烛，红庙殿前烧锭球。输与吴侬作话柄，观音菩萨吃猪头。

1910年上海环球社出版《图画日报》中绘有“保安司徒庙”图，配图文中讲：

> 保安司徒庙，俗呼虹庙。在昔为町沟浦庙，见郑亶《水利志》。自道光间中外通商，该处划入英租界，西人名之曰南京路，即大马路，庙仅三楹两进，规模并不壮丽，而烧香者极盛，以北里青楼中人大半信崇之，故每逢朔望及佛诞等日，几于户限为穿。正殿祀观音偶像，两庑祀城隍土地神。闻国初时，乡民咸报赛于此。至东廊之星宿殿，则为庙祝添建，以星宿为人人生命所关，易惑愚夫愚妇，争往进香也。

我在“文革”前经常与淘伴到虹庙白相，记忆犹新的就是那个六十甲子星宿殿，那个殿很小，分几排挤着面容神态各异的60位甲子神，进殿后，各自寻找自己的“本命星君”，也为淘伴寻找他们的“本命星君”，然后凭着“本命星君”的形象和造型开起玩笑，童言无忌，现在想起来还是挺有趣的。“文革”开始时，虹庙就关闭了，据说被某商家用作仓库，如今，虹庙产权已归还道教，由于它占地仅500平方米，至于如何使用这方宝地，道教尚在筹划中。虹庙的位置相当于今南京东路496号。

土地庙是一个地方的供土地公公的庙，一般都很小，大多只有一个庙祝看守，但数量很多，按今上海市全境，也许就有成百上千座土地庙，但保存下来，或有记录的少之又少，沪西有条叫“万春街”的小路，它旧名叫“金司徒庙街”，当地老人呼此一带为“金司徒庙”，它就是以这里的一座土地庙——金司徒庙而得名的。

有一种说法，这里原是地方上的一个庵堂，大概在明末，庙祝从浦东的“金四娘殿”（即钦赐仰殿）请来一尊“金山童子”，而这位“金山童子”头衔是“司徒”，又称“金司徒”，遂改称“金司徒庙”。这是一种传说而已。实际上，今沪西新闸路、昌平路底一带旧时叫作“金家巷”（更早叫作“金家宅”），而所谓“金司徒庙”就是金家巷地方的“司徒庙”，约于上世纪30年代重建，占地1.6亩，砖木结构，但里面供的神道却不少，有千手观音、霍光神、关帝、三官、土地公公和土地娘娘、太阳和太阴二神、东岳大帝、城隍等，真所谓“庙小老爷多”，旧时以农历二月、六月、九月廿九的“观音诞”最热闹，这个庙的庙祝在解放初因打击“一贯道”时受到冲击，约1956年庙就关掉了，上世纪60年代我去过那里，建筑还在，但已是一家仓库，地址为万春街63弄1号。今已无遗址可寻。

# 从真如寺说真如地区的地名

真如镇在上海市中心区的西北方向，旧属宝山县，旧志称“镇以寺得名”，当然，在真如镇有一古刹真如寺。“真如”是佛教语言，同义词很多，如《大乘止观经》中讲：“此心即自性清净心，又名真如，亦名佛性，亦名法身，亦名如来藏，亦名法界”，舍去抽象的概念，“真如”就是佛和法的本性，于人则就是人的本性。据《上海文物博物馆志·真如寺正殿》，该大殿“内额枋底有双钩阳刻‘旹（时）大元岁次庚申延祐七年癸未季夏月乙巳二十乙日巽时鼎建’二十六题记。”又说：“1950年8月，华东文物部邀请南京工学院教授、古建筑家刘敦桢来沪鉴定，确定寺创建于元。”在靠近上海市中心区的真如还能保存下一座元代建的寺庙，这实在是不可思议的事，于是，真如寺大殿于1959年被

今日真如寺大殿

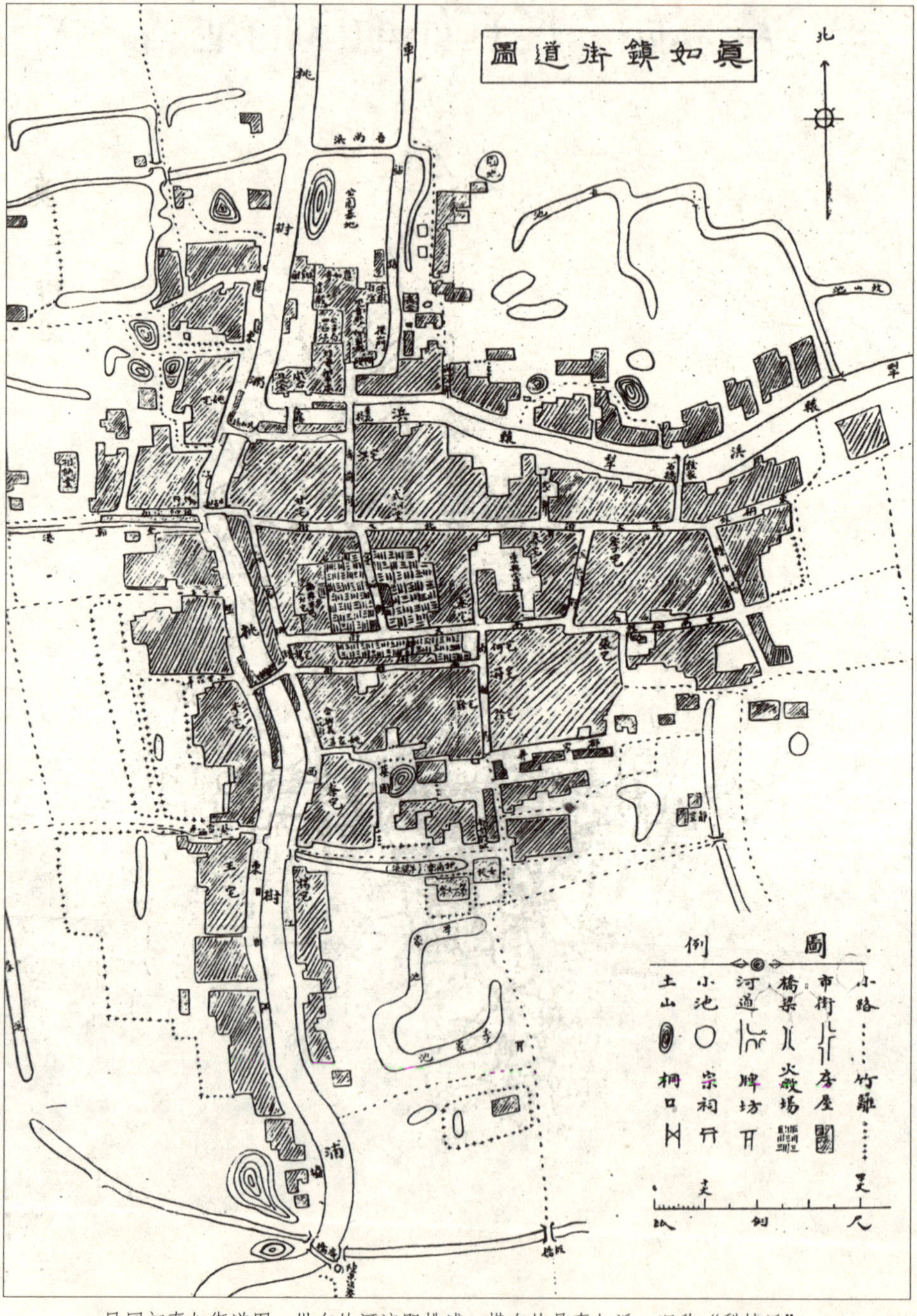


民国初真如街道图，纵向的河流即桃浦，横向的是真如浜，旧称“犁辕浜”

公布为上海市文物保护单位。据我所知，如果这一结论可信的话，那它就是上海仅存的元代木结构寺庙，在全国也极为罕见，将其列为全国重点文物保护单位也不算为过。

民国王德乾纂《真如志》（传抄本，藏上海图书馆）中收有刻于清光绪二十一年（1895）的《重建真如寺碑》的全文：

> 粤考《宝山县志》，真如寺旧在官场（即今宝山县大场镇），宋嘉定间僧永安建院；元祐间僧妙心移建桃树浦，请额政寺；明弘治间僧法雷重建，至国朝咸丰九年，遭兵燹，仅存者颓败不蔽风雨。至光绪二十年，本镇米商杨耀文与其友疁城（今嘉定）甘士霖，慨念此寺势将就倾。士霖与沪上寿圣庵僧念岸、念伦、为方外交，爰恳渠设法兴复旧规，并商诸厂董陆毓岐、秦本幹、张渊、朱彬、张锡文、李本霖、张祖辰、张祖荫、王庆余、杨培榛等，诸君亦乐为赞成。禀请邑尊马给示重建，并令住持僧明镛，向本厂募愿，仅得钱一千余串，而念岸、念伦出沪地布施金万贯，乃能庀材鸠工，改建正殿并两偏地藏殿；念岸之徒起证，念伦之徒起曌，亦不惜出平日诵金钱二千余串，装塑法像，并修葺东廊，师徒继述之，善若人家父子，肯構肯堂者。是役也，共用钱一万五千余缗，告竣后由厂董及众施主议决，念伦之徒永守此寺，明镛之徒析居城隍庙。嗟呼！念岸、念伦暨其二徒特入于缁流耳。假使眷顾中原，幡然作国民，思想其必牺牲身命愿保种族；置利禄于不顾者，近世士民每喜储财以贻子孙，不屑毁家以舒国难，其视念岸辈何如也。时在光绪二十一年岁次乙未正月立，里人洪复章撰、张师廉书，孙同燧镌。

古人撰碑文是有规矩的，尤其于建筑的描述极其正确，修、重修、建、重建、移建在现代汉语中所表述的一样，“重修”就是大修，“重建”就是在原址上重新建造，真如寺从原官场迁到桃树浦（即今桃浦河）为“移建”——异地重建，之后在明弘治和清光绪各“重建”过一次，显然，刘敦桢先生1950年所见真如寺是清光绪二十一年“重建”后的真如寺，绝不可能是元朝时的真如寺。

众所周知，上海是江南水乡，一马平川，本地几乎没有建筑用木材，木材就显得略贵一点，拆房后可利用的木材一定会再利用，而那根刻有“旹大元岁次庚申延祐七年癸未季夏月乙巳二十乙日巽时鼎建”的枋显然也被后人视为珍贵的古物，所以，每次重建时又会把该枋安装到原位置，而后人见了该枋上文字，一字不落 地讲真如寺始建于“延祐七年”，同样，刘敦桢也被误导了，以为他所见到的真如寺是元朝的旧物——专家的话不一定是很正确的。

在真如镇的北市稍有一条东西向河流，西起桃浦，向东流过真如镇、曹阳路、石泉新村，在中远两湾城处并入苏州河，今名“真如港”，这条河早已不能通航了，而上海河流名称惯例，一般把可通航的河流才称之“港”，也许这条河流名真的该修改了。不过，在民国以前的地图上，这条真如港叫做“犁辕浜”，旧志认为它真正的名字叫“梨园浜”，是因原真如镇的北市稍有家专演京戏的剧院而得名的，真如镇的城隍庙在犁辕浜北，所以，真如镇与城隍庙被犁辕浜相隔，有一座“香花桥”相通，这里的人流量太大了，传统的木桥不知被踏塌了几座，“道光二十八年，监生李德泽甃石改建”。这“香花桥”是全镇唯一的石桥，于是被叫作“北石桥”，在桥的南面沿犁辕浜有一条很长的石街路，就叫作“北石路”，后来人们又在真如镇的南市稍也筑石街路，它就是“南石路”。我以前去真如镇玩的时候，就对真如的北石路、南石路很感兴趣，也许是它们的名字很古典、很传统，保留有中国乡镇的特色。以后很长一段时间没去真如，不知这些很古典的路名是否还在，2010年春，应邀参加普陀区第三次全国文物普查的验收，发现这两条路还在，只是本来就曲折多弯的“南石路”已分段被叫作“南石一路”、“南石二路”和“南石四路”，中间跳开了“南石三路”。仔细一想也对，因为在上海方言中“南石三”的发声与“男十三”完全一样，而“十三”又是“十三点”之省，沪语多用以喻女子的言行不正常，疯疯癫癫，傻头傻脑；男人而“十三”，那就是“勿要忒吓人喔”的神经病了。而“北石路”已向西延伸，今普陀区政府南大门外就叫“北石路”，真感谢上海的地名管理机构，能保住一批上海的历史地名，同样，也希望相关机构和单位，把上海一些历史地名的来历及有趣故事编写成册，使人们可以更直接地了解上海的历史、上海的故事。

上海图书馆藏陆立撰，清乾隆三十七年（1712）刻本的抄本（据说是孤本）《真如里志》其卷一“里至”中提到，“东南抵潭子十二里，上海县治二十四里”。实际上，今真如港大部分叫“犁辕浜”，只有靠近苏州河一段叫“潭子江”，有人认为，这潭子江就是明永乐以前吴淞江的故道，此释是否正确，尚有待考证。

这个叫“潭子”的地名确实值得深思，它可能与古代吴淞江边发生的一件重大事情有关。吴淞江是太湖流域最大和最重要的河流，还是一条直通大海的河流，从海上溯江而上可以深入腹地，直达苏州。据说，当年吴越之战时，吴王阖闾曾从海上进攻越国，并取得胜利，他们一定是沿吴淞江进入大海的。据《晋书·虞潭传》中记：东晋时的虞潭，字思奥，会稽余姚（今浙江余姚）人，是三国时东吴名士虞翻的孙子。成帝继位时，他出任吴兴太守，由于战争不断，农业生产受到严重影响，饿殍遍野，他不顾其他人反对，顶住各方面阻力，打开粮仓，救济贫民，古人用“子”表示对男人的尊敬，于是人们尊称虞潭为“潭子”；当时，盘踞浙江的“反政府武装”活动猖獗，扬言要从海上溯吴淞江而上进攻东晋王朝，政权受到威胁，百姓面临涂炭，于是，虞潭又带领军民在吴淞江出海口处——沪渎，建了一军事堡垒“沪渎垒”，有效阻止了叛党，保障一方平安，“沪渎垒”是上海的古战场遗址，也是今上海市区被记录到的最古老的历史古迹和地名，大概到了元代以后，这个“沪渎垒”就不见了，后人也弄不清这个“沪渎垒”在哪里，但上海人一直记住了虞潭和沪渎垒。也许，这个叫“潭子”的地名与东晋的虞潭有一定关系。潭子的向南延长线到苏州河，这里一直叫作“潭子湾”，这里也曾有一条叫“潭子湾路”的马路，只是今已被人们改名为“清水湾路”了。

真如镇东北，即华池路一带习称“管弄”。华池路北面，岚皋路东面形成一个占地近30公顷的三角形，这里就是上海颇著名的住宅区——管弄新村，新村里还有一条叫“管弄路”的市政道路。顾名思义，这“管弄”应该是一个历史地名，得名于这里的管姓人家。

管姓是一个小姓，除了先秦的管子外，还真叫不出第二位姓管的人的名字，不过，历朝的《真如志》中就出现了不少姓管的人的记录。

管元隽，字舜登，明朝举人，任定陶教谕（相当于教育局长）、陵县知县，是记录到的最早的管弄人。《真如志》还收录一位叫“管老虎”的孝子，他生于嘉庆年间，志中说：“管老虎，居管弄。”这个“管弄”是一个居民点名称，应该就是今天的“管弄”一带；志中还提道：

> 管氏宗祠。在生号二十二图。清乾隆十二年（1747）管惠斋建，民国八年，乡立第三民国学校借为校舍。

在一份早期《真如乡图》中还能看到“生二十二图”之类区划名，在一条叫“赵浦”的河流东、西两侧各有一个叫“管弄”和“管家弄”的地名，而这条“赵浦”在1958年被填平筑成今岚皋路，由此可知，今日的“管弄”就是历史上“管弄”的位置，那个在民国八年被乡立第三民国学校借用的“管家宗祠”，稍花点功夫，也一定能找到。

今普陀区北部是城市化进展稍迟的地区，这里还保留有如“李子园”、“太平桥”之类历史地名，如何保护这些地名，又如何利用这些地名——是一件有趣，更是有意义的事。

# 大王庙与舢板厂桥

划船比赛在古代汉语中叫作“竞渡”，是中国最古老的风俗和竞赛活动。关于其起源，古人也已经弄勿清了。南朝梁宗懔《荆楚岁时记》中讲：

> 按：五月五日竞渡，俗为屈原投汨罗日，伤其所死，故命舟楫以拯之……邯郸淳《曹娥碑》云：“五月五日，时迎伍君，迎涛而上，为水所死。”斯又东吴之俗，事在子胥，不关屈平也。《越地传》云：起于越王勾践，不可详矣。

《荆楚岁时记》成书于南朝，距今约1500年，是中国保留至今最早的关于岁时风俗及其起源的著作，被后来的同类的书广为引用，也就是讲，后人关于风俗及风俗起源的认识或阐述，许多就套用了《荆楚岁时记》的观点。而《荆楚岁时记》中讲，五月五日端午竞渡的风俗各地皆有，形式相似，只是说法不一，荆楚一带（相当于今华中地区）认为屈原是五月五日投江的，所以端午竞渡是为了纪念屈原，而江南的吴地则以为，伍子胥不甘心眼睁睁看着吴国被越国灭亡，于五月五日“迎涛而上”，吴人认为端午竞渡是为了纪念伍子胥；而越地（今浙江及以南地区）则又认为，端午竞渡是纪念越王勾践。传说是“非物质文化遗产”，所以，传说就是文化，传说越多，文化也越兴。尽管今天的湖北人仍在与江苏人在争夺端午节的“非遗”之申报权，幸亏浙江人还没“轧”进来，否则，竞争“非遗”真的比“竞渡”还要闹热、激烈。

端午竞渡定于每年的五月五日举办一次，所以，把它说成风俗活动比体育竞赛更合适，而西方的赛艇则是常年训练，经常举行赛事的运动，使二者有了明显的区别。1843年上海开埠，1865年侨民就在上海组织了一个叫“The Rowing Club”的组织，中国人叫作“划船总会”或“划船俱乐部”，开始他们在苏州河或黄浦江训练和比赛，有人作竹枝词曰：

> 如飞打桨赛行船，亦是西人戏赌钱。
>
> 三五成群真快驶，兴酣力大定争光。

不过，苏州河和黄浦江都是上海的主航道，往来船只多，交通十分繁忙，于是，在这里训练和赛船均受到限制，尤其是赛事，须经相关部门批准后才能举行。1878年10月26日《申报》登载了一则苏州河要举行划船比赛的消息，说：

自午刻（即正午）起，新闸西首大王庙至曹家渡，凡遇商船进出，至期一律停驶。

实际上这是上海地方政府准许划船总会定于此日在苏州河举行比赛，为确保赛事正常进行和航运安全，此日从大王庙至曹家渡的苏州河段从中午起停航半日。这里提到了苏州河岸的两个地名，就是“大王庙”和“曹家渡”。“曹家渡”地名至今仍在使用，且是一个知名度很高的地名，本书设专篇介绍，实际上“大王庙”在上海历史上也是知名地名，只是随着“庙”的消失，地名的知名度逐渐下降而已。

大王庙的全名叫“金龙四大王庙”，是水神庙，中国许多地方有大王庙。至于这位“大王”是哪一路神仙，各家有各家的“自说自话”。但大多数著录认为这位“大王”是南宋末年谢太后的族弟谢绪，长期隐居在金华的金龙山，被人们尊之“金龙四大王”。《古今图书集成·神异典》卷二七引《杭州府志》中讲：“谢绪……建望云亭于金龙山巅，读书其中。甲戌（即南宋咸淳十年，公元1274年，距南宋亡国仅五年）秋，霖雨，天目山崩，水溢临安（今杭州市），溺死者无算。绪乃散家资溥济之，会众注曰：‘天目乃临安之主山，宋其亡矣。’无何，太后北辕，叹曰：‘生不能图报朝廷，死当奋勇以灭贼。’作诗自悼。书讫，赴水死。”公元1274年，天目山出现山崩，这是南宋王朝即将灭亡的征兆，而没过多久，谢太后被元兵所虏北上，南宋政权真的要灭亡了，于是谢绪决心以身殉国，投水自尽，临死前还写了一首谶诗，《杭州府志》没记下这首诗，但是在清人顾张思《土风录》中记录了这首诗——《囚诗》说：“立志平生尚未酬，莫言心时付东流。沦胥天下凭谁救，一死千年恨不休。”当时，他的学生还问他，诗中的“沦胥天下凭谁救，一死千年恨不休”的谶语何时能兑现，他回答道：“黄河之水逆流，是吾报仇日也。”

众所周知，黄河是含泥沙量很大的混浊大河，下游河道会因泥沙沉淀而发生淤塞，黄河下游河道也多次改道。元末，以朱元璋为首的农民军已经控制了江南的大部分地区，元至正二十七年（1367年），朱元璋手下的战将傅有德与元军在黄河下游的吕梁一带决战，元兵占据了黄河上游的优势，而傅有德部队处于下游的不利位置，如元兵乘水而下，傅有德必败无疑，而就在这紧要关头，傅有德只见云中突然闯出一位身披战袍的天将，他一声威喝，黄河水为之倒流，他们立即出兵顺潮进攻元军，并取得胜利，而就当战争结束后，人们才注意到，黄河的下游已经改道北徙。今天，人们一定会用科学的眼光分析，黄河改道北徙是自然的原因，而古人则会从社会、信仰的角度得出另一个结果——这是上天保佑朱元璋建立大明王朝。于是，当朱元璋登基后，就封“金龙四天王”谢绪为水神，在黄河边主庙。明永乐迁都北京后，为解决北方粮食供应困难，明政权将从南方征收的粮食经大运河北运，大运河又开始忙碌起来，于是，大运河沿岸建立起一座又一座的“大王庙”。

吴淞江在上海境内的岸边先后有两座“金龙四大王庙”，一处称“老闸金龙四大王庙”，另处为“新闸金龙四大王庙”。吴淞江在历史上是太湖流域最大的泄洪道，在今吴淞口附近流入大海，吴淞及吴淞口均以吴淞江的入海口而得名。在明朝永乐年间的治水工

清末《图画日报》绘“流氓调戏湖丝阿姐之无赖”

程中，由于吴淞江下游河道严重淤塞、萎缩，已难以承担太湖流域的排洪和蓄水功能，而吴淞江的支流——黄浦已发育成一条很宽大的河流，于是明永乐治水采用了一个叫作“江浦合流”的方式——就是拓宽挖深黄浦，使它成为太湖的主要泄洪道；放弃吴淞江下游已经淤塞的河道，另外从江桥（即今江桥）附近开挖一条河流，使它成为吴淞江下游的新河道，引吴淞江水注入黄浦，经黄浦注入大海，这条吴淞江新下游水道就是今天的苏州河，这样，吴淞江与黄浦的地位，关系发生了变化，即吴淞江从主流河道变成了黄浦的支流，而黄浦则从原吴淞江的支流而成了主流。新的吴淞江下游河道出现后，那条被废弃的吴淞江故道就被人们叫作“旧吴淞江”，又省称“旧江”，后来又讹作“虬江”，今普陀区有“西虬江”，闸北和虹口有“虬江路”，杨浦区有“东虬江”，它们大致上就是旧吴淞江故道的遗存，拙著《街道背后——海上地名寻踪》已有介绍。此略。

当吴淞江成为黄浦的支流后，下游的流速明显放缓，再加上潮汐的影响，还会有潮涨潮落规律，而吴淞江也是一条含泥沙量较大的河流，它夹带的泥沙在下游处由于流速的变化而沉淀，于是，人们必须过一段时间要进行疏浚，耗资耗力是颇巨的，据记载，明隆庆四年（1570）海瑞任应天巡抚时在吴淞江下游造了一座水闸，目的是当涨潮时闭闸，倒灌的江水阻于闸外，而当退潮时开闸，利用水速将泥沙冲入黄浦，现在看来，利用水闸来挡沙并不是好办法，而事实也是如此，一道闸门挡着了闸外的潮水，而大量的泥沙就在闸边沉淀，使河床抬高，水流量减少，没过多久，这座闸反而被急于东流的江水冲垮了。当这座水闸建成后，上海人就在闸边的吴淞江南岸造了一座“金龙四大王庙”，这也是上海出现的第一个“大王庙”，旧址在厦门路7号。我去过那里，临厦门路处开了一个洞门，不过不见有道士和“老爷”，门口设一“老虎灶”，搁上几张方桌、长凳，与上海常见的弄堂茶馆没有什么区别，大概1990年后拆了。

大概到了清嘉庆年间，那座老闸早已失去功能和作用，人们又在闸的上游（西面）再造一闸，于是，那座旧闸就被人们叫作“老闸”，新建的闸被叫作“新闸”，今天，跨苏州河的福建路桥叫“老闸桥”，其西的“新闸桥”，以及“新闸路”等均是以这里的“闸”而得名的，今苏州河北岸之地称“闸北”，也是以其位于闸之北面而得名的。

新闸造好后，人们又在新闸之西的吴淞江南岸造了一个“新闸金龙四大王庙”，为了纪念海瑞，庙里还建海瑞祠——海公祠。这个庙并不是宗教产业，而是地方公产，于是，上海地方政府还在这里设了一个“救生局”，相当于后来的“救生打捞局”，负责苏州河

苏州河口端阳竞渡，背后的建筑是德国和美国驻上海领事馆（正门在黄浦路）

的救难和管理，“救生局”有多条船泊在这里，这里也成了官方在苏州河的码头，清代，这里也是苏州一带从吴淞江进入上海的船只的停靠码头，如清末谴责小说《孽海花》中开章首卷就讲，新科状元金文倩被任命为驻德国公使，他携苏州名妓傅彩云从苏州坐船进上海，就是从“大王庙码头”上岸。

怡和洋行是外资在华的规模较大的商行，其下设的丝栈（即Silk and Waste silk Department，也即“丝绸部”）主要在上海收购蚕茧和丝、丝绸出口，约1882年，该洋行就在新闸金龙四大王庙及相邻的地方创办“怡和丝厂”（Jardine Matheson &Co.,Ltd.,Silk Filature,又作Ewo Silk Filature），开创仅几年，1886年新道台邵友濂上任，他认为根据《南京条约》以及其他条约之规定，外国人只能在中国的通商口岸进行通商贸易，不能设厂、生产商品，于是下令关闭，怡和丝厂被迫停办，原址就成了怡和洋行丝绸部的仓库和打包厂，1895年中日《马关条约》准许外国在中国设厂，怡和丝厂又在原址重开，到20世纪初，该厂拥有缫车500部、雇工1100人，年产丝约750万担、生产“EWO”牌号及其副牌

“JMC”（即Jardine，Matheson &Co.的缩写），产品大多销往欧洲及美国。

众所周知，江南蚕业主要集中在浙江湖州地区，早期丝商大多系湖州人，丝厂女工也多湖州人，于是上海人把丝厂女工叫作“湖丝阿姐”。封建社会严格实行“男尊女卑”的道德标准，女子不能参加社会活动，不参加社会劳动，而丝厂、纱厂多的是纺织女工，所以，丝厂、纱厂附近总归会麇集一批“小偷卵”，到这里“揩油”、“吃豆腐”，在异性的吸引下，“湖丝阿姐”也变得“人来疯”，“十三点”兮兮的，清末上海人秦荣光《上海县竹枝词·风俗》：

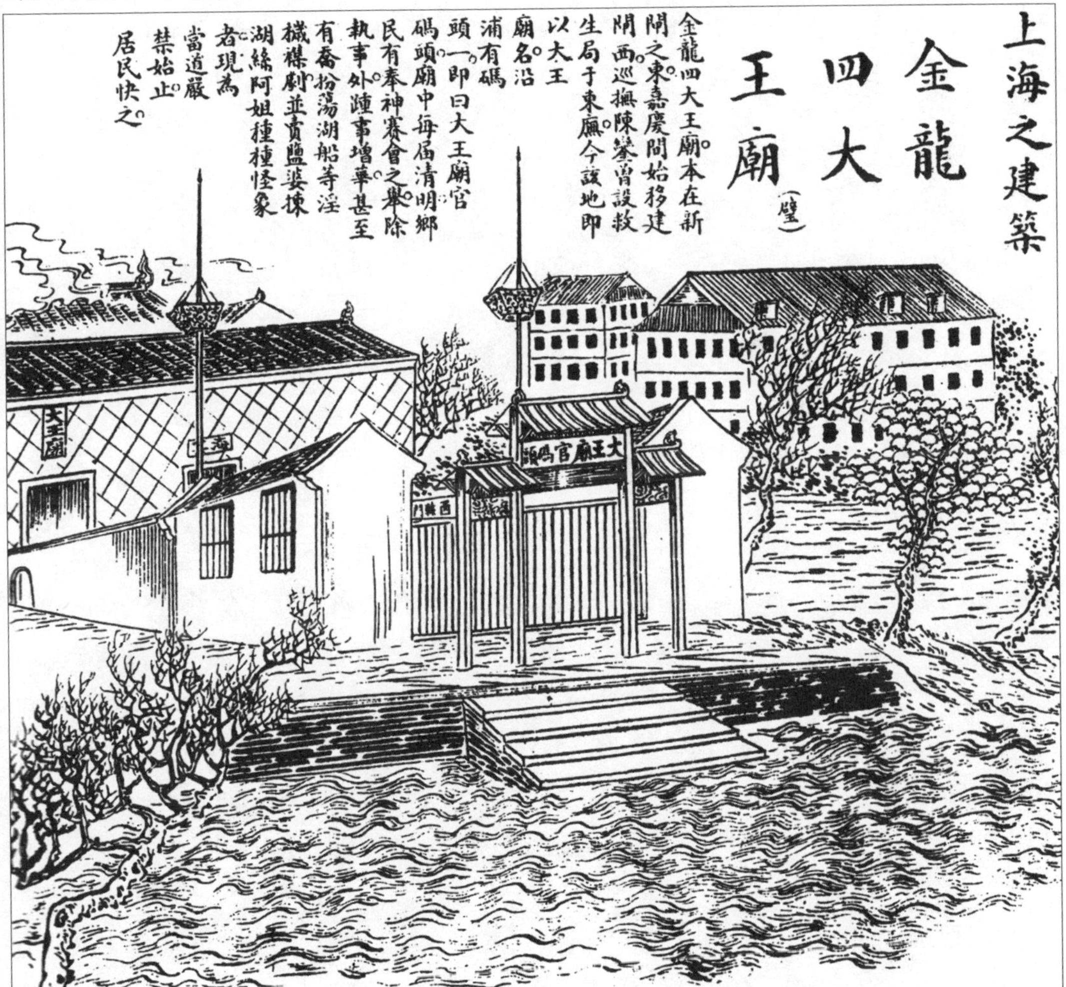


清代新闻大王庙

吾乡农妇向端庄，少女专求纺织良。

自设缫丝轧花厂，附膻集粪蚁蝇忙。

上工一路散工时，环绕浮头状醉痴。

脚捏手牵诸丑态，竟容白昼众旁窥。

作者还加注：“案：各女工种种丑态，招摇过市，全不避人，廉耻扫地矣。”这不仅是秦荣光的思想和观点，也是那个年代的伦理道德观。老闸大王庙是上海出现的第一家近代缫丝厂。1910年上海环球社出版《图画日报·上海之建筑》中绘有“金龙四大王庙”图，这也许是唯一能见到的清代大王庙图像，其配画文讲：

庙中每届清明，乡民有奉神赛会之举。除执事外，踵事增华，甚至有乔扮《荡湖船》等淫秽杂剧，并卖盐婆、拣湖丝阿姐种种怪现象者。现为当道者严禁始止。居民快之。

1941年12月7日太平洋战争爆发后，怡和洋行在华产业被日伪接管，怡和丝厂也停办了，解放后，这里成了“东风冶炼厂”，提炼有色金属，如今，这里已被建为住宅区。另外，也不知是何原因，也不知从何时起，上海的许多皮件商、皮料行，以及各种皮件配件店集中开设在大王庙相近的成都北路新闸路一带，我童年时认识几个“小皮匠”，还经常跟着他们到“大王庙”去买皮料和配件，一直到上世纪70年代，“大王庙”还是上海著名的皮料市场，如今，大概很少有人知道了。

今天苏州河上恒丰路桥以前叫作“舢板厂桥”。在我的记忆中，“舢板”是上海方言中特有之词，特指游弋在黄浦江上的一种小船，早期多用于船员的船上与陆地交通。最多只能载二三个人，船尾上翘，用艪划行，黄浦江风大浪急，舢板在江面上上下浮动，左右摇晃，所以上海方言“摇舢板”喻人坐在不停晃动的车辆或其他地方。舢板的英文为sampan，于是，许多人以为“舢板”是英文sampan的“洋泾浜语”，但是，权威的《简明不列颠百科全书》则认为英文sampan是中文“舢板”的外来语，说：“舢板sampan 中国水域最普通的小船，具有多种式样。”不知哪一种说法更正确一点。不过，我以为“舢板船”是上海人给外国赛艇取的名称，在沪方言中“舢”与“赛”谐音，与方言“山”念一个音，而西方赛艇的结构很简单，几乎近于用木板拼起来的船，于是，这种赛艇被叫作“赛板”，后写作“舢板”、“舢舨”等。由于苏州河和黄浦江是上海主航道，航运十分

舢板厂桥

繁忙，上海划船总会无法在这里划船。1875年，他们只能在离上海市区较远的苏州河南岸购地建造了一个船室。“厂”的繁体为“廠”，“厂”用于“工厂”是近代以后的概念，在古代汉语中“厂”一般指敞开式的建筑或地方，如没有墙的凉棚可以叫“厂”，有围墙的广场可以叫“厂”，如明朝的“锦衣卫”有“东厂”“西厂”之分，所以，所谓的“舢板厂”绝不是生产、制造舢板的工厂，而是停舢板的凉棚。这里离市还有一段距离，苏州河水面船只稍少，他们就可以在这里的苏州河上划船。而到了19世纪末，随着上海城市面积的不断扩大，这里也已划进市区，于是，上海划船赛事早已经移到昆山的青阳港举行，划船俱乐部就将这个“舢板厂”买给了工部局，工部局则将这里建了一个碎石场，从各地经苏州河运抵上海的石块在这里粉碎后加工成不同规格的石块、石子、爪子片，用于各种筑马路的石材。“舢板厂”的旧址在今石门二路东侧的苏州河南岸，可以经顺德路进入，旧址已被建为“顺德苑”住宅小区。当然，“舢板厂桥”就是以这个“舢板厂”得名的。

一直到1899年之前，公共租界的西界在今西藏中路和西藏北路一线。1899年公共租界扩张成功，西界的西北点伸到了“小沙渡”，就是今天的西康路苏州河边；租界的市政

外白渡桥西望，对岸的建筑即侨民的划船总会

建设和经济建设较快，一条苏州河把上海分割为“浜南”和“浜北”，浜南和浜北是二个天地，1903年，闸北的商人为沟通浜北与浜南交通，促进浜北市面繁荣，集资在苏州河上架木桥，这座桥取名“汇通桥”，就是沟通两岸之义，但人们习惯上把它叫作“舢板厂桥”；集民资建的桥质量很差，仅几年后就成了危桥，一直到1916年才由闸北工巡捐局出资重建，1948年又重建为钢骨水泥桥，就是恒丰路桥。

上世纪70年代时，我的工作单位就在“舢板厂桥”北堍不远处，许多同事也住在附近，每当发工资时，老师傅们就会提议“劈硬柴”（沪语聚餐AA制的意思），就会讲：“下班后‘过桥’去。”当地人把“撮一顿”讲作“过桥”，仍说明浜南与浜北是两爿天。

划船总会把“舢板厂”以7000两的价格卖给了工部局，就用这笔钱买进了苏州河南岸的圆明园路至外白渡桥之间的一块滩地，由于根据工部局的规定，在租界内的苏州河临江的土地是不能兴建住宅或办公用房的，而只能用于建沿江马路，花园、绿地以及低层非商业建筑，所以这块地价十分低廉，划船总会也只是在这块地上建立一个简易的船室。1904年，经工部局批准，他们又在这里兴建了划船总会的游泳池和聚会室，并于1905年投入使用，解放后，这个泳池对外开放，这就是上海人记忆犹新的“黄浦游泳池”。

# 东门外的商业街

豆市街是近黄浦江的一条小街，北起白渡路，南至紫霞路，全长仅235米，曾是上海乃至江南最大的豆类及豆制品（主要是豆油和豆饼之类东西）贸易市场。

历史上，人们以长江为界，以北海域称“北洋”，以南称“南洋”，如清代的北洋水师和南洋水师；北洋通商大臣和南洋通商大臣就以此划分。上海位于南洋之顶端，故上海也被作为“南洋”使用，天津大学前身为“北洋公学”，而上海交通大学前身为“南洋公学”即是。北洋依托的陆地是华北、华东平原，奔腾而下的黄河在此注入大海，千万年来，黄河夹带的泥沙在近海处沉淀下来，所以北洋沿海多滩涂、沙洲，只有一种被称之“沙船”和“卫船”（古代把驴子叫作“卫”，山东多驴子，所以山东旧时也被叫作“卫”或“卫地”，所谓“卫船”即山东制造的一种海船）的平底浅船适宜在此海域航行，一旦船遇搁浅，还有机会遇涨潮时继续航行；而南洋依托的陆地是浙东，闽东的山地、丘陵，沿海多屿礁，水深浪急，只有吃水深的浙闽深水船才能出没风急浪大的海洋中。于是，如要将山东辽左的货物南运浙闽，必须以沙船启运，在上海港卸货后换上深水船才能继续南下，而浙闽北运的货物，必须先以深水船启运，在上海港换装上沙船后才能继续北上，由此也可以知道，上海港不仅是一个港口，而且是南北海运的枢纽、中转站和货物集散地。

世界公认大豆的原产地是中国东北，中国也是豆腐的发明国和最大消费国，中国大豆产区集中在东北和华北，又以东北产大豆颗粒大，形态佳，含脂和蛋白质量高。而北方河流不多，南北向河流更少，于是，北方的大豆、豆油、豆饼（豆饼是棉花的上佳肥料，进入上海的豆饼主要用作肥料）就通过沙船、卫船运抵上海，在豆市街贸易后转运各地。

笔者十几年前访问过一位旧上海“麻油大王”，他曾任解放后上海第一任粮食局长，他告诉我，北方大豆颗料大，卖相好，多用于孵黄豆芽，而从华北经运河运抵镇江，再由镇江顺长江而下运抵上海的大豆颗粒小，卖相差，价格低，但可以磨成浆做成豆制品，于是，镇

东门外咸瓜街水产品市场

上海老城墙

豆市街某弄

豆市街（2002）

外咸瓜街（2002）

江的商贩也将华北产的大豆、赤豆、绿豆等运到上海豆市街，所以，上海的豆市街特多镇江籍商人。当然，豆市街除了豆麦业的门市外，附近还特多与豆业相关的酱园、油栈等。

与豆市街相近有条称“咸瓜街”的马路，东侧近黄浦江的为“外咸瓜街”，西侧近原城墙（即今中华路）者为“里咸瓜街”。如依上海方言望文生义，“咸瓜”应是“酱瓜”，这里似乎就是一条以酱瓜摊集中而得名的，而历史上的“咸瓜街”是上海最大的水产品集贸市场。本人祖籍福建，可以操一口不流利的闽语，在闽语中，黄鱼就被念和写作“黄瓜鱼”，“黄瓜”、“瓜鱼”等。梁章距（1775–1849），字闳中，又字茝林，自号退庵，福州府长乐人。嘉庆进士，历任军机章京，江苏按察使、山东按察使，江苏巡抚、两江总督等职，也是清代的学问家。其《浪迹三谈》卷五“王瓜鱼”中讲：“此鱼以四月王瓜生时生，吾乡因呼为‘黄瓜’，亦称‘瓜鱼’，而他乡人多呼为‘黄花鱼’，因复称为‘黄鱼’，皆误也，其实古名石首鱼。”作者以为，在福建，黄鱼的汛期在四月，与黄瓜同时上市，所以福建人称其为“黄瓜鱼”、“瓜鱼”等。笔者上世纪70年代曾回老家，在福州及家乡的餐馆里，凡黄鱼多写作“黄瓜”或“瓜鱼”，显然，上海的“咸瓜街”是以这里多咸鱼摊点或门店而得名。

福建全省背山依海，贸易之大宗就是山货和水产，而水产品中又以海产品为主；黄鱼在历史上是中国四大海产品之一，但黄鱼汛期很短，仅一个月左右，所以，只有四、五月是鲜鱼期，大部分被捕捞的黄鱼就被加工为“咸瓜”或“黄鱼鲞”，当然，在“咸瓜街”上常见的是“咸瓜”，“咸瓜街”也以此得名。在相当长一段时间里，咸瓜街是上海最主要的水产品集贸市场，直到上世纪80年代后，上海另建铜川路水产市场，以及其他水产市场，咸瓜街作为水产市场才逐渐消失。

这里还要介绍此附近一条叫“花衣街”的小路，这里的“花衣”并非花花绿绿的时装，而指去籽的棉花。这里就是上海乃至中国最大的原棉市场而得名的。

如今，棉花已是全国纺织品最主要的原料，全国几乎均有棉花种植，而在清中后期以前，除了南方的福建、广东外，上海是棉花种植的最主要地区，也是棉花及棉制品的最大输出地。

棉花是一年生或多年生木本植物，主要生长在热带和亚热带地区，古代，我国只有海南岛及福建，广东等地有少量种植，长江流域及以北地区几乎不种植棉花，极少量从南方贩入北方的棉制品就显得十分珍贵，主要用于抄录经文，所以，棉花在古代被叫作“吉

上世纪90年代花衣街

贝”，元末明初大学问家陶宗仪祖籍浙江黄岩，长期定居今上海市松江区泗泾镇的“南村草堂”，其《南村辍耕录》是最早和最详细记录黄道婆的著作，该书卷二十四“黄道婆”中讲：

闽广多种木棉，纺织为布，名曰“吉贝”。松江府东去五十里许，曰乌泥泾。其地土田硗瘠，民食不给，因谋树艺，以资生业，遂觅种于彼。初无踏车、椎弓之制，率用手剖去子，线弦竹弧置按间，振掉成剂，厥功甚艰。国初（指元朝初）时，有一妪名黄道婆者，自崖州（今海南岛）来，乃教以造扞弹、纺织之具，至于错纱配色，综线挈花，各有其法。以故织成被褥带帨，其上折枝、团凤、棋局、字样、灿然若写。人既受教，竟相作为，转货他郡，家既就殷。

大概在南宋后期，上海开始从福建引种棉花，但缺乏棉花的加工和纺织工具和技术，棉花种植难以推广，元朝初年，一位叫黄道婆的女子从海南岛漂泊到了上海乌泥泾，她带来了南方先进的棉花加工、纺织工具和技术，不但提高了棉花加工和纺织的速度，也教会人们织出各种精美图案的布匹，上海种的棉花不但自给，棉花和棉织品也作为上海特有的商品销往全国，于是，棉花逐渐成了上海地区最主要的经济作物，手工棉纺业也成了上海地区的“经济支柱”。棉花种植受季节限制，但棉花的储存和加工可以不受时间、地点限制，直到清代后期，除上海外，周边地区几乎不种棉花，手工棉纺织业所用棉花几乎全部依赖上海，如清季上海人秦荣光《上海县竹枝词·风格九》中咏：

终年食米仰地方，吾邑贫农乏盖藏。

万一来源中断绝，预筹补救讵宜忘。

作者还加了一段按语：“自田植木棉广，而邑民食米，常仰于苏、常及长江上游等处。然一旦来源或断，是诚大可忧危之事也。”作者担心，上海地区将大部分农田种植棉花，再将棉花贩运到苏州、常州及长江中上游地区，换回粮食，一旦发生什么事件，粮食来源中断，上海的吃饭就成了大问题。这段文字恰巧证明上海是江南及全国的主要棉花产地，上海生产的棉花大量贩销到江浙等地。近代以后，上海也是日本的棉花主要供货地。清末思想家王韬《瀛壖杂志》卷二中也讲：

沪人生计在木棉，贩输远及数省，今则且至泰西各国矣。在沪业农者，罕见水稻。自散种以及成布，男播女织，其辛勤倍于禾稼，而利亦赢。乡人称木棉统谓之“花”

小东门外民国路（人民路）街景

正因为棉花是上海最主要的经济作物和最主要的产品，所以，在上海方言中，许多单称“花”的词往往就是指棉花，棉花有籽，称之“籽棉”，脱籽的棉花称之“花衣”，也即今工业上讲的“原棉”，采棉花讲作“捉花”，晒棉花讲作“晒花”等。上海出口的花衣集中在小南门外的黄浦江边，于是，这里形成了一条以花衣交易为主的街道，就被叫作“花衣街”，清道光二十二年（1822），上海的棉花业商人联合在与花衣街相近的地方建立了同业公所——花业公所。《光绪上海县续志·卷三·建置下》中有这样一段记录：

阳朔路（2002）

> 棉花验水局。在圣贤桥东花业公所后。光绪二十八年八月，巡道委员会同业董经办。先是，洋商因贩花出洋，每至霉烂，遂以验水为名，出而干涉，乡民不服，乃设局办理，遇花之搀水者留局晒之。（棉花为吾邑出产大宗，使花行不收水花，乡民自不敢搀水，乃搀者自搀，收者自收，积弊相因，牢不可破，即验视加严，仍难遏止，至不能相见信。于外人业此者，亦可以知所返矣。）

原来，棉花交易是以称重计价的，一些乡民或不法商人，为了获利，将未晒干的棉花，甚至故意在棉花中搀水以增加重量，致使远运的棉花在运输途中就出现霉烂现象，外商也以此为由要设立“棉花验水局”，后来，上海道署为维护商业信誉，与花业公所联合建立了一个“棉花验水局”，该机构相当于现在的“上海纤维检验局”。

1894年中日甲午战争后，次年，中日签订《马关条约》，条约规定，日本人可以在中国的通商口岸投资建厂，根据“最惠国条约”原则，所有与中国签约的第三国也同时获得此项权利，于是，中日《马关条约》后，外国对华的经济策略也由原来的商业贸易向投资建设转变，到清末民初，外商在上海建立的与纺织相关的工厂达近百家之多，其中仅日商内外棉在上海开设的工厂就达八家之多，于是，不仅上海仍以种植棉花为主，上海周边，以及长江中下游的许多地方推广种植棉花，这样，上海的棉花产量已不及全国的百分之五，当然，上海花衣街的棉花业市场也衰落了，花业公所也自行解散，公所旧址被房地产商收买后建为里弄住宅，相当于梅家弄吉云里（11弄）。

上海东门外原来有一条叫“阳朔路”的小路，旧名“洋行街”，不少人以为这里曾有许多洋人开设的商行而得名，其实不然，所谓“洋行”多指福建、广东籍人开设的商行，因这些商行同时供应从南洋一带运入中国的洋货，故也被叫作“洋行”。前面已提到，明初朱元璋颁行“海禁令”后，使已形成的闽广海运商业集团被迫逃离中国，或下南洋，或下东洋，这也是中国有史以来最大规模地向海外移民，明朝的海禁时紧时弛，移民南洋的华侨也会趁海禁松弛时重返祖国，把南洋的物产销到中国的福建，广东一带。开放海禁后，闽广的海运商船又将南洋的物产转运上海。上海别称“上洋”，《上洋竹枝词》是后人收录清乾隆、嘉庆年间上海竹枝词汇编的著作，也成为研究上海乾嘉年间社会风尚的珍贵资料，《上洋竹枝词》中就收录了不少闽广商人在上海经商的竹枝词：

雉堞忝差歇浦边，万家烟火日喧阗。

东门一带烟波里，无数墙桅闽广船。

传说，上海的黄浦江是战国四公子之一的楚公子春申君带领百姓开凿的，春申君姓黄名歇，所以，除了“黄浦”外，这条河的许多别名均与春申君有关，如春申江，申江，黄歇浦，歇浦等，在上海开埠前，进入上海的闽广商船大多泊在东门外黄浦江边，形成“无数墙桅闽广船”的景观。

阛阓居奇百货盈，遐方商旅满江城。

洋行街上持筹者，多学泉漳鴂舌声。

洋行街是一个以南洋货品为主的集贸、批发市场，经营者多为泉州、漳州商人，上海或其他地方的商人为了与其做生意，只得学习和使用像“鸟语”般的闽南话。

闽商粤贾税江关，海物盈盈积似山。

上得糖霜评价买，邑人也学鸟绵蛮。

古代，江南及以北的地方不出产糖，人们吃的“糖”讲作“饧”，即用粮食糖化后制成的饴糖，而福建、广东种植甘蔗，压榨甘蔗汁熬制的蔗糖主要产地在南方，所以，上海的洋行街也是蔗糖的集贸、批发市场。

上海开埠后，更多来自世界各地的洋货通过多种渠道进入上海，洋行街的洋货也就慢慢衰落下来，1861年，洋行街被划进法租界，以“洋行”集中的“洋行街”也逐渐成了名不符实的“洋行街”，1943年，洋行街被以广西省地名改名为“阳朔路”。

# 董家渡与董其昌无关

清秦荣光《上海县竹枝词·人物二十九》中咏：

三绝诗书画最工，兼通禅理妙淡空。

郡城敕建专祠祀，祖籍原居吾邑中。

作者有一段注文：

董其昌,字玄宰，号思白，本董家渡人。《云间杂志》："思白为诸生时，仅田二十亩。区人令充役，致弃家远遁。后登翰苑，自别其籍，称华亭董某。"

《云间杂志》并没有讲董其昌原籍在哪里，只是讲，董其昌还在读书时，家景不富裕，只有二十亩田，根据惯例，交不上税的人家只能以劳役代税，董其昌为逃避服役，干脆弃家出逃。古代，科举考试的制度是十分严格的，而对违反制度者的惩罚更为严厉，制度规定，考生只能在自己的原籍报名参加考试，但逃离原籍的董其昌就冒籍娄县（即今松江）报名参加考试，当他做了大官后，也不敢使用原籍地望，只得称"华亭董某"，直到今天，人们仍把董其昌定位松江人。

《陈眉公先生全集》中收录董其昌墓志——《思白董公暨元配龚氏合葬行状》，文中讲，接董氏宗谱，董氏祖籍开封，宋室南迁时，董氏迁华亭县之上海，始祖（古代，把迁入某地的第一代先辈称之"始祖"）叫董官一，董华是董官一的第五代；董华的一个儿子叫董悌，字世雍，号吾溪，配俞氏，葬"竹冈西原"，董悌有三个儿子，次子董汉儒，字子策，他就是董其昌的父亲。

《同治上海县志·人物》中讲："董其昌，字之宰，号思白。（董）纶从曾孙；父（董）汉儒。"因为董其昌的祖父和父亲是一般的农夫，没有做过官，也没做过什么大事，所以志中没有关于他们事迹的记录，但他的从曾祖父（就是曾祖父的兄弟）是明天顺七年（1463）进士，做过江西上饶的知县，他有六个儿子，其中董恬、董忱、董怿三位均登第，董恬的儿子董宜阳，字子元（他也是董其昌父亲的堂兄弟），他“日读万言，博观周秦诸子、百家小说及国家掌故、郡县文献。叩之，能缕数以对。诗法高岑，晚嗜元白，文醇茂典，雅以古为。”志中讲：他“尝居紫冈，人称‘紫冈先生’”。《同治上海县志》还引用旧志讲：

> 董氏始祖思忠墓在沙、竹冈间，相传为厉，布衣所定墓前柿树，一株每结一实，董氏必有一人获隽。自天顺乙卯科纶始。

众所周知，柿树属高纬度树种，上海地区几乎不见种植，大概董氏的始祖董官一（思忠）从开封南迁上海时带来了柿树种苗，当地人感到恐怖，于是“相传为厉”（“厉”是流窜到民间的无祀怨魂，也就是怨魂野鬼），不过，这棵柿子树不结果（北方树种南移后不挂果是正常现象），但是从明天顺七年董纶考中进士后，这棵柿子树长出一只柿子，董家必有一人考取举人或进士。

从上面引用的文献中可以知道，这支董氏南迁上海后，居住的地方分别有竹冈、沙冈

清代董家渡

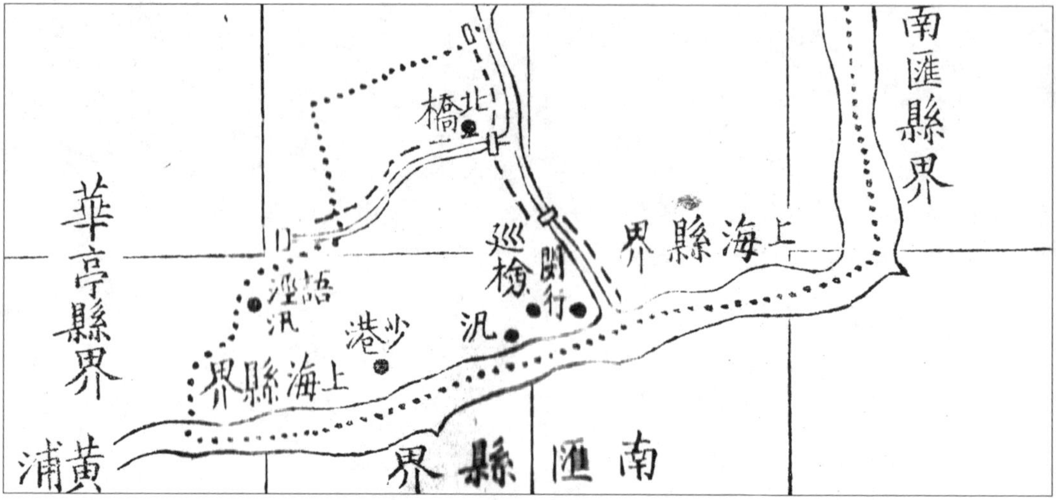


1895年上海地图，在闵行的西侧还有“沙港”地名

上世纪30年代董家渡码头

1937年八一三淞沪战争被炸的董家渡天主堂

和紫冈的三个地名。“冈”的繁体或异体字有——岡、崗等，通常义为山脊，如武松打虎的景阳冈，红军闹革命的井冈山等，上海几乎无山，但上海称“冈”的地名却不少，原来，上海濒海，江河在注入大海时，由于受潮水的反冲，水的流速和流向发生变化，江河水中夹带的泥沙会沉淀下来，使海岸线不断向外延伸，自然加人工的情况下，就会在近海处形成略隆起于地面的带状的高地，上海人称之“冈身”，在今嘉定、青浦、金山一线还有一条约形成于五千年前的“冈身”，今嘉定区有“外冈”地名，它就是以位于“冈身”之外而得名的。南宋绍熙《云间志》中也有记录：“古冈身。在县东七十里。凡三所，南属于海，北抵松江，长一百里，入土数尺，皆螺蚌壳。世传海中涌三浪而成。其地高埠，宜种艺菽麦。”

除了这条“古冈身”外，今上海还零散分布了不少“冈”，竹冈、沙冈、紫冈是也。

本书只是一本闲书，我不想用太复杂的考古令读者头痛。《同治上海县志》和《光绪上海县续志》中有此三“冈”之记录：

竹冈。一作“竹冈塘”。浦（即黄浦）入口，在夹沟西。从黄浦南岸绝流而北贯蒲汇塘，名小莱浦，入吴淞江。

沙冈。一作“沙冈塘”。浦水入口。在紫冈西，北流。与竹冈、紫冈源委略同。

紫冈。一作“紫冈塘”。浦水入口。在竹冈西。北绝流俞塘、六磊塘，至春申塘分流入华亭界。其浦水入口名新河。

黄浦江在闵行附近的那段基本上是东西流向的，文中讲“黄浦南岸”就是讲这段黄浦的南岸。在很久以前，在闵行附近的地方形成和出现三条“冈”，由东向西依次为竹冈、紫冈和沙冈；在上海地区，“塘”可以指人工堤岸，也多用于指称有明显人工开凿而成的河道，不知什么时候，人们又沿三条“冈”开了三条塘，就是竹冈塘、紫冈塘和沙冈塘。我在《街道背后——海上地名寻踪》一书的《闵行·闵行》一文中讲过，上海是水乡，地势偏低，水灾是常见的灾害，而闵行一带有三条隆起于地面的竹冈、紫冈、沙冈。而此一带的地势略高，所以，这里很少发生水灾，于是民间认为闵行是一个好地方，民谚有“三世修来住闵行”之谚。

今天闵行偏西的黄浦江北岸有“北竹港”、“北沙港”，南岸有“南竹冈”、“南沙港”的河流，那一定是古竹冈、沙冈的遗迹。今闵行地区新建立了一个科学园区——“紫竹科学园区”，它不会是来自上海小调“紫竹调”，而取自上海的历史地名紫冈和竹冈。

友人王永顺是原松江县地方志编纂委员会委员，其主编的《董其昌史料》（华东师大出版社1991年版）中多处提到一个叫“董家宅”的地名，如《嘉庆上海县志》：

> 然考董氏谱，自其昌以前，未有迁他县者；《华亭志》亦云：“上海董家汇人。”

实际上，在20年前的上海地图中，在闵行确有叫“董家汇”的地名，我想，董其昌的原籍应该是闵行，秦荣光讲的“董家渡”是“董家汇”之误，或者是今人排版时的差错。

# 法华镇河与种德桥路

我有一位叫王文心的朋友，在上海少儿出版社（延安西路1538号内）任编辑多年，她一直弄不懂两个问题，其一就是她工作的少儿出版社边上有一条叫作“种德桥路”的小路，但这里不见有桥，这里是否真的有过一座“种德桥”，它在哪里？这“种德”又是什么意思？其二，在少儿出版社的大院内有一对石赑屃，应该是古碑的基座，还有一堆零乱的石碑，这石碑来自何方，为什么会在那里？

我先讲“种德桥”的故事，它是一条叫“李漎泾”的河流在流经法华镇后的一座桥，这里先要讲“李漎泾”与“法华镇”、“法华浜”之间的关系。《民国法华乡志》卷二：

> 李漎泾。俗称法华港。南出肇嘉浜，北达吴淞江。一支中贯，蜿蜒曲折十余里者，曰李漎泾。

李漎泾是贯通上海县主要的河流——肇嘉浜和吴淞江（苏州河）的南北向河流，在汉语中“漎”与“潨”同义，均可指称河流交汇，与“冲”义同，所以，李漎泾也被写作“李潨泾”；“漎”又与“纵”近义，是指纵向，也即南北向，也许，李漎泾又是以纵向的河流而得名。

古籍对李漎泾的流向有详细的描述，由于古籍所提到的自然村落、桥梁名早已湮没，仅凭文字很难表述清楚，好在《法华乡志》中有几份手绘的不太精确的地图，结合所记录到的李漎泾上的桥梁，大致上还能讲清它的流向。

> 跨李漎泾者：东生桥，后木桥，马路桥、南洋公学桥、众安桥；东镇木桥七（分别是大木桥、思本桥、蒋家木桥、混堂桥、新木桥、东桥、祠堂桥）、香花桥、西镇木桥五（分别是东王家木桥、香店木桥、钱家木桥、王家木桥、吴家木桥）、种德桥、铁路桥、永济桥、同善桥、顾弄桥、周家桥、马路桥。

引文中提到的“南洋公学桥”就是今天交通大学门口的桥，1897年盛宣怀创办的南洋公学就在李漎泾的西侧，为方便进出，在这里造了一座桥，如今李漎泾已被填平，但这座桥作为“古迹”依然保存；香花桥是原法华镇上法华寺大门口的一座桥，这里还有“香花桥路”，同时，许多途经新华路香花桥路的公交车辆在这里设有“香花桥站”，所以，“香花桥”在上海也是一个知名度颇高的俗地名；铁路桥就是沪杭铁路跨越李漎泾的桥，在今凯旋路延安西路交叉口附近，也即今地铁3号线延安西路站的南边，“周家桥”作为俗地名一直在使用，指今古北路以东，娄山关路以西，近苏州河一带的区域，以前，这里还只能讲是一个偏离市中心区的平民住宅区，地名知名度不高，自从上世纪90年代后，随着“古北地区”开发和建设的加快，这里已成为上海中高档住宅区，使其知名度不断提高，而“周家桥”本来就是跨李漎泾的木桥；而“马路桥”就是白利南路（长宁路）跨李漎泾的桥，在现在的长宁路古北路口。前几年，为改善这里往来苏州河之困难，兴建了一大桥，北面接普陀区的大渡河路，南面接长宁区的古北路，长宁区希望将该桥命名为“古北路桥”，而普陀区则希望命名为“大渡河路桥”，据说，最后双方达成意见，先将该桥命名为“大渡河路桥”，以后再把正在兴建的连通长宁区威宁路和普陀区泸定路的跨苏州河桥以长宁区一侧的威宁路命名为“威宁路桥”。不过，我以为如果当初把该桥命名为

南洋公学（今交通大学）门前的桥叫“南洋公学桥”，是跨法华浜的桥

“周家桥”，也不失是一种选择。这样，我们就可以描述出李纵泾的大致流向，它从今肇嘉浜与华山路相接的徐家汇处发源，沿华山路西侧向北，流经交通大学东侧围墙，在淮海西路处向西沿着今法华镇路流到凯旋路后向正北流，到武夷路附近又改向西北流，在今古北路注入苏州河。

《民国法华乡志》中还讲：

> 法华之名昉乎佛寺。初犹称巷以附邑，独近为冠盖之冲，遂成镇，始于有明中叶。镇在邑西，鳞壤毗接，声教景从。故嘉庆邑志列为市镇之首。

在李纵泾的北岸有一座始建于北宋开宝三年（970）的法华禅寺，它也是上海的名刹之一。1860年太平军东进期间，寺院被太平军占用为兵营，破坏极为严重，以后虽经重修，但始终未能恢复元气，1935年，杜月笙、钱新之、潘公展等人创办的正始中学收购了法华寺的大部分土地，1937年又租下余下的三十余亩法华寺空地兴建校舍，校舍刚建成，八一三淞沪战争就爆发了，这里又被日伪保安司令部占用，从此，法华寺仅剩的几位和尚也被赶出寺院，法华寺的历史也结束了。抗战胜利后，正始中学收还校舍并复员，解放后这里改为兴建第二小学，现在是法华镇路535号，分别为上海交通大学法华镇路校区和新华路街道使用，校门正对的即香花桥路。大概到了明朝中叶，以法华寺为中点，沿李纵泾的东西两侧和南北两岸形成镇市，最初叫作“法华巷”，大概到了清代中期发展成上海县城西面的一个镇，就叫法华镇，镇以法华寺为中点，东侧称“东镇”，西侧称“西镇”，东、西镇长约3里，在上海地区确实是一个较大的市镇。

《民国法华乡志》中还讲：

> 法华居其（李纵泾）中，两水来潮，易盈易泄。初会潮于法华寺东，近以小闸桥坝断而日晖港直入，进潮较近于吴淞江，遂改而西迁一里许，在西浜湾会潮，居民两而枕水，河身既狭，其流不畅，混入清之，易积泥沙，不以时修，即形淤塞矣。

众所周知，上海近海，受潮汐的影响，河流有明显的、规律性的涨潮和落潮，水位差可达到几米。吴淞江的江面较宽，水流较通畅，而肇嘉浜江面狭，水流欠通畅，于是，每当涨潮时，吴淞江和肇嘉浜的潮水涌入李纵泾，大概在法华寺略东处相汇，后来在李纵泾的北段建了闸坝，会潮的地点西移，大概就在今种德桥路法华镇路相会。涨潮时，吴淞江和肇嘉浜的潮水同时涌入李纵泾，而落潮时水流缓慢，于是，对李纵泾来讲，涨潮时从吴淞江和肇嘉浜夹带的泥沙被带进李纵泾，而退落时又不能将泥沙带出去，日积月累，李纵泾逐渐淤塞，1958年，就将李汄泾在法华镇的那段填平，与两岸的小路合并筑路，就叫作“法华镇路”，其他的河段也先后被填。

当法华镇兴起以后，李汄泾流经法华镇的那段又被叫作“法华浜”，后来，整条李汄泾也被当地人叫作法华浜。种德桥在原法华镇的西市梢，原韦天庙（原址相当于今法华镇路803-815号，1958年拆除，今已无遗迹可寻）的门口，即今种德桥路与法华镇路交叉路口的中间，故种德桥又俗称“庙桥”。在原法华寺里曾立有《建种德桥碑》，可惜已不知去向，《民国法华乡志》收有该碑全文，抄录如下：

> 法华要冲地也。东去县治十又八里，南达府城，西去塘（唐）行镇。使驿之所奔辏，商旅之所贸迁，陆驰川载，衔尾接踵，其所患者，桥梁之未果耳。以木建此桥，辄理辄废，需有材之出济者弗给。举叹曰：盍易以石乎，易石其弗坏。今岁秋，瞿日山等一日就访翁，因以建桥告，翁即欣然曰：吾志也。乃经营其费之所与材之所具，以身任之；仗义者如缨辂，居镇者咸乐佐焉。十日而累石址立，又十日而讫工。书其额曰“种德”，盖取诸士之便往来者。

所谓“种德”就是“积德”，也就是法华的绅士乡民为了方便商旅进出此地的方便，集资在这里建造了一座木桥，当然，该桥建成又促进了法华镇经济的发展。

如今，历史地名作为一种非物质文化而越来越受人们的关注和重视，但是，如何保护历史地名却手段和办法不多，实际上，在今种德桥路与法华镇路交叉口形成一个稍大的三角形空地，如果将《建种德桥碑》复原重刻，竖在此路口，这不是一种保护非物质文化的方法吗?

李汄泾是沟通吴淞江和肇嘉浜的南北向河流，它也有许多条支河，如今均已经消失了。但仍有几条作为道路名称在使用，如今诸安浜路就是填李汄泾的支河——诸安浜而筑的马路，关于诸安浜名称的来历，估计，它应该是与历史上居住在这里的一个诸氏宗族有关。在上世纪初诸安浜淤塞严重，使它成了一条臭水浜，这一带也成了贫民窟、棚户区。1954年先填西段，并以河北省地名命名为“宣化路”，剩下了一段江苏路以东的诸安浜，当地人就叫作“东诸安浜”；上世纪末又填东诸安浜筑东诸安浜路，现在已是上海中高档住宅区和商务区。上海路名有一个明显的特征，当一条马路比较长时，可以加方位词来表达，如南京东路与南京西路；四川南路、四川中路与四川北路等，但是这条“东诸安路”的西侧并没有“西诸安浜路”，我想，当初如将该路命名为“诸安浜路”，也许更合理、更规范和更实用。

《民国法华乡志》：

牛桥浜。由法华寺东衙门桥李纵泾迤北，折东至侯家宅南；出李纵泾北，达吴纵泾。今淤。

牛桥浜也是李纵泾的支流，在法华寺东发源，一条向东流，一条向北流，现在的番禺路的延安西路与法华镇路的中间有一条小路，它虽没有路名，但当地人都叫这里为“牛桥浜”，而这条小路确实是历史上牛桥浜的一段。

2010年初，笔者应上海市文物管理委员会地面文物保护处之邀担任全国第三次文物普查验收小组成员，长宁区的文物普查小组将我们领到一个文物普查的“新发现”点（根据相关文件规定，凡以前未被登记在册的文物均作为“新发现”文物），即今延安西路1538号上海

法华寺早已消失，图为《长宁地名志》所绘法华寺

少儿出版社的大院内，那里尚存一大一小的赑屃两只，放在一个小水池的两边，隔水对望，有人以为是雌雄一对，这显然是瞎猜——我从来未见赑屃有雌雄成对的记载和说法。中国的赑屃就是一种石乌龟，多用作石碑的基座，形状大同小异，大小并无规定，只是根据其上的石碑的大小而设定的，石碑大一点，作碑座的赑屃就大一点，而石碑小一点，其碑座的赑屃自然就小一点，此两只大小不一的赑屃只能说明来自两方不同的石碑而已。

在院落的另一处，凌乱地堆放了多方石碑，碑上的文字依稀可见，很明显，这些石碑来自多块原完整的石碑，而原碑并不是整块的，而是由多块碑组成的一方或几方完整的石碑，由于碑体较大，很重，人力无法搬动，所以暂时靠人力无法将其重新拼装，人们也无法通读碑文。王文心当时在少儿出版社任编辑，她就告诉我，在出版社的大院里有旧时留下的“墓碑”，平躺在地上，被作为出版社做广播操的领操台，后来我也去看了，因为大多数碑面朝下，无法读到碑文，后来我又告知我单位——上海市历史博物馆的文物征集组，他们也去看了，但不知什么原因，并没有将这些东西征集进馆。

长宁区的文物普查小组在长宁区档案馆查到一份1957年上海进行的第一次全国文物普查的资料，资料中即有赑屭和石碑的照片，文字记录很简单：

| 名称 | 地点 | 时间 | 摘要 |
|---|---|---|---|
| 石碑、赑屃 | 延安西路1538号 | 明天启四年（1642） | 据查“天启四年右都御史李同芳碑 张懋德大并刻”法华志未载（附赑屃照片） |
| 石马 | （少年儿童出版社） | | |

从“摘要”的文字分析，该摘要的双引号内的文字并不是墓碑的原文，而是记录者见到碑文后的判断的记录文字，但调查者还是心生疑虑，因该碑所在的位置是当时法华镇的闹市地带——种德桥的边上，而《民国法华镇志》对法华的记录十分详细，而一位明天启左都御史的官位三品大官的墓在这里而“视而不见”，这里肯定有问题，于是他又写了“法华志未载”。

地方志是记录地方历史、人文、文化的专著，大凡“举人”以上的人士必定会被收入“科举”栏内，官至县丞以上的人也一定会被收入“人物”或“职官”栏内，传统的地方志还设“墓墟”一栏，详细记录名墓、大墓的位置，即使非本地人死后葬在当地的名人墓也会被收入志中，但是，这位官至三品的明天启左都御史李同芳及墓，不仅不见于《法华镇志》，也不见于各个时期的《上海县志》、《松江府志》——这才叫奇了怪了。

查找古代人名最简单的办法就是查《中国古代人名大辞典》，确实，该辞典收有“李同芳”，抄录如下：

> 李同芳　明昆山人。字济美。号晴原。万历进士。累官广东按察使。所至有惠政。擢副都御史。巡抚山东致仕。自录其生平善绩著《视履类编》。

也许由于在上海地区的文献中找不到“明天启左都御史李同芳”此人，而在与上海相去百余里的江苏昆山有一个“李同芳”，于是，许多人以为上海延安西路遗存的墓碑就是这位昆山人李同芳的墓址旧物。上海市档案馆《档案春秋》2010年7月刊载《上海水系与古文化遗存》还对此作专论，摘录如下：

> 查阅《康熙昆山县志稿》等有关资料，李同芳是万历元年举人，万历八年进士。初为刑部主事，执法平允，政绩卓然，擢副都御使，巡抚山东。他生而端敏，工文章，有才名，负责编撰《皇明将略》（八册），并为书作序等。其勤吏事，不畏权贵，善民亲商，颇得民心。他为官期间正是平民出身的张居正于朝中为内阁首辅（宰相）之时，大权在握，少有奸人作祟陷害忠良之事，那么，李同芳又是为谁所伤害呢？据查：“前甲申，御史丁此吕追论礼部左侍郎兼翰林侍读学士高启愚主试应天时命题‘舜亦以命禹’为阿附故太师张居正，有劝进受禅之间，为大不敬。得旨免究矣。吏部参论此吕，谪外，遂夺启愚官，削籍还里，并收其三代诰命。诸大臣与言路相持者，久之乃定。山东则吏部尚书杨巍子中式，山西东阁大学士王家屏子浚初中解元。湖广巡按御史论推官李盘用强侵各试官权，多取诸生，礼部员外郎李同芳故庇之，不行裁沮。得旨：降级调用，同芳罚俸三月。”原来张居正故世后，朝中发生惩办张居正“言路相持者”事件，在这一事件中，身为礼部员外郎的李同芳受到牵连，获包庇科考中违规的官员，对他们不行制裁纠正之罪而遭处罚。王司寇（王世贞）讽他为“以文赘”，对此李同芳“竟谢无有”，也就是含辱莫辩，认无为有，接着辞官引退。“旋里后，杜门却扫，寂如寒素，优游数岁，含笑而逝，如仙脱云。”《康熙昆山县志稿》对李同芳的记述，最后为“含笑而逝，如仙脱云”八个字，很有深意，说明家乡人民理解李同芳死时的心境，对他的一生是肯定的。

我手头没有《康熙昆山县志稿》，也没有其他的《昆山县志》，不过就《上海水系与古文化遗址》作者所引文讲：“（李同芳）旋里归，杜门却扫，寂如寒素，优游数岁，含笑而逝，如仙脱云。”为了表述得更清楚、更正确，就不惜笔墨将此段简单的文字再解释一下：“杜门却扫”是成语，就是紧闭大门，不再打扫庭院路径，须知，古人讲礼节，如有客人来临须洒扫迎客，所以“杜门却扫”就是紧闭大门，拒绝来访之义；“优游”出自《诗·大雅·卷阿》：“伴奂尔游矣，优游尔休奂”，“优游”即悠闲自得之义。很显然，李同芳致仕后闭门谢客，过着平民简朴的生活，悠闲自得地在家里生活了几年后，没有忧愁，没有怨恨地含笑而逝。毫无疑问，他是在自己的家乡——昆山逝世的。这里就出现了一个大问题，明代的昆山属苏州府，而上海县属松江府，从今延安西路1538号到昆山最近的距离百余里，千百年来，中国人始终遵守一个礼制——落叶归根，唯有这位李同芳死在家乡却被葬到百里之外的“异乡”，实在无法使人相信——这里一定出了什么问题。所以，我建议长宁区或上海市的相关单位，可以出一点力气把现存的几方石碑搬动一下，再将碑文拓下来后整理，弄清楚这到底是否是李同芳的墓碑，还是李同芳为另外一个人写的碑文；另外，旧地方志大多有“墓墟”一栏，李同芳是在“巡抚山东”时致仕的，官位在“从三品”，那么，《昆山县志》的“墓墟”栏中应该有他的墓的记录，如果没有，撰文中也应该和必须做出说明。

少年儿童出版社成立于1952年，成立后不久即选址延安西路1538号。据笔者所知，该地块在清末属上海房地产巨商陶如增（善钟）的产业，约1901年，陶如赠与英籍建筑师白兰泰（William Brandt）、律师陆舌儒（W.L.Rodgers）等合股成立泰利洋行，主要经营道契挂号、登记，以及房地产业务，因为道契必须由洋商经办，所以英文行名使用两位外商名字，叫作Brandt & Rodgers & Co.,Ltd 是旧上海著名的洋商道契代办机构和房地产公司，大约在上世纪20年代末，今少儿出版社址就成了白兰泰自建的住宅。1941年太平洋战争后，该宅被日伪上海恒产株式会社接管，地产几经转卖，到1952年后才成为少儿出版社址。

《民国法华镇志》的下限为1922年，该志也是体例得体，史实详实的镇志之一，而该志没有记录到在法华镇内的所谓“李同芳墓”，这是一个极为反常的现象，就此也可以反过来推断，在1922年之前，法华镇根本不存在所谓的“李同芳墓”，而在1957年的文物普查中却又实实在在记录了所谓“李同芳墓”的存在，由此可以推断，这些遗物是在1930–1950年间从其他地方搬移到此地的，至于是什么原因，尚无法断定。

延安西路少儿出版社内的石碑、赑屃是上海尚存的为数极少的大型石碑，希望有人把此事的来龙去脉搞清爽，而不是武断、臆想。

# 法租界以领事命名的道路

旧上海英租界的北京路旧名“领事馆路”（Consulate Road），在法租界也有一条“领事馆路”，它的法文名为Consulet，Rue du，不过，它的常用中文名叫“公馆马路”或“法大马路”。

鸦片战争是英国政府发动的对华侵略战争，以1842年8月29日中英签订《南京条约》而告结束，英国人通过战争获得了巨大的利益。1844年8月，法国政府派遣原驻希腊公使剌萼尼（Marie Melchior Joseph de Lagren é，1800—1862）率舰队抵达澳门，剌萼尼的外交手

清末上海新北门外，法兵就在这里炮轰城墙，镇压小刀会起义

段非常狡猾，他既不立即与清廷两广总督接触，也不暴露来华目的，而是通过各种途径放风，一会儿说要与中国政府结好，共同对付宿敌英国；一会儿又放风说要占领中国广东沿海的虎门；一会儿又说大清康熙禁止天主教是一重大的错误，他将进京见大清皇帝，要他弛禁天主教，并做出赔偿。这使耆英处于云里雾里，吃不准法国人想干什么。到了10月，他正式拜见耆英，希望能与美国与中国签订《望厦条约》一样，与清廷建立邦交关系，此时的耆英早已对外国人心怀恐惧，同意以“一视同仁”的方法对待外国人。10月24日，耆英登上泊在广州附近的黄埔的一艘法国兵舰，与剌萼尼签订了中法《黄埔条约》，条约共三十六款，涉及多方面的内容，其中关于“五口通商”的内容与《南京条约》、《望厦条约》大同小异。

1847年1月20日，法国外交部任命敏体尼（M.Montigny）为首任驻上海领事，不久，敏体尼于1847年5月20日搭乘一艘叫“迪盖·特鲁安”号的双桅船从勒阿弗尔启程，到新加坡后又改乘英国快船“加勒比”号，经过八个多月的海上颠簸，终于在1848年1月25日抵达上海，陪他同来的是他的母亲、妻子和两个女儿，以及一个佣人，不过，这个佣人到上海后不到一年就死了，成为死在上海的第一个法国人。

敏体尼到上海后住在英租界的一家旅社里，这样，他每月要支付450元银洋，这是一笔不小的开支，不久，他就租借了天主教赵方济主教（Mgr.Maresea）的房屋，年租400元，但他用于修理这幢破房子就用去了1300元，并在这里扯起了法兰西国旗。1928年出版的梅朋与傅立德合著的《上海法租界史》是这样描写的：

> 这第一座领事馆有一主楼，供领事居住和办公。它的位置在现在的公馆马路北边路旁，从那儿到朱葆三路和孟斗班路的距离差不多相等；另一幢楼比较小，有两个房间，一间是办事处，一间是会客室；第三幢楼在孟斗班路和公馆马路的转角上，以前曾改成小教堂，这时已经完全倒塌了，后来这块场地为侨民饭店占用；还有是给仆人用的下房。

本书是介绍上海地名的专著，就将上述的历史路名作阐述。

朱葆三（1848—1926），浙江定海（今舟山）人，原名佩珍。1858年来上海，入协记五金店学徒，后来入英商平和洋行（Birt & Co.,W.）任买办，1878年独立创办新裕五金号，他利用任职平和洋行时建立的与洋商以及客户的关系，使他成为上海五金业的巨头，1897年中国通商银行成立时他任总董，以后相继创办华安水火保险公司、华商电车公司、

金陵东路外滩，右侧建筑即法国领事馆

定海电气公司、舟山电灯公司、舟山轮船公司、永安轮船公司、上海内地自来水公司、上海华商水泥公司、立大和中兴面粉厂等；1905年被选为上海城厢内外总工程局办事总董、上海商务总会协理；上海光复时任上海商务公所会长、沪军都督府财政长，1914年任上海总商会协理，次年任上海总商会总理，全国商会联合会副会长，1916年任会长。朱葆三热心慈善事业，1916年创办上海时疫医院，减免或免费为穷人治病，1926年上海疫情严重，已是八旬老人的朱葆三仍定期到医院巡视，并为扩大医院规模、提高诊疗水平奔走，终因操劳过度而病倒，9月2日逝世。

在法租界有一条叫永兴街的小路，长仅150米，1922年由法租界公董局重筑，即正式命名为“朱葆三路”，是上海法租界仅有的以当代华人名字命名的马路，也是法租界仅有的三条以华人名字命名的马路之一（另两条分别为“善钟路”，（已见于拙著《街道背后——海上地名寻踪》，麟桂路，麟桂，字月舫，满洲镶白旗人。1848年任上海道，次年与法国领事敏体尼签约，同意划出护城河至洋泾浜（今人民路至延安东路）之间的地块建立法租界。麟桂路筑于1927年，1946年改名林谷路，即今长乐路362弄。朱葆三路即今溪口路。

洋泾浜天主堂

孟斗班（Charls Guillaume Marie Cousin de Montauban, 1796—1878）是法国陆军军官，1859年任法国远征军总司令，参与保卫上海租界，第二次鸦片战争中指挥联军在“八里桥”击溃清军，旋进入北京，参与火烧圆明园。返回法国后被封为“八里桥伯爵”。孟斗班路的法文路名为Montauban,Rue,上海著名的天主堂——圣若瑟天主堂，又叫“洋泾浜天主堂”就在这条路的36号，于是汉名又被叫作“天主堂街”，即今四川南路。法国驻上海的第一个领事馆在“公馆马路北边路旁，朱葆三路与孟斗班路之间的位置”，那大概相当于今天的金陵东路28号。

敏体尼到上海后另外急需办的事就是希望像英国人那样，与上海道台签约，划出一块土地作为法国人的“居留地”，但是此事一开始就遭到英国人的干涉和反对，此后又遭到有英美背景的上海道吴健彰的驳斥，敏体尼也处于无可奈何的处景。而就在此时，一位叫雷米（Mon—tigny Remi，1816~？，他后来娶了敏体尼的女儿，于是在自己的姓名上加了他岳父的姓）从广州来到上海，他向敏体尼领事提出在上海购买土地的要求，于是，敏体尼就利用这个机会，于1848年8月6日照会上海道台吴健彰：

大法兰西国领事敏体尼为照会事：

据法中和平通商条约第二十二款规定，凡法兰西人至五口通商地方居住，听其租赁房屋或租地自行建屋、建行，建坟地、礼拜堂、学房、医人院各项。地方官会同领事官酌议定法兰西人宜居住宜建造之地。

凡地租、房租多寡之处，彼此在事人务须按照地方价值定议。中国官阻止内地民人高抬租值，法兰西领事官亦谨防本国人强压迫受租值。

房屋间数、地段宽广不必议立限制，等等。

大法兰西国领事鉴于本国侨民呈请租地之要求，并据上述条款之规定，研究了尚未出让之土地，认为洋泾浜南岸，从城关开始可一直伸展至将来需要的地点为止，最是适宜。因此本领事要求贵道台，按照别国人的同样待遇，即便指定这个地区为法国租界，并派专门人员为法商雷米估定其所要购置地皮的价格。请您派人会同雷米前往察看地方，划定四界。

夏末乃是最宜于建屋之时，现即将来临，请贵道台速即发令，以免拖延此事。

此致吴道台阁下。

敏体尼（签字）

清末公馆马路（金陵东路）东段

法国领事馆旧址，在今金陵东路、四川南路东北转角，拆除后被建为Hotel des Colonies，并以创办人名字取华名为“密采里”，是一家高档菜馆

新建的法国领事馆，旧址在今金陵东路外滩

虽然吴健彰对敏体尼还有成见，但他还只得将照会转报给江苏巡抚，而且，没多久吴健彰被解职了，继任的麟桂道台很快回函敏体尼，不过，由于地价上的问题，雷米真正拿到这块土地也费了一番周折，《上海法租界史》是这样讲的：

雷米方面，为了赶快解决这件事，也暂时只购置洋泾浜沿岸的一小块几乎是荒芜的地，这项卖契终于在1849年1月8日签订。共计二亩三分八厘五毫地，每亩作价一百六十千铜钱，外加房屋、坟墓、树木等项的赔偿费，雷米总共付了四百五十七元，此外，每年每亩要付一千五百铜钱的税，总共每年要付三千七百五十八铜钱。

麟桂批准雷米在上海“永租”土地在某种程度上来讲就是打破了敏体尼与上海道台之间对峙了一年多时间的僵局，不久，麟桂与敏体尼签约，同意划出一块地方作为法国人的“居留地”，并以告示的方式告知上海的百姓。告示原文如下：

告示

监督江南海关兼管铜务分巡苏松太兵备道加五级记录八次麟，为晓谕事：

照得上海与法国通商，昨准法国领事敏体尼，以道光二十四年九月经钦差大臣两广总督耆等会同法国全权大臣剌萼尼，议定永远友睦通商条约，奏奉两大国上谕允准和约。内载：凡法兰西人按照第二十二款至五口地方居住，无论人数多寡，听其租赁房屋及行栈贮货，或租地自行建屋、建行。法兰西人亦一体可以建造礼拜堂、医人院、周急院、学房、坟地各项。地方官会同领事官，酌议定法兰西人宜居住、宜建造之地。凡地租、房租多寡之处，彼此在事人务须按照地方价值定议。中国官阻止内地民人高抬租值，法兰西领事官亦谨防本国人强压房地主降低或接受租值。在五口地方，凡法兰西人房屋间数、地段宽广不必议立限制，俾法兰西人相宜获益。倘有中国人将法兰西礼拜堂、坟地触犯毁坏，地方官照例严拘重惩。上述种种久经各国遵行在案，今法兰西人尚无租住之地。应即会勘合适地点。接此公函，本道台会同法国领事敏体尼勘定上海北门外一处地：南至城河，北至洋泾浜，西至关帝庙诸家桥，东至广东潮州会馆沿河至洋泾浜东角，注明界址。倘若地方不够，日后再议别地；若需另划新地，亦当会商议定。其所议界内地，凭领事随时按照民价议租，谨防本国人强压迫受租价；如若当地民人违约昂价，不照中国时价，凭领事向地方官饬令该民人等遵行和约前录之条款。至各国人如愿在界内租地者，应向法国领事商明办理。毋违，特示。

道光二十九年三月十四日示（1849年4月6日）

告示中提到的“城河”就是上海城北城墙的护城河，1912年上海拆城时将护城河填平筑成“民国路”（今人民路），法租界与华界以民国路的中线为分界线，所以近县城一侧的路牌标“民国路”，而近法租界的一侧标“法华民国路”；“洋泾浜”即今延安东路；“广东潮州会馆”即后来的阳朔路106弄，该弄旧名“会馆弄”。“关帝庙诸家桥”的具

巨鹿路近成都路（丁纯 摄）

体情况不明，应该在原“周泾”，也即今西藏南路的东侧，这样，敏体尼从上海道麟桂手中获得的法租界相当于今东起外滩，西至西藏南路，人民路与延安东路之间的一块狭长的地块。

开埠后的上海是一个多事之地，1853年9月7日上海爆发了小刀会起义，义军当天就占领和控制了上海县城。开始，上海的租界还坚持“武装中立”的态度，而当他们从清政府和上海道那里获得不少利益后，遂同意派兵联合镇压小刀会。由于敏体尼租借房屋建立的法国领事馆距上海县城城墙仅一墙之隔，而法国军队又已计划在这里用大炮炸开上海城墙，于是，法国派遣军司令辣厄尔（La Guerre）建议敏体尼将领事馆搬迁他处，并租用了领事馆作为指挥部，于是，敏体尼就又将领事馆搬到当年雷米租地建造的房子里。

战争结束后，领事馆就一直设在雷米的房子里，而雷米也多次表示，愿意将自己买下的另一块土地无偿捐给政府，用于建造领事馆。“他甚至保证，在外交部对建造领事馆问题没有做出最后决定之前，绝对不在这块地上造房子。另外，在等待造领事馆的时候，雷米主动把自己的房子无偿地让领事和领事馆人员居住。”法国领事也深信，“雷米先生懂得使自己的名字在中国像金子一样完美”。19世纪80年代，法租界公董局在沪西越界筑了一条马路，即以雷米之名命名为“雷米路”（Remi，Route），就是今天的永康路。这也

徐家汇路重庆南路口

是法租界出现的第一条以一个法国商人命名的道路。

据《上海法租界史》中讲："但自从他（指雷米）的侄子（也是他的合伙者）单独经营利名钟表行，雷米把各种股份交托给他之后，情况就改变了。这个侄子没有一点儿他叔父的大公无私的精神，甚至恐怕也没有雷米在商务上那种一丝不苟的品德，他只想从商业上获得最大的利润。"于是，领事馆想得到原雷米捐地的事也落空了。幸亏当时法国皇家邮船公司慷慨地捐出了一块约5亩的土地，并计划在这块地上建领事署，《上海法租界史》有一段详细的描述，抄录如下：

关于领事馆的建造，穆布孙考虑请一位英国建筑师怀特菲尔德，这位建筑师为领事馆设计的图样很有风格；唯一的缺点是费用太大，要将近十万两。穆布孙逝世后，谢弗雷·喇慕只有一个念头，想一个办法把建筑费用限制在拨款的范围内。他找到了一个很怪的办法：把邮船公司捐赠的地拍卖出去（那时他尚未接到外交部拒绝的意见），并且不得已地接受和利民钟表行商谈领事馆的建造。

外交部要对怀特菲尔德和施米特的图样和工程估价单进行比较。最后把工程包给了施米特。1864年7月9日签订合同，施米特承建总领事和领事馆人员居住和办公需要的房屋，造价为六万零六百六十六两六钱六分，期限两年，逾期每月扣除五百三十三两三钱三三。

领事馆的建造就开始了。这是一座宽敞而笨重的四层楼房子，没有特色，也不漂亮，包括两幢主楼，中间有一条拱顶过道相连，阳台是木头的，领事馆人员住的那幢楼外面有一架木楼梯。这座房子甚至谈不上坚固，完工后只过了两年半，就有坍塌的危险了。在后来的三十年中，先后驻上海的各任领事都得花力气进行加固工程，直到最后决定把它拆毁了事，因为怕它突然倒坍，已经长期不住人了。

建筑工程在1867年的头几个月完竣，将近5月中旬，领事馆搬进这座房子。

这幢领事馆建筑的质量实在太差，在建成之后两年半就出现了问题，领事馆几乎每年要进行维修，到1895年，就决定将它拆除重建，重建的法国领事馆为假三层转石混合结构建筑，在建筑风格和样式上也并无明显的特色，它的门牌编号为“2-4 Consulat，Rue de”，即“公馆马路2-4号”，后改为“金陵东路2-4号”，1987年被拆除，旧址被改建为光明大厦。

敏体尼是法国驻上海第一任领事，为上海法租界的建立立下功劳，后来法租界填平周泾筑路时，就将此路命名为“敏体尼荫路”，法文名Montigny，Boulevard de。此已见于拙著《街道背后——海上地名寻踪》的介绍。此略。

上海法租界有多条以法国驻上海领事名字命名的马路，它们是：

爱棠路（Edan，Route），筑于1926年，又作亿当路、伊担路，以1853～1857，1859～1863年任驻上海领事的Benait Edan命名，即今沪西余庆路；白莱尼蒙浪路（Brenier de Montmorrant，Rue），筑于1906年，以1864～1869年任法国领事的Brenier de Montmorrant命名，即今马当路；李梅路（Lemaire，Rue），筑于1906年，以1875年法国领事Victor Gabriel Lemaire命名，即后来的望亭路；贾尔业爱路（Francis Garnier，Route），以1880～1882年法国领事Francis B.Garnier命名，即今东平路；恺自迩路（Kraetger，Rue）筑于1913年，以1885～1886年法国领事Emile Desire Kraetger命名，即今金陵中路；华格臬路（Wagner，Rue），筑于1915年，以1888～1892年法国领事Raoul Wagner命名，即今宁海西路；吕班路（Dubail，Avenue），筑于1902年，以1893-1894年法国领事G.Contantin Divbail命名，即今重庆南路；白藻泰路（Begaure，Rue de）筑于1910年，以1896～1901年法国领事Georges Gaston Servan de Begaure命名，即今江边机厂路，白藻泰在任期内从上海道手中得到在租界外黄浦江边兴建法商自来水厂的权利，即以该厂边上的小路命名为白藻泰路；巨籁达路（Raterd，Rue）筑于1907年，以1906～1907年法国领事Louis Ratard命名，即今巨鹿路；甘世东路（Gaston Kahn ,Rue），以1913～1915年法国领事Gaston Kahn命名，即今嘉善路。

进入上世纪20年代后，租界规划的道路工程基本完工，需要命名的道路也越来越少，之后就没有以领事命名的道路了。

# 关于浦东钦赐仰殿的传说和考证

近日笔者应上海市道教协会之邀作客钦赐仰殿。钦赐仰殿坐落在浦东源深路相交的庙街。是上海重要的道观，也是今浦东地区保存较好的古代庙宇。在古代，“钦”通常为皇帝专用词，如皇帝专派的官员叫作“钦差大臣”，皇帝御览后再定名者称“钦定”，如中国最大的丛书《四库全书》就全称《钦定四库全书》，皇帝的恩赐则称作“钦赐”，这座名为“钦赐仰殿”的庙宇很容易使人联想到它与中国古代的哪一位皇帝有关。

民间流传着这样一个传说：当年乾隆皇帝下江南时曾到过上海的浦东，并驻足该庙。清晨，当他推开楼厢的东窗时，仰视到东来的紫气，认为这是一个吉祥的兆头，于是给庙题额为“仰殿”，因为这是皇帝的题额，人们又在前加上“钦赐”两字，于是该庙被叫作“钦赐仰殿”。这当然仅是一个美丽的传说，因为有信史可证，乾隆皇帝根本就没有到过上海，更何况当时还属穷乡僻壤的浦东。

还有一种传说，认为钦赐仰殿始建于唐初，是隋末帮助唐太宗开创大唐基业的大将秦琼（叔宝）监建，当唐太宗李世明登基后，就为该庙题额。这更是一个荒诞的故事，上海是一块冲积成陆的土地，在1000多年前的唐初，上海的海岸线还在今浦西一带，今浦东地区还是海滩，不可能有人居住，更何况在这里建一座庙宇。

清代浦东人秦荣光（号炳如，又号月汀，私谥温毅）是一位上海史专家，他著的《上海县竹枝词》也收录了这两个民间故事，说：“东岳行宫在浦东，相传唐敕建兴工。信官叔宝秦监造，钦赐还称仰殿雄。”他在注文中讲：“东岳行宫在二十四保二十图，名‘钦赐仰殿’。相传唐时敕建。梁上有‘信官秦叔宝监造’字。”他认为这种传说是不可靠的。

秦荣光在另一首诗中对“钦赐仰殿”的历史作简短的考证，诗云：“祀盛崇祯金四娘，《沪城备考》善驱蝗。金师娘殿颜图志，足证非秦造自唐。”作者也附注文，说：

“《沪城备考》：‘有驱蝗神金姑娘，或称金四娘，祀盛于崇祯间，田家多宽祭之。钦赐仰殿，殆因是传讹。附会唐建，改奉东岳耳。’案：《颜志县境图》作‘金师娘殿’可证。”《沪城备考》又名《泽国记闻》、《上海志备考》，清代著名上海史学者诸华撰，凡六卷，是当时编订《同治上海县志》时，针对《乾隆上海县志》中的错误和脱漏而收集的材料编撰的，条分缕析，堪称精要。《颜志》即《万历上海县志》，是明万历时上海知县主修的上海县志。《沪城备考》认为：钦赐仰殿原名“金四娘殿”，金四娘是上海传说中的驱蝗之神，受到百姓的崇祀，沪语中“金四娘”与“钦赐仰”谐音，被后人讹为“钦赐仰殿”；清同治刊印的丁宜福著《申江棹歌》中讲：“海上丛祠赛祭忙，一般灵应善驱蝗。郎言要做猛将社，妾意还酬金四娘。”猛将即刘猛将，是江南民间盛祀的驱蝗之神（关于刘猛将俗身的说法不一，可以参阅拙著《闲话上海》中的相关内容），仅上海地区就有十余处之多，郎意要做猛将社，妾意还酬金四娘，至少在清同治年间，钦赐仰殿还是

《申江胜景图》绘“钦赐仰殿”

作为驱蝗之神金四娘的神殿而倍受百姓赛祭的。

《万历上海县志》的附图中，在今钦赐仰殿处标明“金师娘殿”，这下似乎可以找到了一点依据，在今天的沪语中，师娘一般可以据对老师或师傅的妻子的称呼，而在以前，师娘、师婆多指从事迷信职业的女性的称谓，金师娘可能就是一位姓金的神婆，也许她香头看得真，阴差走得神，受到当地百姓的敬畏，死后讹为神而受祭祀；而根据中国阴阳五行术数原理，酉的生肖为鸡，其五行为金，而鸡是吃蝗虫的能手，于是金师娘又被讹为驱蝗之神。以后金师娘又被讹传为东岳泰山神的女儿职掌阴间大权的碧霞元君，如清末颐安主人《上海市景词》中讲：“浦东有殿唤金娘，误作幂司审判场。菩萨多灵能默佑，丧家女子竟烧香。”

浦东钦赐仰殿的始建年代已无从考证，乾隆三十五年（1770）重建，主殿供东岳大帝，另建有秦广殿、阎罗殿、城隍殿、关帝殿等；“文革”中停止宗教活动，大殿被拆，1982年重建，1983年3月恢复宗教活动，是目前浦东新区开放的最主要的道教活动场所。

# 湖南会馆与瞿真人路

湖南省位于长江中游，与上海隔几个省，距千里之遥，但是有史料证明，在鸦片战争之前，已有大批的湖南人通过长江水道进入上海成片定居了。

1851年，以洪秀全为首的太平天国运动在广西桂平金田村爆发；同年，太平军率兵北上；次年6月后，太平军攻抵湖南。仅在几个月的时间内连下道州（今道县），郴州（今郴县），取长沙、益阳、岳州（今岳阳）等地。长期的战争使湖南全省处在兵荒马乱之中，大批的农户和小手工业者破产，他们为求得一线生机而纷纷背井离乡出外谋生。太平天国是中国近代史上最大的农民运动，他们把矛头直指大清政权外，也对地方豪绅实行专政，于是更多的地方豪绅为躲避灾难而流亡他乡，其中就有一部分湖南人沿长江水道进入上海。通常中国人是十分留恋故土的，所以当1865年太平天国运动被镇压后，原来来上海避难的百姓有相当一部分迁回祖籍，重振家业；但是湖南离上海较远，搬迁颇为不便，所以来沪的湖南人有些就在上海定居下来了。光绪十三年（1887）来沪的湖南人集资购进斜桥之南的地四亩余建立了湖南会馆。会馆是联络同乡人感情，解决在沪湖南人或初来或路经上海的湖南人的生活困难外，主要帮助客死上海的湖南人厝柩和将棺椋运回湖南老家，所以会馆建筑除正殿作为办公或会谈的地方外，偏殿和两厢均作为停柩的丙舍。20世纪以后，主要随着人们对地望观念的转变，来沪的湖南人一般是一家一族迁居上海的，经几代以后他们也以“上海人”自居了。上海与湖南之间的交通颇为不便，扶柩归乡须兴师动众，花费颇巨，以后定期回乡扫墓更是不易，于是不少湖南人将死去的亲属直接在上海择地下葬，待运的灵柩大减，造成会馆的丙舍空关。约在20年代后期至30年代初期，会馆将丙舍改建为礼堂，改称 “斜桥殡仪馆”对社会服务，湖南会馆实际上也就解体了。1961年上海实行殡葬改革，全市实行火化，上海市民政局在斜桥殡仪馆添置了火化炉及其他设备，负责沪南地区的火化。70年代初，为减少城市污染，斜桥火葬场撤销，并入龙华火葬场（今龙华殡仪馆），原斜桥火葬场之地也改作他用。旧址在今制造局路西，斜徐路的南面。

湖南省的佛教力量不强，信道教的人却十分普遍，而被叫做“瞿真人”的神道最受湖南人敬重。瞿真人，俗名瞿餐芹，明朝人，他长期在湖南长沙的集云山修炼，羽化后成为神仙。据说他能替人点拨迷津，逢凶化吉，他又能保佑家庭平安，在同治六年（1867年）被封为“溥护侯”，光绪十三年（1887）又加封 “照应侯”，所以旧日湖南的家家户户挂有瞿真人像。

1887年湖南会馆建立后，1892年会馆又在会馆的南面购地建立一个“瞿真人庙”，据说会馆的每年几次例会前均先要到庙里酬神，瞿真人庙的庙门是朝南开的，湖南会馆就在庙门前筑了一条小路，这条路就被叫作“瞿真人庙路”，后来又因读音太长而省呼为“瞿真人路”了。在1913年的“二次战争”中，沪南是主要战场，该庙部分遭到破坏，于是将庙门改为朝西开到局门路上。当30年代湖南会馆解体后，瞿真人庙也由道士掌管而向社会开放，上海人也忘记了他是湖南人专供的神道。据讲住在附近的居民十分敬仰“瞿真人”，百姓管这尊木偶为“过房爷”（我有一位朋友至今仍称瞿真人为过房爷），这样可以保佑小孩无灾无妄，多病的小孩也可不治而愈，所以瞿真人庙也是沪南地区香火极旺的道观之一。“文革”开始后这位真人也被扫地出庙，偶像被化之一炬，庙产也拨给某单位使用，旧址即今局门路427号。

# 黄道婆的故里——乌泥泾

黄道婆是中国古代最伟大、最杰出的女性之一，她的英名被载入史册，编入教科书，北京的中国历史博物馆里还有她的塑像。关于黄道婆的身世及她对上海作出的贡献，较早的见于元末明初学问家陶宗仪《南村辍耕录·黄道婆》的记载，说：

闽广多种木棉，纺织为布，名曰“吉具”。松江府东去五十里许，曰乌泥泾。其地土田硗瘠，民食不给，因谋树艺，以资生业，遂觅种于彼。初无踏车、椎弓之制，率用手剖去子，线弦竹弧置按间，振掉成剂，厥功甚艰。国初时，有一妪名黄道婆者，自崖州来，仍教以做造杆弹、纺织之具；至于错纱配色，综线挈花，各有

商贩到农村收购棉花

其法，以织成被褥、带帨，其上折枝、团凤、棋局、字样，灿然若写。人既受教，竞相作为，转货他郡，家既就殷。未几妪卒，莫不感恩，洒泣而共葬之，又为立祠，岁时享之。越三十年，祠毁，乡人赵愚轩重立；今祠复毁，无人为之创建。道婆之名，日渐泯灭无闻矣。

上海地区东濒大海，土地贫瘠，人民的生活不能自给，于是，早在南宋时，上海人就通过往来海上的商人，从福建广东引种了适宜盐碱地生长的棉花（上海古书中提到的“木棉”就是棉花，而不是今天人们用于填充枕头的木棉，这一定要注意），但是由于缺乏棉花的脱子、纺织工具和技术，棉花的加工就成了大问题，而就在元朝初年（即文中讲的“国初”），有一位叫“黄道婆”的“妪”从崖州（今海南岛）来到了上海的“乌泥泾”，她带来了先进的纺织工具，并教人们如何处理棉花，如何纺织，于是棉花就成了上海最主要的经济作物，纺织也成了家家户户的产业，上海人还将用棉花织成的精美的纺织品销到各地，上海人也逐渐富裕起来。黄道婆逝世后，当地人为她公葬，并为她建祠。

黄道婆像

文中提到了元代一个叫“乌泥泾”的地名，在以后的所有著述中，都把黄道婆的“诞生地”或她长期生活的地方叫作“乌泥泾”，由于“乌泥泾”这个地名早已湮没了，所以，几乎很少有人知道“乌泥泾”在哪里。

根据上海地名用字习惯，“泾”多用于指河流，现在上海被称之“泾”的河流仍数以百计，显然，这“乌泥泾”是古代上海的一条河流名称。可惜，在历年编修的《上海县志》、《松江府志》中均没有“乌泥泾”的记录，我们只能通过其他地方寻找“乌泥泾”的踪迹。

顾炎武《读史方舆纪要》在“上海县乌泥泾”条中讲：

> 元泰定（1324～1327）初，都水监任仁发浚乌泥、大盈两河，二年复浚县之潘浜、乌泥泾，各置石闸，以遏浑潮。闸废，今东流注于黄浦……新泾浦，又东、西上澳浦，皆南通乌泥泾，北接松江。

顾炎武是一位大学问家，他的著录应该是有根据的，文中提到“乌泥泾”“今东流注于黄浦”，很明显，乌泥泾是黄浦江西岸的支流；文中提到的“新泾浦”即今“新泾港”，《上海地名志》：“新泾港。位于闵行区中部，古名新泾浦。明、清和民国时称新泾。因与嘉定区东北新泾河名相同，故改名新泾港。原从颛桥附近的六磊塘东北流，越春申浦、淀浦河、蒲汇塘，经过程家桥，北抵北新泾镇入吴淞江。上游在清末已淤塞成陆，现仅残留从淀浦河到吴淞江的11公里河道。”“东、西上澳浦”即今“东上澳塘”和“西上澳塘”，东上澳塘就是沿今桂林路东侧流经上海师范大学、康健园的河流，而西上澳塘

今日黄道婆墓

农家织布

大致上沿桂箐路西侧，流经漕河泾技术开发区的河流。这样，我们就可以做出一个判断，“乌泥泾”是一条东西向的河流，是黄浦江的西岸支流，其出口处应该在今徐汇区的南部。

也许由于黄道婆带领乡人发财致富，也许还有其他的原因，很早以前就在乌泥泾入黄浦口附近就形成了一个繁华的镇市——乌泥泾镇。明《弘治上海县志》中讲：

乌泥泾镇。在二十六保。曾有田父得古碑，是地名“宾贤里”。宋张百五公居之，富埒侯伯。至元辛巳（1281年），参知政事郑公董师海上，市张俊遇宅建太平仓。至元间，张瑄以海漕隆显，亦治第其中。前志谓“人民炽盛于他镇”。今则鞠为茂草，存者无几矣。唯税课局在焉。

清《嘉庆上海县志》：

乌泥泾镇。在二十六保，亦名“宾贤里”，每称“乌泾”。嘉靖间被倭寇焚掠，久作平畴。今所足征者，其南俗呼“关上”，北存张宅后听莺桥耳。

大概在南宋时，有农夫在田里挖出一方古碑，碑上讲这里叫作“宾贤里”，在元朝初年，有一位姓郑的“知政”主管海上航运，他就买下一户张姓人家的住宅建为粮仓（太平仓）；张瑄是今浦东新区高桥一带的人，海盗出身，宋末元初与崇明人朱清一起投靠元朝，元朝建都大都（今北京市），为了解决北方粮食短缺问题，将江南的农业税改为实物税，即直接征收大米，称“漕米”、“漕粮”，即后人所谓的“皇粮”，漕粮北运叫作“漕运”，由于大运河淤塞严重，影响漕运船只通行，张瑄和朱清提议，将漕运改为沙船海运，他俩也成为富可敌国的豪门，《南村辍耕录·朱张》中讲：

（朱张）建言海漕事，试之，良便（至元十九年也）。上方注意，向之。初，年不过百万石，后乃至三百万石。二人者，父子致位宰相，弟侄甥舅皆大官，田园宅馆偏天下，库藏仓庾相望，巨艘大舶，帆交番夷中，舆骑塞隘门巷，左右仆从皆佩于菟金符，为万户千户，累爵积赀，气意自得。

这位张瑄也在邬泥泾镇建有豪宅，这可能与乌泥泾镇的交通便利有关，因为该镇就在黄浦江边上，顺江而下直接可以入长江口，进入大海。也就是这里水上交通便利，明嘉靖中，倭寇溯江而上，把乌泥泾镇掠夺一空，夷为平地，从此，乌泥泾镇就一败涂地，“鞠为茂草，存者无几矣”。从此，“乌泥泾镇”的记录也消失了。

《嘉庆上海县志》中记：

华泾市。县西南二十七里，自市北至平桥约二里，即乌泥泾镇旧地，田间往往遇石街废址焉。

“华泾市”即今徐汇区南部的“华泾镇”，此地恰巧为“县西南二十七里”，撰志者已经注意到，在华泾市北市稍的北面约二里有一个叫“平桥”的地方，还能在田间发现当年铺路用的石块，这里就是当年乌泥泾镇的旧址。这一考证和判断是很有见地的，上面引的《嘉庆上海县志》中已经提到，乌泥泾镇“每称乌泾”，可能是“乌泥泾镇”的名称太长了，也可能是乌泥泾镇已经消失了的原因，当地人已经习惯把原“乌泥泾镇”省呼之为“乌泾”，而在上海本地方言中，“华”的发声近“huò”，为入声，如“龙华”的本地音近“龙hōu”（今上海市区音“华”多念如hōu），“乌泾”与“华泾”的发声相近，另外还有一个更重要的原因，自从黄道婆来上海后，棉花是上海最主要的经济作物，手工棉纺织业也是上海最主要的家庭收入来源，黄道婆被上海人尊为“先棉”——棉花之神，而乌泥泾是黄道婆的故里，她也长眠于此，在上海方言中，凡单念“花”字者并不是指花朵，而是特指棉花。沪谚以“花好稻好”喻“样样侪好”（“侪”是吴方言用词，音近sái，义同“全”），此“花”即棉花，旧时上海地区主要种植棉花和水稻，如棉花和水稻的长势和收成都很好，那当然就是“样样侪好”了；王韬《瀛壖杂志》卷二中讲：

> 沪人生计在木棉，贩输远及数省，今则且至泰西各国矣（近代以后，日本所需棉花大多出自上海）。在沪业农者，罕见种稻。自散种以及成布，男播女织，其辛勤倍于禾稼，而利亦赢。乡人称木棉统谓之“花”。

沪方言中“华”与“花”通用，“华”与“花”同音，均念如hu ò。我以为，当“乌泾”消失后，后来在“乌泾”相近的地方又形成一个镇市，而这里是“先棉”黄道婆的故里，上海棉花种植和纺织的发祥地，于是被叫作“华泾市”，而今华泾镇北的河流——华泾港，就是历史上的“乌泥泾”。

陶宗仪讲，黄道婆仙逝后，乡人“莫不感恩，洒泣共葬之”，并没有讲黄道婆墓在哪里，但它在乌泥泾是不会错的。上世纪30年代柳亚子先生长上海通志馆时，其属下多次根据历史资料和线索踏访上海的古迹，并留下不少访古记，其中就有《华泾访古记》，其中就有一段是关于黄道婆墓的，摘引如下：

> 据我们想，道婆的坟是应该在乌泥泾的，所以便问陈先生（带领他们访古的当地耆旧）可知道坟的所在。
>
> “黄道婆坟么？有的。”陈先生回道：“不过现在只賸（沪音近sán，义同“剩”）一个墓基了。”
>
> 依陈先生的指示，道婆的坟现在已经变成了一个义冢，不过地势似乎较高，可以叫人相信那里本来即是坟墓。徐先生（指同行的通志馆徐蔚南）对着那些累累荒冢，不觉十分感慨了起来。胡怀琛先生有《黄道婆遗址》一诗，云：
>
> “黄婆墓已荒，棉田空夕阳。
>
> 遗爱在人心，墓废亦何妨。”

1956年，上海历史与建设博物馆筹备处（1961年停止工作，为今上海市历史博物馆的前身）根据考证和线索，再次赴华泾踏勘，确定原上海通志馆确定的即黄道婆墓故址，并在原址重修，1962年公布为上海市文物保护单位，墓在A20高速公路的北侧，长华路之东侧，南近华泾镇。

陶宗仪《南村辍耕录》中提到乡人还为黄道婆建祠，而祠几建几毁，陶宗仪写此文章时“今祠复毁，无人为之创建”，也就是讲黄道婆祠已经不存在了。

上海博物馆图书资料室编《上海碑刻资料选辑》收有“乌泥泾庙重塑黄婆像碑”全文：

> 敬启者：乌泥泾庙向在宾贤里乌泥泾镇，中有社神佛祖，乃黄婆原像在焉。明万历间，镇毁于倭，而庙迁滨浦。本朝康熙间，复因潮患，而里甲孙姓创迁于今所。惜无碑记，故年月姓氏失传。

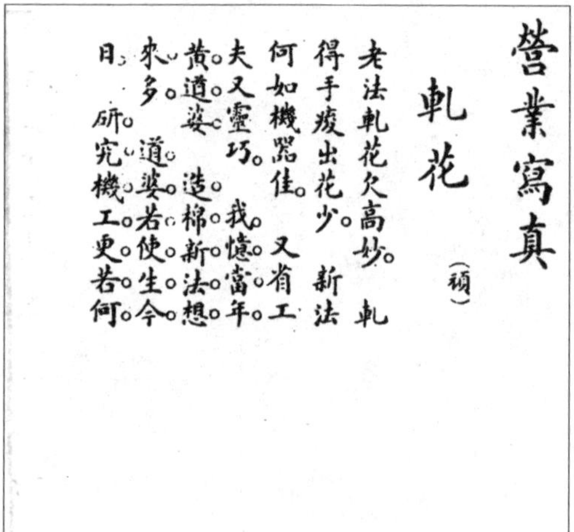

清《图画日报》绘“轧花”

该碑刻于清道光二十五年（1845），据称，“碑原在上海县黄母祠旧址”，原上海通志馆《华泾访古记》中也谈到了“黄母祠”。1961年上海市文管会对黄母祠进行大修，后来上海建上海植物园时，黄母祠被划入上海植物园，今该处辟为黄道婆纪念堂。

黄道婆被上海人尊为“先棉”，而棉花是上海最主要的经济作物，纺纱织布又是上海人家庭收入的主要来源，历史上，上海的女孩进入少年后就要先祭拜黄道婆，其他人也会在四月初六黄道婆诞辰祭拜之，所以，在上海各地分散着不少黄母祠，如今，这些祠大多消失了。

上海的黄道婆祠始建于明末，址在城内梅溪弄，当时称“黄道婆别祠”。据清人毛祥麟《墨余录》中记叙：他的外祖母邢氏在城内有座私家花园，后来被巨商李筠嘉购得，改名

“吾园”。清道光六年（1826）江苏巡抚陶澍来上海视察，见梅溪弄的黄道婆别祠已毁坏严重，遂向上海士绅提议重建。通过社会募捐的方式“分李氏吾园之半建为祠”，因黄道婆是上海棉业的创始祖，于是新建的祠就叫作“先棉祠”，今天城内的吾园街就是以“吾园”得名的，先棉祠街、先棉祠北弄、先棉祠南弄就是以“先棉祠”而得名的。这个先棉祠旧址在1956年拓建河南南路时拆除了，旧址在先棉祠南弄河南南路东。

吾园的另一半在道光二十年（1840）又被一位杨姓的商人购买而改名“托园”，同治四年（1865）又由上海道丁日昌收买并作为龙门书院校舍。龙门书院是一所中国人最早创办的近代学校，为缅怀黄道婆对上海科技和经济发展所作之贡献，书院里的一幢楼就取名“先棉楼”。1905年龙门书院改名江苏省立第二师范学校，1927年又改组为江苏省立上海中学（即今上海中学的前身），1932年迁于今上中路新校址，新校的教育楼也称“先棉楼”。由于上海中学新校址与乌泥泾地方相近，后来不少人误以为上海中学的“先棉楼”就是元明时期黄道婆祠堂旧址之一。因前文已作了介绍，不再一一叙述。

原在龙门书院的江苏省立上海中学迁往上中路新址后，旧址遂被房地产商购买改建为龙门新村新式里弄往宅（今尚文路133弄和先棉祠街80弄），以后上海只有与黄道婆祠有关的地名而无黄道婆祠了。

# 黄浦江沿岸的渡口

黄浦江是流经上海的最大的河流，江面宽约550米，古代的黄浦江两岸的大部分地段没有堤岸，而是滩地，所以，古代的黄浦江比现在还要宽；黄浦江把上海分隔为浦西和浦东，古人没有能力在黄浦江上架桥、建隧道，利用渡船是过江的唯一选择，于是，历史上的黄浦江两岸设立了许多的渡口，清人秦荣光《上海县竹枝词·渡桥十七》中咏：

浦阔无梁阻旅行，沿滩渡口有横船。

民捐官设都称义，普济东西往返程。

古代，渡船大致分为两种，一种是上海的“善堂”（古代对慈善团体的称谓）通过社

关桥长期是上海主要的水果码头

筑外马路时，在肇嘉浜建桥，以在江海大关之旁，称“关桥”

会募资的方式建立和经营的渡船，称之“民渡”，另一种是政府出资，委托大一点的善堂经营和管理，称之“官渡”，由于摆渡过黄浦江是有风险的，政府对渡口、渡船、渡工等均有明确的规定和强制性的约束，尤其是对渡船的超载、收费给以控制，渡船带有公益的性质，所以，不论是民渡还是官渡，一律为“义渡”。

《上海县竹枝词》还讲：

沿浦各渡，西自语儿泾起，历韩仓、沙冈、彭家、巨漕、横泾，折北有邹家、吴冲泾、车沟、关前、王家、乌泥泾、张家塘、龙华，转东有草庵、周家、高昌、南仓、北仓、永济、张家浜、老白、杨家、关桥等，共二十五处。案：横泾有东、西两渡，在闵行镇。邹家即闸港渡。吴冲泾即杜家行渡。车沟即周浦塘渡。王家，旧志作黄家，在华泾港口。乌泥泾今名夏家渡。张家塘今名蔓笠渡。北仓今名董家渡。

秦荣光记录的黄浦江对江渡口共有25处，从龙华到苏州河口的黄浦江是最近上海县城的那段，也是渡口最集中的地段，这里由西向东依次有：草庵、周家、高昌、南仓、北仓、永济、张家浜、老白、杨家、关桥等渡口，有些渡口的名称至今仍在，如“老白渡”应该就在今“老白渡路”处，因为在旧沪语音中，“摆渡”与“白渡”音近，这“老白渡”应该是“老摆渡”之讹，犹如今“外白渡桥”是“外摆渡桥” 之讹一样，这里应该是上海较早建立的渡口；有些渡口名则必须通过考证的办法，才能弄清其来龙去脉，下一一叙述之。

《元史·百官志》中记：

（至元）二十年又定江淮以南三万户之上者为上县。上县秩从六品，达鲁花赤一员、尹一员、丞一员、簿一员、尉一员、典史二员。

大意讲，长江、淮河以南的地区，户籍超过三万户的地区应该设立县，知县的官位六品，县的编制，设正职一名、副职二名、书记一名、校尉一名、掌管拘捕、监狱的典史（相当于今公安局长和监狱长）二名，看来，古代还是蛮“精兵简政”的。而此时，上海地区的户籍早已超过三万户，于是于至元二十九年（1292）正式划出原华亭县东部的“高昌、长人、北亭、海隅、新江五乡二十六保”设立上海县，而到了明朝，又分上海县西部的“北亭、海隅、新江三乡”设立青浦县，所以，从明万历以后，上海县下辖只有两个乡，即高昌乡和长人乡，今老城厢一带旧属高昌乡。明代，县一级的行政区必须建一座城隍庙，而乡及以下的市镇、自然村落也大多有自己的土地庙——司徒庙，高昌乡镇的原址在今高雄路，而高雄路的旧名“制造局路”，而它更早的名字就是“高昌庙路”。1860年高昌庙被“洋枪队”占用为兵营，建筑遭破坏，后来，这里又被江南制造局征用，于是，又在原“立雪庵”旧址，即今半淞园路另建高昌庙，所以，半淞园路旧名也叫“高昌庙路”，大概在1875年后，该庙址被一个军队——沪军营建为营地，庙又不见了，这样就清楚了，所谓“高昌渡”就是后来的江南造船厂附近的渡口，今这里已被划入世博会园区，渡口也消失了

秦荣光已经说明“北仓今名董家渡”，当然，南仓渡应该在北仓渡之南，这一定是原南码头，即今南浦大桥西堍脚下的渡口。上海是水乡，古代，水运是运输的主要方式，上海地区的漕米必须由小船装运到固定的粮仓后，再装大船北运，明朝，上海就沿河建了两个临河的“水次仓”，《同治上海县志》中记：

> 水次仓者，明宣德八年巡抚侍郎周忱奏建。共二所：一曰西水次仓，在唐行镇，今隶青浦（唐行即今青浦城厢镇的旧名，原属上海县，明朝分上海县西部设青浦县，唐行后为青浦县治）；一曰南水次仓，在县东南浦滨小南门外，以便军民兑运。嘉靖二十九年，知县喻显科将兑军减省赠米增造仓房十二所，内有府、县公署各一所，土地祠一所；嘉靖三十九年，知县郜光先重修。国朝顺治九年海寇突至，知县阎绍庆与曹垂灿改建于小南门内薛家浜之北，即今大仓也。

这段描述还是比较清楚的，早在明朝宣德年间，上海就在县治东南小南门外的滨黄浦的地方建了一个粮仓，以后几次重修和扩建，但在清朝初年，沿海的原南明王朝的反清武装进攻上海，那个位于城门外，黄浦江边的粮仓遭到抢劫，于是，知县阎绍庆和绅士曹垂

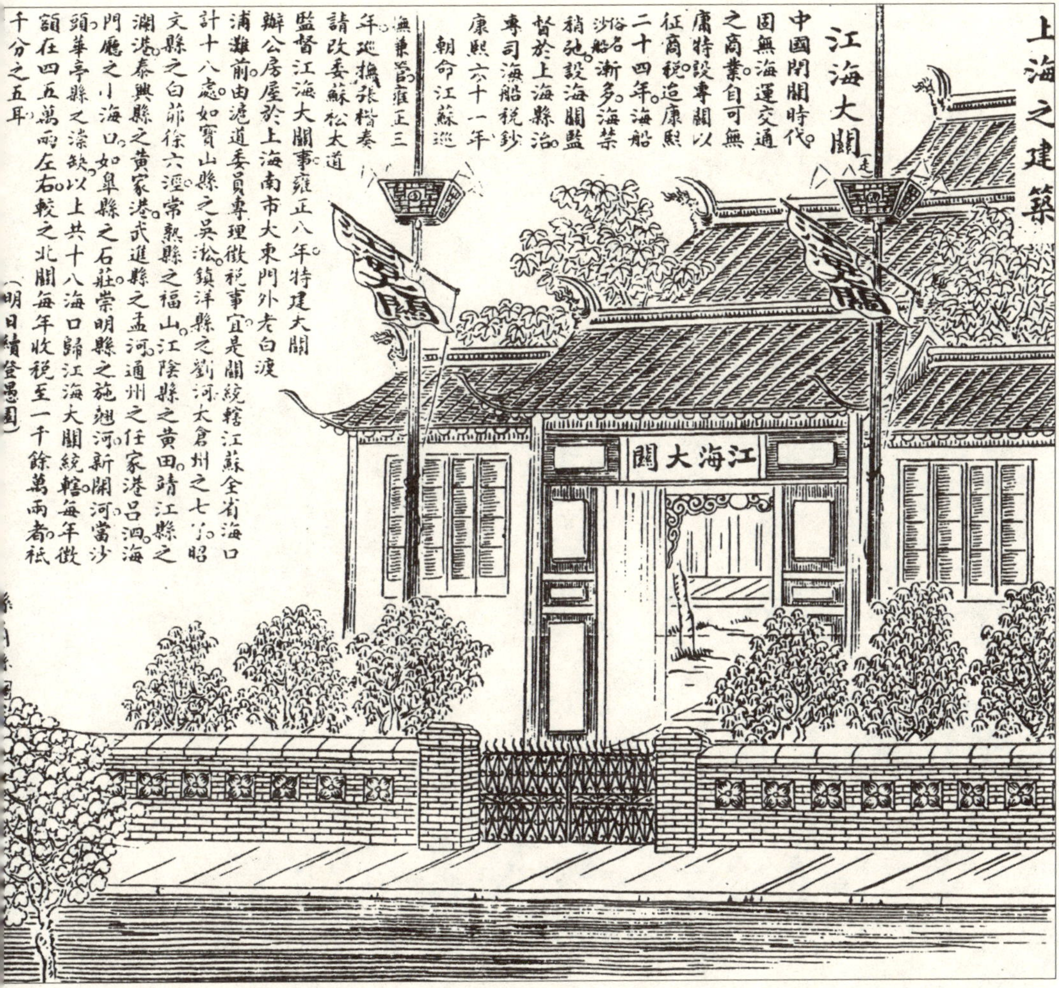


清末《图画日报》绘“江海大关”

灿又将粮仓迁建到“小南门内薛家浜北”，这个粮仓叫“南仓”，也叫作“大仓”。如果稍加注意，在今天的小南门外还有如“南仓街”、“里仓街”、“外仓街”“仓基弄”之类的地名，这应该是明朝的“南水次仓”，也即“南仓”留下的痕迹，今天董家渡路向南还有一条“多稼路”，应该也与粮仓有关。

现在人们根据作物把粮食分为“粗粮”和“细粮”，而以前，从江南征收的漕粮的要求很高，称之“白粮”。据1922年版《上海指南》中记录：“白粮仓路（城内），东至中华路，西至永兴桥。”永兴桥是薛家浜上的桥，北堍与桥相接的是“永兴街”，也就是今天小南门内的永泰街，这条“白粮仓路”就是今天黄家路的东段。这样，也可以确定，清初建在小东门内的“大仓”的四至：北至乔家路，西至黄家路，东面和南面就是中华路。

清代，上海华界的救火会均为善堂或同业醵资建立的，光绪时城厢的各种救火会多达42家，这些分散的救火会“桥归桥，路归路”，各自独立经营，严重影响和阻碍上海消防事业的进步，1907年，上海城厢内外总工程局总董李平书，以及毛子及等人出面，将这42家救火会联合组建成“上海救火联合会”，而到近代以后，随着中国沿海火轮船航运的发展，许多南方的粮食已被商人运送到北方，政府的漕运逐渐结束，上海的那个粮仓也没有什么用了，于是，知县李超琼就将原大仓的二亩半地调拨给救火联合会，而救火联合会把

《点石斋画报》1891年绘黄浦江肇嘉浜（复兴东路）口“大码头”，这里是官方码头，即后来的关桥码头

总部设在这里，还在这里建造了一个很高的瞭望塔，这个塔现在还在，并被公布为文物保护单位。

南仓渡是以近“南仓”，或在“南仓”之南的黄浦江渡口而得名的，后改称“南码头”，今南浦大桥即以浦西的“南码头”通浦东的大桥而得名。当然，所谓“北仓渡”又是以位于“南仓”或“南仓渡”之北的渡口而得名，秦荣光时代，“北仓今名董家渡”，显然，“董家渡”名称的出现稍晚一点，可能是在清代中叶以后。大概在十几年前，《新民晚报》曾发表一篇题为《董其昌与董家渡》的文章，称“董家渡”名称得名于明代著名书画家董其昌。关于董其昌，应该会有许多故事要讲，还是另拟一篇文为妥。

接下来讲“关桥渡”。大概二十年前，我在《新民晚报》发表了一篇《关桥曾有桥》的短文，抄录如下：

南市复兴东路黄浦江边一带俗称“关桥”，这里因是主要瓜果贸易市场而闻名上海。《新民晚报》（6月18日）发了篇《关桥果香亦醉人》的文章，起头就用了“关桥无桥”四字。其实，关桥曾经有桥，它是上海江海南关附近的桥，这还得从上海的海关讲起。

清康熙二十四年，清政府结束了从明初开始实行的限制海上运输的海禁政策。上海因地处中国海岸中部的优越地理位置，很快成为重要的港口城市，康熙年间正式设立海关，“专司海船税钞”。关址在小东门东北临黄浦江边。1853年，海关被小刀会义军捣毁，并一度中断了征税工作，上海是外轮进出的主要港口，租界以及外轮商人也乘机以“中国海关不能保障外国商人利益，外国商人亦无交纳关税之义务”为借口，拒绝中国海关的征税。关税是政府财政主要来源之一，而当时镇压南京太平天国的军饷之大部来自上海海关，于是清政府被迫同意由英、美、法三国组成的“关税委员会”监督上海海关以保证外国商人及时纳税，以后这种制度又在全国推广，中国海关大权从此落入外国人的控制之中，中国的殖民地、半殖民地化日益加深。

1857年，负责远洋航运征税管理的江海北关在英租界外滩13号建立，也就是现在海关大楼的位置上（今海关楼是1927年重建落成的），原海关旧址修复后重新使用，即取名“江海南关”，在1861年太平军进攻上海时南关再遭破坏：同治年间又择址肇嘉浜的黄浦江边重建新南关，江海南关主要负责近海以及内河运输的征税管理，城墙以东的肇嘉浜上有几座桥，如郎家桥、咸瓜桥等，在江海南关边上的就被叫作关桥，所以这里的黄浦江码头也被叫作关桥码头；清末，肇嘉浜被填平为“大码头街”，也就是现在的复兴东路（东段），桥也被拆了。但是关桥和关桥码头作为俗地名一直到今天，这就是“关桥无桥”的原因了。

民国以后，原来负责近海和内河运输的江海南关并入海关，改称“江海常关”，原关桥码头以及周围码头主要为各地瓜果码头，遂形成上海瓜果交易市场，但到60年代以后关桥的瓜果贸易明显下降，随着经济体制的改革，各地商贩又开始把大批瓜果运入上海，关桥又成为上海瓜果行最集中的地方了。

若干年过去了，上海又发生了巨大的变化，原设在“关桥”的水果批发市场已迁出“关桥”，而“关桥”与相邻的黄浦江滨江之地被改造为上海新的人文景点——老码头，本人膺上海市地名学会副理事长，我敢对读者讲，“老码头”将成为上海新地标，但其附近的老地名、路名一条也不会被更改，人们看到那些“老土”的地名、路名，依稀还能想起，这里是上海港的根。

以前，浦东临江处有一条“烂泥渡路”，它约筑于1914年，北起陆家嘴路，南至原陆家渡路，以前，路的南端通往一个叫“烂泥渡”的渡口。民间有一个关于“烂泥渡”和烂泥渡路的传说，在沪方言中，泥土被讲作“烂泥”或“烂污泥”，因为泥土很脏，又不值钱，所以方言又以“烂污泥”喻脏物、弃物、不值钱的东西，而浦东的这个渡口几乎就没有筑路，晴天全是飞扬的泥尘，而雨天则是一片泥泞，于是人们把这个“陆家渡”叫作“烂泥渡”，那条小路也被叫作“烂泥渡路”。当浦东新区建立后，浦东建设进展飞快，许多人以为这条“烂泥渡路”已不适应浦东建设的新形势，事实也有此类的现象。2000年时，浦东靠里面的住宅已经卖到4500元一平方米，而临江的烂泥渡路八层小高屋住宅还在3800元一平方米以内，于是，根据市民之建议，就将这条“烂泥渡路”更名为“富城路”了。实际上，“烂泥渡”的正名为“赖义渡”，今天，在“烂泥渡”的对岸有一条叫“赖义渡路”的小路，浦东的“烂泥渡”正名“陆家渡”，与浦西的“赖义渡”是对江渡的两个渡口，而实际生活中，人们又习惯以浦西的渡口名称对岸的渡口，于是浦东的“陆家渡”反而被“赖义渡”替代了，沪方言中“赖义”与“烂泥”同音，后被讹为“烂泥渡”了。看来，对旧地名的更改、取消，还是以科学、谨慎的态度为好。

# 徽宁会馆与徽宁路

在原南市区制造局路附近有一条对上海人来讲大概并不显眼的马路——徽宁路，但是，它在不少祖籍安徽的人眼里，可是一条颇为神圣的马路了。原来在这条路上有一个安徽省徽州、宁国地区的旅沪同乡人组织——徽（州）宁（国）会馆，这条马路也是徽宁会馆集资修筑，并以徽宁会馆取名的。

徽宁是从前对安徽徽州、宁国两府的合称，它的范围约相当于今天皖南的歙县、休宁、祁门、绩溪、黟县、宁国、旌德、泾县、南陵、太平以及江西省的婺源等县。徽、宁两府位于皖南的丘陵地带，“宣歙多山，荦确而少田”，这里人口稠密而可耕田少。很早以前这里的人民“商贾于外者什七八”，他们善于经营，肯于吃苦，在全国形成了庞大的商业网络。旧中国有这样的一句俗语——“无徽不镇”，就是讲在全国的所有城镇中都有安徽商人活动，如果没有安徽人的经商活动就难以形成城市。语言虽然颇具夸张，但其确确实实反映了古代安徽帮商人对中国城市商品经济之影响。

徽州、宁国商人的经营行业十分广泛，有盐业、粮食业、典当业、墨业、书籍业、布业、丝绸业、茶业、陶瓷业等，而“盐、典、茶、木为最著”。据记载，在宋之前，徽州、宁国商人通过长江水道来江南地区经商，并通过海运开辟对中国沿海及日本、南洋的对外贸易，并随着资本的增长和积聚而形成颇具规模的水上（海上）航运集团。但是，从明政权建立后，朱元璋极力排挤和打击其他农民军，迫使这些农民军分成散股流窜到中国近海诸岛，如浙江的舟山、嵊泗和上海的崇明、横沙等。为了防止这些农民军的反扑而继续镇压他们，明初实行了“海禁”的政策，即下令近海的居民陆续向内地搬迁，禁止和限制海运船只在近海航行，甚至禁止沿海居民入海捕捞。“海禁”政策实施后，使从元代发展起来的中国海上航运业立即停顿下来，以水上和海上航运著称的徽州帮商人利益受到致命的打击。船商为了维护自己的利益而实行武装进行地下经商，而武装经商的结果又必然导致武装掠夺，于是这些商人就变成了海盗，他们和日本船商一起被叫作“倭寇”。为了迫使明政权解除海禁，开放近海贸易，“倭寇”曾长期在近海向沿海的城镇发动攻击，使明朝中国近海兵防始终处于戒备状态，历史上称之“倭患”。据记载，以歙县人许一、许二、许三、许四四兄弟为首的徽州海商集团是明代中期最大的海商集团之一。明嘉靖年间，他们伙同另一个徽州商人王直数次向上海以及江浙近海发起攻击，使近海城镇受到严重的损失。一直到嘉靖二十七年（1548年）浙江和江苏的巡抚调动大量军队进行围剿，许

福州路的小华园茶楼

氏集团惨遭失败，许二和许四逃亡西洋，许氏集团被镇压了。上海的徽州商人的活动也告终止。

清康熙二十二年（1683）清政府的海军攻克台湾，中国近海的反清武装基本肃清，两年后，康熙皇帝下达“驰海禁令”，即取消了从明初开始的海上航运禁令。上海位于中国海岸线的中部，又在长江入海口的显要位置上，于是又有大批的徽州、宁国商人进入上海。外地人在上海经商难免会受到排挤，同乡人经营相同的商业也会产生争斗，也许更主要的是中国人恪守“落叶归根”的传统信条，客死他乡的人也要“入土为安”，稍富裕的人家就得设法将暴卒他乡的亲人棺柩运回故乡入土。乾隆十九年（1754）旅沪的徽州、宁国商人联合组织了一个同乡人团体——思恭堂，他们醵资购进上海县城小南门外的一块土

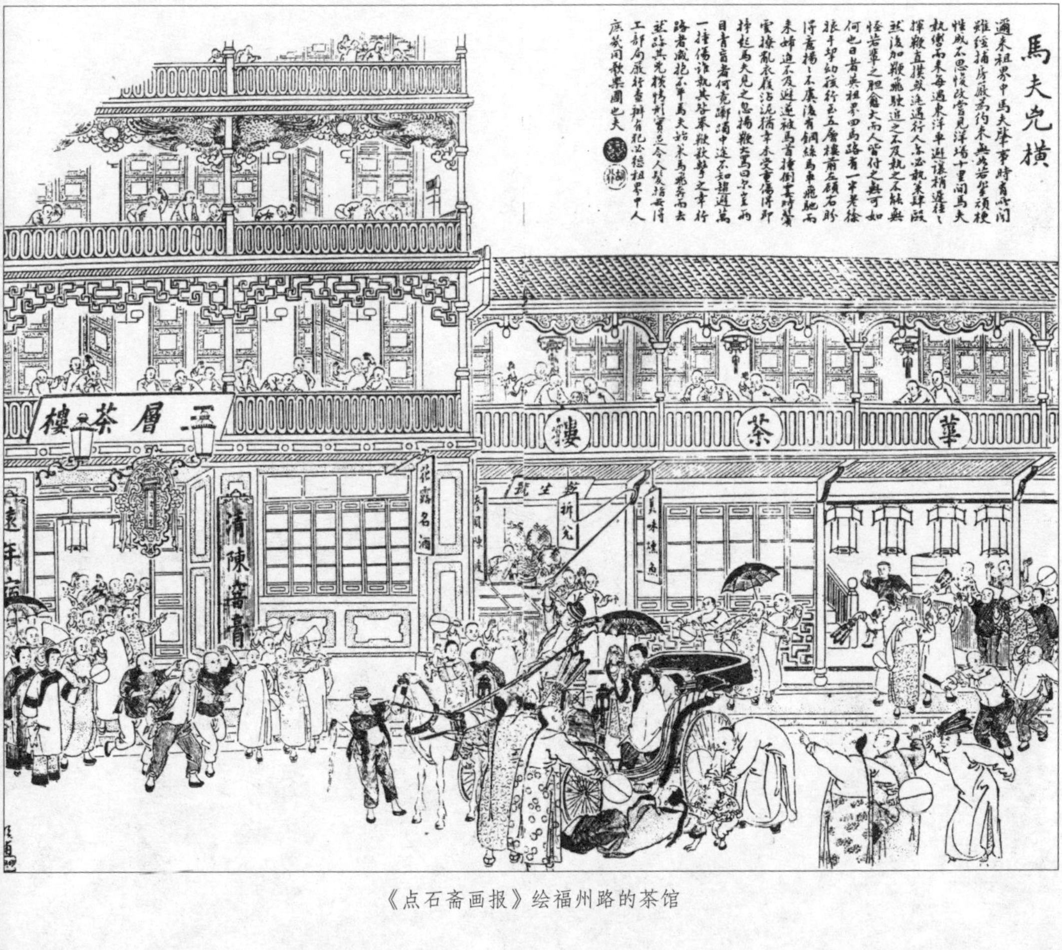


《点石斋画报》绘福州路的茶馆

地建立暂厝棺柩的丙舍，并建立义务埋葬无力下葬者的义冢。嘉庆二十二年（1817）同乡会又购进“二十五保十三图靡字圩各号田二十九亩八分二厘四毫，作为义冢”。徽州、宁国人早期组织的思恭堂主要职能是协助解决客死上海的同乡人的入葬和代运灵柩困难，但从近代以后这个同乡团体的职能就扩大了。

茶叶大多从上海港出口

鸦片战争以后，上海被辟为通商

《点石斋画报》中的罚做苦工场景

口岸，上海逐渐取代广州而成为对外贸易中心。中国对外贸易之大宗是茶叶和丝绸，而徽州地区又是中国茶叶的最大产区之一，徽州的茶商在上海最集中，并控制了茶叶市场。同时，徽商的典当业、桐油业等也比比皆是。为了平息同业竞争、协调同业纠纷、均衡同业利润，也必须有一个同业的团体。早在道光十六年（1836）徽州休宁人汪忠增（字方川）出任上海道台，即提议旅沪的徽州、宁国人将思恭堂改为“徽宁会馆思恭堂”，规定会馆的常用经费由商人捐助外，还规定从出口茶叶中绿茶每箱抽12文，红茶每箱抽20文作为会馆经费。

汪忠增是上海道台，他也利用职权批准征用原义冢西面的土地若干亩建造会馆，并“请免地征”。会馆建成十余年，由于1853年上海爆发的小刀会起义和1860年太平天国东进攻打上海时，会馆建筑和义冢两次遭毁。1865年太平军被镇压后，会馆又在原址重建。

福州路青莲阁茶楼

徽宁路（2002）

同治九年（1870），当时任上海道台的安徽六安人涂宗瀛（字阆轩）还专门为会馆书写了《上海徽宁思恭堂缘起碑》。现在的制造局路叫“斜桥南路”，是上海县城通黄浦江的主要道路，徽宁会馆就在斜桥南路的东边，于是，会馆又集资修建了一条从会馆通往斜桥南路的小路。它初被叫作“徽宁会馆街”，后来就被省称为徽宁路了。会馆的旧址即在今徽宁路655号。

也许是《三国演义》中有关云长千里走单骑的故事，关羽能走善涉是出了名的；也许在明代以后关羽也作为“财神老爷”的形象常见于年画中，所以许多会馆是奉关羽为正神的，徽宁会馆的正殿就供关公；宋代的理学大师朱熹也是安徽人，于是会馆的偏殿供了朱熹，这也是上海唯一一家供朱熹的地方。理学讲究人伦哲理，反对的就是生意人，而以经商出名的徽宁会馆供的就是这位理学祖师爷，虽然有点滑稽，但实在有点可爱。

# 火车站与地名

在《铁马路与中国第一条铁路》中讲了上海“铁马路”的故事，但上海铁路建设的故事还没有结束。1894年中日甲午战争，号称泱泱大国的大清帝国却输给了被中国人称之“蕞尔小国”的小日本，于是全国群情激昂，发奋图志，掀起了一股学习小日本、变法革新的浪潮，人们进一步认识到，铁路对国民经济发展中的作用和地位，全国掀起了建设铁路的高潮。

1896年，南洋大臣奏办从吴淞至南京的铁路，初步估计需银七百万两，这是一笔十分庞大的数目，于是计划使用原来向德商瑞记洋行（Arnhold，karberg & Co.）借款的余额

杭甬铁路上海火车站，俗称“南站”

沪宁铁路上海火车站，俗称“北站”

二百五十万两，再以两淮盐税费一百万两，凑足半数开工，其余的则通过集民股来补足。英国得知这一消息后，立即组建“中英银公司”（British & Chinese Co.Ltd），先由在上海的汇丰银行、怡和洋行等出资筹办，希望通过对沪宁铁路的借款来操纵控制铁路。1897年3月，先筑上海到吴淞的淞沪铁路，并于次年7月竣工，实际耗银九十二万五千余两，淞沪铁路全长仅16公里，而沪宁铁路全长311公里，显然，原估算的七百万两根本无法完成沪宁铁路，只得向“中英银公司”借款。淞沪铁路初设宝山路、天通庵、江湾、三民路、高境庙、何家湾、蕴藻浜、吴淞八个站，后又延伸设“炮台湾站”，这些地名因长期作为火车站名而得以保存，并使用至今。1997年，淞沪铁路被拆除，其中一段在原线路上建造高架轻轨铁路，就是今天轻轨3号线的部分线路。江湾站是一个大站，今天，这里分别有“车站西路”、“车站南路”、“车站北路”的路名，均是以与原江湾火车站所处的方位而得名的，据此我们就可以判断出江湾火车站的位置，就是在车站西路的东侧，车站南路的北侧和车站北路的南面，实际上就是今轻轨3号线江湾站的位置。

沪宁铁路于1903年开工，1906年筑成上海至无锡段，5月进行试通车，此后相继完成无

大兴街

南车站路、半淞园路口北望，门面朝西

锡至常州段，1908年全线完工并通车，“沪宁线总管理处”为该铁路的最高领导机构，设在上海，沪宁线的上海火车站设在今恒丰路的东侧，叫作“上海火车站”，同时，它又是沪宁线最东端的一个火车站，又叫作“东站”。在1908年沪宁火车正式通车后，又立即开始开工沪宁铁路与淞沪铁路的对接工程，原来担心沪宁线与淞吴铁路相交处正巧是公共租界的边缘——界路（Boundary Road，即今天目东路），把车站设在此地容易引起外交冲突，事后才发现，租界当局也希望将车站设在市中心区与租界相近的地方，而原来的“东站”又离市中心偏远，对乘客带来极大的不便，于是，又在沪宁线新的东段，即与淞沪铁路相交处再建车站，这个车站被叫作“上海火车站”或“沪宁线上海站”，是客运站，而原“东站”则为货运站，这就是上海的火车“东站”并不在上海东面，而在上海站西面的原因。1978年，撤销东站，1984年起在这里兴建新的客运新车站，并于1987年建成投入营运，其规范名称为“上海站”，在其初建成时被俗呼“新客站”，而许多人为表述清楚，又叫作“上海火车站”，此后，“东站”之名遂湮没。

继沪宁铁路建设之后，浙江省也开始集资筹划兴建从上海通杭州、宁波的铁路，称“沪杭甬铁路”，并正式成立“浙江省铁路有限公司”，沪杭甬铁路的上海站设在上海城的南门外，于是上海有了两个火车站，为示区别，人们就把位于上海北面的沪宁铁路上海火车站叫作“北火车站”，简称“北站”，位于上海南面的沪杭甬上海火车站叫作“南火车站”，简称“南站”。1937年的八一三淞沪战争中，两个火车站均遭日军炮击，北火车站因紧邻租界，损失稍小，战后又投入使用；而南火车站处于战区，几乎被夷为平地，战后无法继续使用，现在这里还留有——南车站路、车站东路、车站支路、车站前路、车站后路等路名，同样，根据这些路名也可以判断出当年“南火车站”的位置。

南火车站兴建时，由浙江省铁路公司筑了一条由车站向北通陆家浜的路，就叫作“南车站路”，上海地方政府也出资筑从县城向南接通南车站路的马路，这是一条新筑的大街，初名“大新街”，后来才注意到，在公共租界里也有一条知名度很高的“大新街”（即湖北路），于是又改为“大兴街”，通往车站的路往往就会是一条繁忙的商业街，而往来者大多是匆匆来又匆匆去的过路客，于是，这条“大兴街”出售的大多是假冒商品、伪劣商品，据说，上海人把假货、伪劣商品叫作“大兴货”即出典于此，而如今，上海方言以“开大兴”喻以假话、空话、大话蒙骗、威吓他人，则是“大兴”一词之延伸。

北火车站与南火车站是分属两家铁路公司经营的火车站，并且中间被租界分割，但

南车站路

是，火车站分设两处，确实给乘客带来极大的不便利，也在一定程度上给公司的经营带来不利。据记载，早在1911年，两公司计划合作，建设一条连接两火车站的高架铁路，因必须穿越租界，也被租界拒绝而未能成功，于是又重拟计划，在沪宁铁路“东站”以西的地方，向西、向南筑一条与沪杭甬铁路龙华站相接的铁路，并于1915年3月动工，1916年11月竣工，12月4日正式通车。这样方便了乘客转车，而尤其是1937年南火车站被炸毁后，北火车站也成为上海—杭州—宁波的火车站。

当上海新的“上海站”投入使用后，原来的“北火车站”即撤销，这里一带今被叫作“老北站”；而那条原沪宁铁路与沪杭甬铁路接轨的铁路也被废弃，这段铁路的上面架设轻轨，也即今轻轨3号线宝山路站以西的那一段。

在沪宁铁路与沪杭甬铁路并轨时，中间设立“梵王渡站”，以其位于上海西面，后多被叫作“西站”，是沪杭线上的一个很小的车站，绝大部分火车不在此停站，当沪宁线另筑新线后，该站曾改称“长宁站”，是上海开往金山石化总厂的始发站；而原沪宁铁路在上海的西面设有真如站，在上海建设新的“上海站”时，这里经扩建而成为驶往北方城市的主要火车站，并正式定名“上海西站”，今为一等客货运站。

# 三林得名于东、西、中三林

“三林塘”是上海知名度很高的地名，在古代，三林塘织的布名播海宇。清初上海人叶梦珠《阅世编·食货五》：

> 棉花布，吾邑所产，已有三等，而松城之飞花，尤墩、眉织不与也。上阔尖细者，曰标布，出于三林塘者为最精，周浦次之，邑城为下，俱走秦、晋、京边诸路。

上海地区织的布分三等，松江织的布连等级也排不上，是“等外品”，而上海县内，又以三林塘织的布最好，周浦列第二，而上海县城只能居末位，于是秦荣光《上海县竹枝词·物产二十五》中咏：

> 三林标布进京城，稀布龙华最著名。
> 别有东乡短头布，高丽布出自洋泾。

近代以后，上海地区种的西瓜称“浜瓜”，这种瓜个体不大，一般四五斤，绿皮黄瓤，汁多味甜。至于“浜瓜”名称之由来，谁也吃不准，有人认为此瓜皮薄而脆，据说一声惊雷足以使瓜皮崩裂，而沪语“崩”、“浜”谐音，讹作“浜瓜”，但清代苏州人顾禄《清嘉录》中讲，江南一带把通往城里，或在城镇附近流过的小河叫“浜”，西瓜上市时，“有等乡人，小艇载瓜，往来于河港叫卖者，俗呼‘浜瓜’”。不论“浜瓜”名称是怎么来的，三林塘浜瓜确实曾是上海地区的优良品种，直到今天，“浜瓜”已消失许多年了，老年人仍会为三林塘浜瓜津津乐道。

上海人习惯把上海本土讲作“本地”，非本土者一律称之“外地”。清初到民国初，上海只是一个县，所谓“本地”仅局限于上海县的区域内（在上海的南汇人一般不自称上海人或本地人，而自称“南汇人”，宝山县人也是如此），于是，以前上海人把“本地”种植的蔬果一般叫作“本地菜”，如“本地毛豆”、“本地芋艿”等，而卖菜者又往往自诩“三林塘毛豆”、“三林塘芋艿”，足见，三林塘在上海的地位。

那么，这个“三林塘”名称是怎么来的，又有什么意义呢。

北宋郏亶的《水利志》中就提到，在他能背出的吴淞江南岸支流中有一条叫“三林浦”的河流，位置与“上海浦”相近，应该就是今天的三林塘河流。明《弘治上海县志》记：

> 三林塘镇。在二十四保，去县十八里，虽非古镇，而民物丰懋，商贾鳞集。且俗好业儒，彬彬多文学之士也。他镇莫及焉。

作者也许认为，它与其他古镇相比，正式建镇的历史不算太长，但在明弘治年间，其人文和历史已使它成为名镇，是其他镇无法比拟的。此足以说明，明中叶以后，三林塘镇已是一个“历史文化名镇”了。

清《嘉庆上海县志》说：

> 三林塘镇。在二十四保。昔东、西塘有大姓林氏，故名。相距三里，今西塘仍盛，东塘寥落非故也。

这段文字讲，在三林塘河流的沿河，居住着一支林姓宗族，“三林”即以此得名，可是，志只讲，在相距三里处东、西各有一支林姓，那也只有“二林”，怎么会叫“三林”呢？清秦荣光《上海县竹枝词·浦东故事三十四》：

> 分往东西中三处，乐耕翁宅盛丁男。
> 三林十里庄传送，巡检元官父老谈。

作者在词下加注：

> 三林庄。相传昔有大姓林，分居东、西、中三处，故有东林、西林、中林之名。天一图，有宋隐士林乐耕翁墓，即大姓始祖也。元于此设三林庄巡检司，明嘉靖后移驻周浦。

作者讲的“天一图”并非什么书或地图，古时上海的建置，县下设乡，乡下设保，保下设图，图下为圩，圩下为号，其中“图”的名称一般使用序数字，也有文字加序数字，如上海建汀会馆义冢“坐落上海县境二十五保十三图靡字圩第壹佰柒拾柒号”，所以“天一图”即“天字一图”，指林乐耕墓所在的地方。显然秦荣光是见过，或到实地踏勘过，应该见过此墓。大概北宋时，一位叫林乐耕的人率家族迁到这里，若干年后，这支家族发展为一个庞大宗族群，于是族人也向四处迁居，沿江形成东、西、中三个居住中心，并形成市镇，称东林、西林和中林，合称“三林”，大概在编《弘治上海县志》时，中林已不见收录，而清《嘉庆上海县志》又称：“今西塘乃盛，东塘寥落非故矣”，大概东林也衰落了，所以，后所谓之“三林”实际上主要是指三林中的“西林”。本书《白莲教与白莲泾》一文中引用了清乾隆刻印《西林杂记》，此“西林”即三林中之“西林”，即今“三林镇”的称谓，《杂记》中收刻于南宋的《积善教寺记碑》，碑文有：

西林去邑不十（疑为“百”之误）里；东越黄浦，又东而汇北，其南抵周浦，皆不及半舍。寺之在周浦者曰“永定”，在黄浦者曰“宁国”，而西林居其中，盖所谓江浦之聚也。

大意讲，西林西距华亭县城（即今松江城厢镇）不到百里，有一条河流向东越过黄浦，流到周浦，距离还不到“半舍”（古一舍为30里）在周浦有一个“永定寺”，浦西临江有一个“宁国寺”，而西林就在“永定”与“宁国”中间，两寺定会保佑西林地区“永定”和“宁国”。

《弘治上海县志》称：“（三林）虽非古镇，而民物丰懋，商贾鳞集，且俗好业儒，彬彬多文学之士也。”作者的“虽非古镇”，不知以何作为“古镇”的评定标准，但三林不仅经济发展，而且当地人喜欢读书，出了不少名人。

谈伦，字本彝，号野翁。明天顺进士，官至工部右侍郎。他退休回家后，即自己建造了一座占地40亩的“朋寿园”，据称园内有“峰峦岩岫七十有二，亭台馆榭十有三，桥梁谷洞七十有一”。古人还有“《朋寿山百咏》”。《上海县竹枝词》：

朋寿园中朋寿峰，石奇而丑老翁容。
状元钱福诗刊古，今卧斜阳没草茸。

作者应该去过朋寿园遗址，但那里已是一派凄凉，此残石已被草地湮没。

储泳，南宋末迁居浦东，今浦东多储姓，大多是其后代，储泳六世孙储昱，字丽中，号芋西、明正德十二年（1517）进士，入庶吉士，历官礼部给事中，江西右参议等职。他不知从何处弄来一块宋朝花石纲遗物——玉玲珑太湖石，在家乡三林塘建造了一个花园——储园，他与上海豫园主人潘允端是亲家，就把那块玉玲珑石当作嫁妆陪嫁给潘家，“邑庙玉玲珑石，本储园物”，今天被豫园尊为“镇园之宝”的玉玲珑石就是从三林塘移过去的。

《西林杂记》中还记录了一则故事：

罗汉松，在三林镇西金氏宅后。相传宋时植，本吴氏墓物。大数十围，腹空生竹。金式方永孚居此，因自号松南。金世杰辑有《罗汉松题咏》一卷。中心河东北有金氏古墓，墓有棋杆，石夹尚存。银杏一株，大亦数抱。金裔以白眼树与罗汉松各分支派。枬木厅，在中心河东金家木行，旧有进士匾，然名不可考，此白眼树派也。

在三林镇西面有一株种于宋朝的罗汉松，本来是吴姓人家墓园中的树，后来，该墓地被金姓人家收买后改为住宅，那株罗汉松就成了金氏宅后的树，于是这支金氏自号“松南”，而在三林镇中心河东北又有另一支金姓墓地，墓地上有一株百年古银杏，于是，三林塘的两支金姓就以“罗汉松”和“白眼树”（银杏在江南地区叫“白果树”，以该树结白色果实而得名，而“白果”的样子很像患有眼疾人的“白眼乌珠”，故白果树在上海及周边地区又叫作“白眼树”。《上海县竹枝词》：

白眼树坟罗汉松，一金两派本同宗。

传闻枬木厅悬匾，进士名题四五公。

上海地区的金姓可追溯到唐代，嘉定徐行曾出土唐代宝应元年（762）的金大娘墓。但是，早期上海的金姓确实没有太大作为，难以从史籍中探求他们的历史和业绩。

众所周知，今松江城里还有一座保存完好、建于元代的清真寺。原来，元灭宋后，为了加强对汉族地区的统治，他们按民族把人分成几等，其中汉人为最下等，并派蒙古人或色目人担任汉族地区行政官员。因此，从元朝开始，就有相当数量蒙古人或色目人随来江南做官的族人进入上海地区，其中相当一部分蒙古人或色目人是清真教徒，松江清真寺就是为此而建造的。

蒙古人或色目人几乎在进入松江的同时，也分期分批进入浦东。据光绪《南汇县志》记载：“拨赐庄，邑西北六十里。元世拨赐百花公主之庄也。”“拨赐庄”这个地名现已不存，在元政权建立后，丞相脱脱控制了江南地区，当元顺帝把自已的妹妹百花公主嫁给脱脱的儿子时，就把当时抄没朱清和张瑄在浦东的产业，作为嫁妆送给脱脱家族，于是就被叫作“拨赐庄”。由此可见，元代，浦东地区的蒙古人或色目人后裔为数不少。

著名学者胡道静先生曾写过一篇题为《黄道婆与阿拉伯松江长官》的文章（载1989年10月10日《解放日报》），文中讲：“元朝覆灭之时，中土的异族或外国人纷纷改为一字之姓……或以赛为姓，或以丁为姓，后来再次改姓唐或金。”由此可见，浦东的金姓不少

浦东三林塘三月半圣堂庙会

是“异族”后代。

大约到了清中期，部分西林的金姓开始北迁川沙境内，这个由金姓为主形成的村落叫金家宅。1921年，黄炎培等人发起成立上川交通股份有限公司，计划兴建从庆宁寺至川沙的“上川铁路”，在金家宅附近建桥，这座桥就叫“金家桥”，于是在金家桥附近形成了一个镇市，被叫作“金家桥镇”，省称“金桥镇”或“金家桥”。又有一说，在今金桥镇的马家浜上，行人以前过河靠用三根毛竹搭成的简易桥过河，俗称三竹桥，后来有金姓郎中集资将竹桥翻建成了石桥，遂改称金家桥，金家镇由此得名。上川铁路的兴建促进了金家桥地区的经济发展，但由于受黄浦江阻隔，浦东经济发展相对缓慢，金家桥仍为上海郊外经济落后地区，直到上世纪90年代，随着浦东开发，金桥出口加工区的建立，金桥才正式腾飞。

三林塘和金桥地区均是从浦东开发后才加快城市化进程的，毫无疑问，一批自然河道、自然村落会在城市化进程中消失，一些地名也会被湮没，于是我们更应认识到，许多具有历史文化意义的地名是一种非物质文化遗产，保护好历史文化地名不仅是保存一段历史记忆，同时也有利于该地区的开发和建设。君子慎之。

# 上海别称“海上”

本书是拙著《街道背后——海上地名寻踪》的续篇，在《街道背后——海上地名寻踪》出版后，就有不少读者来信和来电，他们都知道“海上”是“上海”的别称，但大家都不清楚，“海上”之名始于何时，为什么把“上海”两字调一个向为“海上”就成了上海的别称，这“海上”之名是否有地名上的意义，这确实未见古人作出解释，而且颇有趣的话题，本人就此作些分析和解释，当然也希望大家能接受我的观点。

把“海上”别称“上海”始于何时，这确实是一个很难讲清的事，清《同治上海县志》卷十“祠祀”在记录上海城隍中讲：

城隍庙。初奉神于淡井庙。明洪武二年，诏封天下，州县城隍庙神为显佑伯。永乐间，知县张守约以霍光行祠改建为庙，在县西北；天顺间，知县李纹刻文于石，筑亭殿前；嘉靖十四年建坊……

《县志》就在此下加了一条注文：

知县冯彬记略云：岁乙未，冯子至海上，例得谒庙，庙故有门，甚隘，司庙者建坊一座，请题，因命之曰“保障海隅”。时有永嘉幼童善大书者至，命书之。

知县冯彬于嘉靖十四年（即乙未年）上任，按惯 例要去敬城隍神，他也为此写了一篇题为“谒上海城隍记”的文章，文章中“冯子至海上”，就是“冯子初到上海”的意思，这里的“海上”就是“上海”的别称，这是笔者目前见到最早把上海别称“海上”的文字记录，时在明嘉靖十四年（1535）。冯彬是今广东海康人，他初到上海就知道上海别称“海上”，应该讲，上海别称“海上”是很久以前的事了。

“海上”作为上海的别名，在清代的文人骚客中广泛使用，其频率大大高于今天常用的“沪”或“申”，如清人何其伟《竿山草堂小稿》卷四：

庚午初夏，游寓海上，遇改七芗琦于李氏吾园，笋香主人筠嘉置酒带锄山馆……

改琦（1773~1828），字伯韫，号香白，又号七芗。满人，家居松江（今上海市松江区），著名书画家，尤善绘仕女图。据此推算“庚午”应该清嘉庆十五年（1810）。“吾园”是清代上海私家花园，清《同治上海县志》、毛祥麟《墨余录》中记载颇详，该园初为毛祥麟外祖母家邢氏桃园，后被名绅李筠嘉收买，改建为私家花园——吾园，园内有带锄山馆、红雨楼、潇洒临溪屋、清气轩、绿波池等景点。道光初，江苏巡抚陶澍因公来上海，计划在上海城里扩建“先棉祠”（即黄道婆祠），于是收买了吾园部分土地建祠；1853年小刀会起义时，吾园被毁，而“先棉祠”犹在，1867年（同治六年）吾园废址由上海道应宝时收买后建为“龙门书院”，建有讲堂、宿舍四十余间。清季，废除科举制度，经院长汤寿潜提议，1905年改组为“苏松太道立龙门师范学堂”，1931年改称“江苏省立上海中学”，即今上海中学前身。后上海中学迁上海县西南长桥新校址，这里被房地产商建为里弄住宅——龙门村，即今尚文路133弄和先棉祠街80弄，今该地区内尚保存一条叫“吾园街”的小路，即以原吾园而得名。毫无疑问，何其伟所讲“游寓海上”就是“到上海白相”。

上海老城厢的白云观全名为“海上白云观”

李筠嘉，字修林，号笋香。上海人，家中饶有资产，不过考试成绩并不理想，只是通过捐纳获一个“候选光禄寺典簿”的虚衔，但他是江浙一带著名藏书家，龚自珍《慈云藏书志序》称“海上言文献旧家，皆推李氏”，“光禄好客如伸举，凡名下士诣海上者无不延纳。”文中的“海上”均指上海。

改七芗《春雪集》中讲：

癸酉（1813）春杪，重游海上。笋香主人招，同周寄庵明府、张吟楼、钱拜石、改七芗、黄以恬、方芥帆诸同人雅集吾园，诗以记事。长洲陈基诗：“招隐红餐海上霞，十年重访谪仙家。”

文中提到的“海上”均为上海的别称。

近代以后，上海逐渐发展成为一个经济发展、人口密集的都市，云集上海的文人越来越多，“海上”作为地名用于文人雅号者越来越普遍，如《申报》主笔蔡尔康自号“海上蔡子”，另一位《申报》主笔、《淞南梦影录》作者黄式权自号“海上黄畹生”，以主编《七天》、《繁华杂志》、《海上十姊妹》出名，并著有《海上繁华梦》等书的上海通孙玉声，别号就是“海上漱石生”；同样，许多以上海为题材的小说、文集中，“海上”就指上海，著名者有《海上花列传》、《海上梨园志》、《海上画林》等。

上海是一个商业都市，清代中期以后，到上海画画谋生的文人越来越多，光绪中叶，寓沪书画家数百人在上海组建书画家团体——海上题襟馆金石书画会，首任会长汪洵、副会长吴昌硕。该会是上海建立最早、规模最大的书画家团体，为协调书画家间关系，发展上海画风起了积极作用。于是，近代上海形成的积极吸收西方艺术表现长处，面向市场、面向大众，具有雅俗共赏特征的上海画派也被叫作“海上画派”。更有甚者，凡上海出现的人物、事件也往往被叫作“海上闻人”、“海上大亨”等。

“海上”作为上海的别名，是出自何一种原因，古人没有做出说明和解释。我猜测它应该与汉代《越绝书》中的一段记录有关。《越绝书》是存世的最早的地理著作。该书《外传·记吴地传》有这样一段记录：

> 娄东十里坑者，曰“长人坑”，从海上来。

“娄县”是秦始皇建立“郡县制”时设立的一个县，其辖地包括今天的昆山、嘉定、青浦以及上海市区，今昆山简称“娄”即出典于此。这句话译成白话，即：“娄县的东面有一个叫‘十里坑’的地方，古代叫作‘长人坑’，它是从海上生长出来的陆地。”众所周知，上海近海，夹带着大量泥沙的长江、钱塘江、吴淞江东流注入大海，在潮汐的推力下，水速减缓，泥沙就沉积下来，长年累月，使海岸线不断向东推移。确实，近海的陆地是从海上生长出来的；又，元代划华亭县东北五个乡建立上海县，其中就有一个“长人乡”，这个“长人乡”一直沿用到清末民初，古人也许已经知道冲击成陆的原理，知道娄东的“长人坑”是冲击沉陆的土地，后人又套用了《越绝书》的记载，把那块“从海上来”的上海叫作“海上”，此只是一种猜测，读者不必太当真。

# 上海的“外国坟山”

拙著《街道背后——海上地名寻踪》出版后，因该书有《“坟山路”和淮海路的前世今生》一文，于是收到一些读者来信，有人问上海有多少叫“外国坟山”的地方，又有人问，历史上“虹桥公墓”与“万国公墓”是否一回事，笔者乘此书续编即将出版之机，予以说明。

以前已经讲过，“山东路公墓”是侨民在上海建立的第一块公墓，但当时中文里无“公墓”概念，所以，这里长期就被叫作“山东路外国坟山”。

上海城北门内有一“外国坟山”，所葬者是1854年镇压小刀会起义的法国海军士兵，所以又叫“法兵坟山”。

1853年9月7日上海爆发小刀会起义后，义军迅速占领和控制了上海县城。当时，租界出于多种原因，在清军和小刀会间采取“武装中立”态度。首先，当时许多来华的外国传教士，对东方的国情不理解，他们认为中国是一个专制国家，贫富悬殊，中国百姓生活太艰苦。因此，对中国贫民抱同情态度，甚至认为太平天国和小刀会起义的成功可以改变中国专制制度；当1853年太平军占领南京时，实际上已占领了清廷的陪都和大半个中国，小刀会也在一天之中攻占了上海，不少外国政客和军界对清廷和义军之间“谁胜谁负”难以作出判断。因此，在政治上和军事上持观望态度；更有不少政客已估计到太平军和小刀会根本无法战胜尚有余气的清军，但为了向清廷索取更多好处，暂时采用“中立”态度。

当小刀会占领上海县城15个月后，不少传教士对小刀会的作为和政策有了更多了解，不少人认为，小刀会控制局势的时间不会太长，即使小刀会和太平军夺取政权，也无法改变中国的专制制度和贫富悬殊的情况，他们放弃了支持小刀会或“中立”立场；同时，在持续了一年多后，小刀会不能战胜清军，而必将被清军镇压的局势已经明了，于是，租界在向清廷索取到若干好处后，同意配合清军共同攻打小刀会。

1855年1月5日，法国炮兵向上海北城墙开炮，仅几炮就将城墙炸出一个大的缺口，清军和法兵就从这个缺口冲进城里，几天后，小刀会在清军和外国军队联合镇压下失败了。法兵在进攻小刀会时也有较大伤亡。1月9日，法国领事向上海的法侨发出一个既颠倒是非，又带有极大蛊惑力的通告："法国人为一个正义神圣的事业在上海城墙上流了血……这些慷慨捐躯的人是为自己的尊严而战，而且，大家都知道，这也是为了保住租界……我们的祖国、宗教，同胞应该为他们立一个纪念碑，以此表示我们对死者的纪念和感激之情。"之后，法租界通过募捐，着手营建法兵墓地和纪念碑，上海道为表示感谢，也送去了一万两白银。

3月15日，新墓地建成，阵亡法兵灵柩先在董家渡天主堂大堂内集中，举行宗教仪式后，由军队执绋，在宗教仪式的隆重排场中，于北城墙边的法兵坟山下葬。1856年出版的法国《画报》对葬礼和法兵坟山作了详细报道：

> 纪念碑安置在距离攻打地点（笔者注，即今新北门）二百米的地方，它有一个二十五平方尺的宽阔墓穴，墓石的每一面靠近地面的地方开有十字洞口通风。这块墓地所在的地点比较低平，附近有许多大小河浜，尤其在涨潮时，更是经常渗水和被水淹没，所以不得不筑好几米的深桩，在上面铺一层结实的碎石和熟石灰，然后，再铺一层水泥黏合的砖石，厚七十厘米，和平面相齐平。内穴就建在这个上面。穴内的地面是用铅浇砌的灰色花岗石，墙壁是蓝色纹理的白色大理石。可从一架花岗石扶梯进入穴内，扶梯口用专门为此准备的石板覆盖；墓穴由两扇铁门关闭，钥匙由领事保管。三十六根等距排列的灰色花岗石石柱支撑着用大块石板砌成的平台，石板是红黑两色交叉铺砌的花岗石。平台上安放着棱锥体的尖塔，这座尖塔是四方形的，每一面宽二米半，高五米。底部是漂亮的绿色花岗石，每一面都是单独一整块，台脚和檐口是黑色花岗石。
>
> 支承尖塔的座墩四面搁在四个球上，座墩是白色大理石，一个镀金的铁球和铁十字架装在整个纪念碑顶上。
>
> 纪念碑上写着："纪念这些法国人，他们为正义和人道攻打侵犯上海县城之盗匪，于1855年1月6日为祖国争光而阵亡。他们的同胞与朋友谨立此碑。"

租界的市政管理较严格，早在1863年，工部局就专门设立了一个公墓管理处，统一管理外人公墓，这一年工部局购进"八仙桥"西的若干土地建立"八仙桥公墓"（上海人称"八仙桥外国坟山"，当时法租界尚未扩张，该地属中国地界）。当1900年法租界扩张

搬迁到八仙桥公墓的“法兵墓”

法兵墓上的铁质碑文（拓片）

时，“八仙桥公墓”被划进法租界，而与县城相邻的法兵坟地因受河水浸泡，发生倾倒，于是法国人又将法兵坟地移至“八仙桥外国坟山”。大概只有80岁以上的老人才知道上海北城墙下有一个法兵坟山。1957年，上海将八仙桥公墓迁至吉安公墓，原址改建为淮海公

浦东外国坟山的圣墓堂

园，法兵纪念碑也拆除了。刻有铭文的铁碑由上海历史与建设博物馆（今上海市历史博物馆）收藏。

上海开埠后，进出上海的远洋船日益增加，众所周知，直到19世纪50年代，世界的远洋船大多仍是载重300顿左右的木质帆船，从欧洲启程到上海，大多需要半年以上，经过长期海上颠簸，生活极其枯燥无聊的水手一进入上海港后就失去约制，进酒吧酗酒，上妓院宿妓，当然，还有一部分水手经受不住海浪考验，有的在海上就死亡了，有的则进入上海港后一病不起。约1860年，部分进入上海的传教士组织了一个泛宗派，跨国籍的传教士组织——基督教海员布道会，他们购置了一条报废的三桅海船泊在黄浦江上，船上设有教堂和相应设施，为进入上海的海员提供宗教和生活服务，后来他们又出资在浦西近码头的东百老汇路元芳路（今东大名路商丘路口）造了一座教堂——圣安得立堂，这座教堂建筑直到上世纪末拓宽大名路时才被拆除。约1867年，他们又在浦东陆家嘴购进约60亩土地，建立“海员公墓”及“圣墓堂”，该教堂又叫作“浦东海员布道堂”，中国人则称其为“浦东外国坟山”或“外国坟山”。1957年，上海将这块“外国坟山”及相连的原英商祥生船厂和日商日华纱厂废墟一起改造成“浦东公园”，占地面积约142亩，而当时上海市区已经开始将市内的墓地改造为公园，于是浦东公园仍保留一块地作为“外国坟山”，上海市民政局将市内“外国坟山”起葬的侨民尸骨集中装入甏中后，又统一回葬到浦东公园的“外国坟山”

《申江胜景图》绘山东路外国坟山

里。“文革”开始后几年，我曾多次去浦东公园，工作人员告诉我，公园的猴山一带就是原“外国坟山”，而且他们仍称这里为“外国坟山”，我还在猴山相近的地方见到一被竹篱笆相围的地方，由于与工作人员混熟了，他们告诉我这里是新建立的“外国坟山”，并开门让我入内参观。那里已葬了一些越南、朝鲜等国的留学生，最意外的是我在这里发现了日本友人内山完造墓，我知道内山完造是葬在鲁迅先生曾下葬的“万国公墓”里的，这墓怎么会“跑”到浦东去了呢？后来才知道，“文革”开始时，万国公墓内葬有许多著名人士而将被摧毁，上海市民政局赶在“红卫兵”之先将内山完造墓迁到了浦东“外国坟山”内，直到上世纪80年代恢复万国公墓后，才又将其从浦东迁回到万国公墓内。

今静安公园以前是“静安公墓”（Bubbling Well Cemetery），也叫“静安寺外国坟山”。原来，上海开埠后，城市经济发展迅猛，侨民，以及在上海死亡而葬在上海的外国人数量越来越多，而面积不大的“八仙桥外国坟山”已“人”满为患，1880年，工部局向上海道申请再建“外国坟山”，经上海道同意，将一块位于静安寺约四十余亩土地建为“外国坟山”，约1900年后初成规模。1956年，“静安寺外国坟山”被改造为“静安公园”，现在公园里还有一大理石凉亭，是当年“外国坟山”一大墓的附件，不过不知这是哪一个外国“赤佬”的墓。

到了1920年后，静安公墓也“人”满为患了，于是工部局又申请一块位于租界外虹桥路哥伦比亚路（番禺路）转角约8.6公顷土地，建了一个面积更大的“虹桥公墓”（Hungjao Road Cemetery），并于1926年正式使用，当时工部局已考虑到上海犹太人数量不少，他们没有属于自己的墓地，且上海犹太人中不乏沙逊、哈同、嘉道理等巨商，于是又划出一块约8亩的土地建立“CB区”，主要供犹太人使用，于是该公墓被叫作“犹太人公墓”，以其近哥伦比亚路又叫“哥伦比亚公墓”，后来哥伦比亚路改名番禺路，又改称“番禺路公墓”。1956年，虹桥公墓也是无主坟地，遂被荒废了，“文革”初，原“犹太

静安寺外国坟山

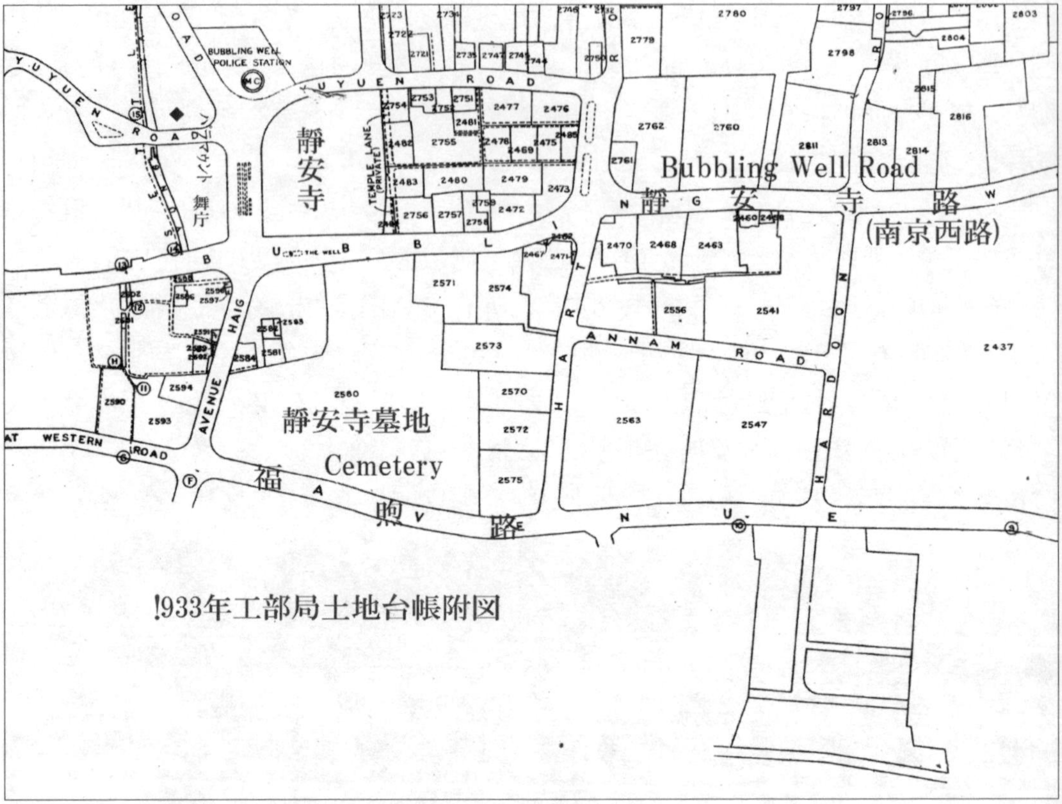


1993年工部局土地台帐附图中显示的静安寺外国坟山与静安寺关系

人公墓”被建为上海精密机床修理厂厂址，如今则已成为住宅区，而原虹桥公墓的地下被挖作防空洞，于是这里的部分为上海人防的某机构使用，部分则改建为花园，部分已建为住宅区。

万国公墓只是其英文名International Cemetery的译名，表示这是一不分国别，不分宗教信仰的商业性公墓，后来，该英文译名反而成了常用名称；其真正名称叫“薤露园”。《薤露》是中国古代的丧歌，晋朝崔豹《古今注》中讲：

> 《薤露》、《蒿里》，并丧歌也。出田横门人，横自杀，门人伤之，为之悲歌，言人命如薤上之露，易稀灭也；亦谓人死，归蒿里也。至孝武帝时，李延年乃分为二曲，《薤露》送王公贵人，《蒿里》送士大夫庶人，使挽柩者歌之，世呼为挽歌。

田横是秦末西汉初人，秦未自立为王，当刘邦建立西汉政权时，田横就带领族人和门人逃到海岛中，后来刘邦召他进京，他怕影响到族人的安全，在进京途中自杀了，其门人闻耗后，齐声唱《薤露》为挽歌。薤是一种百合科植物,多生长在宅边，形状似韭菜，但叶片很硬而光滑，今人多叫作“书带草”，这种草的叶片上容易积露水，而当太阳还没出来时，叶片上的露水就干了，人们以薤叶上的露水喻人生之短暂，后来，《薤露》就作为送王公贵人的挽歌，这个“薤露园”作为公墓名，也是贴切而又典雅。

万国公墓由浙江上虞人经润山创办于1909年，原址二十余亩，在今虹桥路凯旋路口，1916年，上海沪宁、护杭铁路两局决定铁路并轨，筑一条由龙华到沪宁车站（即北火车站）的铁路，而这条铁路就要穿越万国公墓，万国公墓得到一笔不小的赔偿后，就在原公墓之西另购一块五十余亩土地重建万国公墓，其虽称万国公墓，实际上葬在此地的大部分是中国人，宋庆龄的父母墓、鲁迅先生墓均在这里，也使万国公墓名声大振（鲁迅先生墓是1956年迁到虹口公园的），“文革”中，万国公墓遭严重破坏，后来墓址上被多家企业建为仓库堆栈，1981年5月29日，宋庆龄名誉主席在北京逝世，遵其遗言，6月4日宋庆龄骨灰葬在其父母墓之东侧。上海的相关机构也趁机收还了原万国公墓的土地三十余亩，在东侧建宋庆龄陵园和宋庆龄纪念馆，在西侧恢复“万国公墓”，将部分在“文革”中破坏的社会名流墓迁入此地，同时留有部分空穴，只有经上海市政府相关部门批准的名人和社会名流可入葬此地，还有一部分作为侨民墓地。

宋庆龄陵园东侧原是一条叫“张虹路”的小路，在建宋庆龄陵园时，该路被拓宽后改名“陵园路”，但周边居民忌惮“陵园”一词，后一度改称“宋陵路”，1994年正式命名为“宋园路”。

# 上海的鲁班庙与鲁班路

鲁班路北起徐家汇路，南至黄浦江边，全长约2公里。上世纪五六十年代，上海中心城区以中山环路为界，鲁班路在中心城区边缘，知名度确实不高。如今，地铁4号线设有鲁班路站，尤其上海世博会期间，鲁班路东临世博会浦西园区，从轨道交通进入世博会浦西园区者，一般在鲁班路站下车，再乘专车或步行进入世博会，其知名度大大提升。

鲁班又作鲁般，是中国古代一位伟大的发明家，据说，折伞、锯子是他发明的，他还发明和制造了各种各样的战车，其中包括攻城用的“云梯车”，所以，鲁班被公认为中国营造业的祖先。成语“班门弄斧”喻在行家里手面前卖弄本领，“班”即鲁班。望名生义，上海的鲁班路也许真的与鲁班有关。这里先介绍上海的几个供鲁班的神庙。

笔者以前住虹口，离家不远的西安路28弄是条狭长曲折的小路，弄内全是一两层木板房子，它应是早期上海的一条传统小街，这条小弄堂叫作sīzī弄，但并没有路牌或弄牌，谁也不知“sīzī ”怎么写，是什么意思，多数人以为应写作“狮子弄”，“文革”初，以里弄或地块为小团伙群斗的现象十分严重，我家附近就有以群斗出名的“坦克弄”、“猛将弄”、“狮子弄”，看来，“狮子弄”一定是出现凶猛而善斗的“狮子”的。后来才弄清楚，这sīzī并非“狮子”，而是“输子”的沪语音读。原来，鲁班姓氏为“公输氏”，名般，所以古代又尊称他为“公输子”或“输子”。鸦片战争爆发前，中国只开放广州一口开展对外贸易，洋船只能进入广州港，所以，广州的海船修造业较发达，形成一批以修造西洋木船为主的“红帮木匠”，旧中国所谓“红帮”即“红毛帮”，而“红毛”最初是中国人对荷兰人的称谓，可能是荷兰人多红发、金发，后来又多指称欧洲人。如清俞正燮《癸巳类稿·澳门纪略跋》：“圣祖仁皇帝康熙五十五年十月辛亥圣训云：‘朕访闻闽海外有吕宋、噶啰巴两次地方，噶啰巴乃红毛泊船之所，吕宋乃西洋泊船之所，彼处藏匿盗贼甚多。’”尽管康熙是一位中国很明智和睿智的皇帝，但当时中国人的世界地理知识少得可怜，文中“噶啰巴”即“欧罗巴”，是早期中国人于Europe，即“欧洲”的音译，近代以后，大多西洋工艺或制作西洋物品的行当就叫作“红帮”，最出名的是制作西服的裁缝就叫“红帮裁缝”，而修造西洋船的木工就是“红帮木匠”。

上海开埠后仅10年，外贸额就超过广州居全国之首，随着西洋船只改驶上海港，许多广州“红帮木匠”也向上海转移，到位于虹口港东侧黄浦江边的“老船坞”（上海最早的西洋船修造厂）工作，并在近“老船坞”的地方造了座鲁班庙，是“红帮木匠”同业公所，庙里供的是中国木业祖师爷——公输子班，所以叫“公输子庙”、“输子庙”，沪方言“输”音“sī”，与“狮”谐音，后被讹作“狮子庙”。

近代以后，世界造船业发展飞快，在1850年前，世界的远洋船大多为木质帆船，载重大多在300吨以下，而到1850年后，火轮船逐渐替代了木帆船，船的吨位也越来越大。美国学者罗兹·墨菲在《上海——现代中国的钥匙》（Rhoads Murphey,*Shanghai, Key to Modern China*）一书中记载：

> 上海《北华捷报》（*North China Herald*）发表的船舶吨位一览表，表明1850至1860年间，进入上海港的外洋轮船的平均容积约为1000毛吨；1860至1869年间，船舶平均容积达2300毛吨；到1880年，已超过4000毛吨。

当木帆船被铁质火轮船替代时，上海的“红帮木匠”也被上海人所谓的“外国铜匠”替代，所以，虹口的那座广东“红帮木匠”“输子庙”存在时间不长，以致后人不知道它的存在。1896年，广东籍巨商徐润（雨之）在上海创办景伦衫袜厂（址今西安路78号，解放后改名“景伦针织厂”，是中国第一家，和规模最大的针织厂），原“输子庙”及相近土地被徐润收买后建为厂址；以前，在虹口港的“里虹桥”（旧称“汉璧礼路桥”，即今汉阳路桥）与“新记浜”（约19世纪末填平筑路，称“新记浜路”，即今新建路）之间有一不知名小河浜，这条小河浜约于1920年填平筑路，即今西安路，于是，原来通“输子庙”的小街被编为“西安路28弄”，即“输子弄”。

1909年版《上海指南·卷七·古迹》中记录虹口有一鲁班庙，1922年版《上海指南》的记录稍详：

> 公输子庙。新北门内东辕门街硝皮弄。又，东有恒路（梧州路口）。

东有恒路即有恒路的向东延长线，即今东余杭路，宋庆龄父亲宋耀如宅就为旧“东有恒路512号”（即后来的东余杭路530~534号）。早在19世纪60年代初，旅沪英国建筑师怀

南北高架路（重庆南路）

特菲尔德（Whitefield）和金斯密（Thomas Willian Kingsmill）合伙组建了一家建筑设计事务所，英文行名为Whitefield & Kingsmill，取华行名为“有恒洋行”“有恒”在古汉语中多表示“有礼制”，用现代汉语表示即“中规中矩”，如《周易》：“风自火出，家人君子以言有物而行有恒，”这“言有物而行有恒”即“讲话有道理，行为方式中规中矩”，古话有“音韵有恒，曲无定制”，大意即音律是有规律的，而曲可以自由发挥。毫无疑问，该洋行取华行名“有恒”。当然借以表达，他们设计的建筑是中规中矩的。有恒洋行长期开设在后来的余杭路15号，是一幢三层西洋建筑，我的家就在附近，我曾就读的小学叫“余杭路小学”（旧名仁智小学），我有几位同学就住在余杭路15号的那幢旧洋房里，我还记得，该洋房大门口还有一只石狮子，该楼现已拆除，这里兴建了大楼，而“有恒路”就是以“有恒洋行”设在这里而得名。有恒洋行大概在1931年后就不见于记录，后人对它知之甚少，不过，它在上海建设和监造了公共租界总巡捕房、张园的“安垲第”（Arcadia Hall）和如今仍在使用的外白渡桥，在上海建筑史和上海城市发展历史上占有一席之地。

“公输子庙”位于今东有恒路与梧州路转角，正门朝南，开在东余杭路和245号，侧门则开在梧州路94号。这座庙是浙江宁波木船修造业同业公所机关所在地，在庙旁还建了“上海浙宁轮船木业子弟小学”，解放后改称“劳动小学”，我孩时的许多小伙伴就读于这所小学，我也多次到劳动小学玩。当时，朝南的大门已关闭不用，从梧州路的边门进出，直接进到大殿，我还记得，大殿及两厢神道像已不见了，但两厢的木栅栏仍在，还能看到两厢内存放的仪仗用“十八般兵器”，总体感觉“阴森森”的，所以，劳动小学的学生最怕被“关夜学”。

劳动小学后来改称梧州路第一小学，“文革”时撤销，成了北虹中学校办工厂，1992年拆除，我闻讯后赶往现场，据虹口区房修队工人讲，在壁内发现一块刻字的石碑，已随垃圾运走，实在可惜。

前引用的《上海指南》中提到在“新北门内东辕门街硝皮弄”也有一“公输子庙”，这里是上海水木业公所机关所在地，据鲁班殿原有的刻于同治七年（1869）的《上海县为水木业重整旧规各匠按工抽厘谕示碑》中记：“据该匠等禀称：窃身等系水木、雕锯、石匠，前于道光二十三年，在治城内二十五保五图得字圩三十二号，捐资地九分四厘五毫，请示起建鲁国先师新殿，俾同业敬神集公办事。”这个鲁班殿建于道光二十三年（1843），是上海建筑业的同业公所。该碑文中还讲：“缘前次列名多系沪匠，身等江浙各帮，未经会议，并前章程尚有未备，即宪示规条，亦未刊定。致众观望，渐至庙貌失修，物多损散。每逢诞献等公应需器物无籍。即如去秋，奉将群忠祠之像迁于新殿。此系奉饬举行，正属大典。”1843年建立的鲁班殿是以上海籍建筑同业为主建立的同业公所，而这一年恰巧上海开埠。开埠后，外地进入上海的建筑从业人员日渐增加，尤其1860年发生的太平军东进行动后，有二十余万江浙难民进入上海，进入上海的租界，其中不少就是建筑行业的人，于是，“江浙各帮”对上海帮（本帮）操纵鲁班殿多有不满。1867年，该公所实行改组，重新订立条规，就成了各帮的建筑业同业公所，也就是这一年，各帮集资重修了鲁班殿，还得到上海县政府支持，将原供于城隍庙“群忠祠”的鲁班像请出了鲁班殿。

中国传统营造业只是一种“匠活”，造房子不经测绘，不需设计，在工头指挥下造房子。近代以后，西方的建筑业视为一种产业、工业，有严格的制度和程序，如不认真学习西方的建筑业制度，中国的营造业将失去生存，发展、进步的余地。杨斯盛

（1851~1908），字锦春。川沙青墩（今上海市浦东新区）人，泥水匠出身。光绪六年（1880）在上海创设杨瑞泰营造厂，开始承接洋商在上海的建筑营造业务，深知中西建筑业差异和差距，1891年承接上海江海北关新楼建造，使他成为上海营造业巨擘和领袖。1897年，他联络上海建筑业精英和上海绅士，将原“水木业公所”改组为“水木工业公所”，仍设在鲁班殿内。

上海绅士秦锡田撰《水木工业公所缘起碑》中开列了一份该公所发起人名单和捐款数目：“先后捐资组织者为杨锦春（500元1920两），王云松（500元、2800两）、陈裕田（400元、1638两）顾兰洲（300元、7300两）、徐云卿（300元）、孙少钱振声（200元）、钟春山（200元）、吴进卿（100元）、赵纪生（2500两）、江裕生（1700两）、王庆祥（1600两）、李国卿（400两）、沈桂生（1000两）、赵增涛（700两）、黄少山（1000两）、周瑞庭（600两）、王瑞翔（500两）、张晓卿（400两）、张效良（300两）、张裕田（400两）、沈文卿（350两）、朱润生（200两）、沈桂林（200两）、蔡瑞堂（1750两）、姚锡周（150两）、顾裕春（100两），黄炎生（100两）、吴湘洲（100两）、杨志香（100两）、张茂春（100两）、杨建庭（100两）、蒋子衡（50两）、夏友嘉（150两）杨润生（50两）皆吾沪人也。”（上面括弧中单位为“元”的是1897年捐款，称“两”的为1902年捐款）水木工业公所的组织者和捐款人都是“吾沪人也”，而1902年的捐款额又比1897年大了许多，足以说明，水木工业同业公所实质上又成3次本帮营造商中以承建西洋建筑为主的营造商，当然，也就是这一原因，外帮的营造商在这个公所里地位很低，甚至没有话语权，于是就脱离公所，自立门户了。约1911年，浙江宁波帮的营造商就另行自建，这个公所建在原关山东公所的地基上。

所谓“关山东公所”就是包括“闯关东”的山东籍人和山东本土旅沪人士的同乡会馆，建于清顺治年间，是上海出现的第一家同乡会馆。据刻于清道光五年的《关山东公所义冢地四至碑》记，该会馆“肇于国初顺治年内，合关东，山东两帮。集资于上海县城西置田五十余庙，以为葬埋公地”。近代以后，江南战乱不已，尤其1860年太平军东进给上海以极大破坏，位于上海县城西面的关山东公所坟地更是破坏严重。1900年，正黄旗蒙古都统，外务部尚书、会办大臣，山东东莱人吕海寰从海外访问回国，又奉命以商务大臣衔驻上海，而山东历城人汪樊琨（瑶庭）任上海知县，于是，旅沪山东人在他们支持和帮助下，“既稔知来者之多，与旅居之不易，每思辟地为馆，以生合群之力，而联散涣之情”，重新收拾了沪西那批早已荒芜的坟地，在这里兴建“山东会馆”，确定了原关山东公所五十多亩土地的位置，并树立了界石，范围大致相当于今黄陂南路与重庆中路之间，太仓路两侧的地方。几乎同时，法租界扩张成功，原上海县城西面一条叫“打铁浜”的小河以东被划进了法租界（打铁浜约于1906年前后被法租界公董局填平筑路，初名“吴淞江路”，后分段改名为菜市街（今顺昌路北段）、太仓路和重庆中路，也就是讲，刚确定的山东会馆的土地约有一半被划进了租界；1914年法租界又一次扩张成功，今华山路以东，肇嘉浜路以南范围全部被划进法租界，当然，山东会馆之地也全部在租界内。租界的市政建设和发展较快，土地升值也很快，于是山东会馆将一部分土地出卖，在1948年《上海行号路图录》中还能见到，在今重庆南路与自忠路转角处还有“山东旅沪同乡会”、“齐鲁中小学暨幼稚园”，这里就是原山东会馆的一部分。

1922年版《上海指南》中记：

水木公所。打铁浜（贝勒路西）。

“贝勒路”即今黄陂南路，“打铁浜”相当于今太仓路，由此可见，这个宁波帮水木公所以及鲁班殿应该在今黄陂南路以西的太仓路上，不过，已经很难确定它的正确位置了。

中国的建筑业尊鲁班为“祖师爷”，而鲁班是鲁国人，即今天的山东人，山东人也尊鲁班为“先祖”。就如世界许多城市有许多以华人集中居住形成的“唐人街”一样，历史上，进入上海的外邦人也往往集中居住在其“会馆”附近，形成了以某一地方人集中居住的区域，直到解放后相当长一段时间，今重庆南路自忠路，以及鲁班路一带就是山东人居住最集中的地方。我以前工作过的单位有多位山东人，均住在鲁班路一带，山东人喜习武术、摔跤，“文革”间这里也出现过多名民间摔跤高手，我还曾到鲁班路与那里的山东人交过手。鲁班路筑于1914年，我以为，这鲁班路的名称，一定与这里曾有一鲁班庙有关，可惜，谁也讲不清，这里的鲁班庙在哪里。

# 上海的南京街与绍兴街

提起南京路，它的名气太大了，可以用无人不知，无人不晓形容，如果告诉你，上海还有一条叫“南京街”的马路，也许90%的上海人就不知道了。它的名声被南京路盖住了，也许，这条路太短了，它位于今黄浦区南部，北起大德路，南至国货路，全长仅270米。南京路是1863年公共租工部局以中国的城市名命名的马路，而南京街则以南京人集中居住在此一带而得名。

1853年太平军攻占南京，并改南京为“天京”，建立太平天国政权。当太平军攻打、占领南京时，有数十万南京人逃离南京，估计约有万人逃到了上海，此时上海也爆发了响应太平军的小刀会起义，义军占领了上海县城，这些难民不敢进入上海县城，一部分进了上海租界，一部分就在上海县城南门外一个叫“草鞋湾”的地方定居下来。不久，这里形成了一条以南京人集中的小街，就被叫作“南京街”。

近代以前的上海只是一个中等县城，消费水平不高，几乎没有所谓的金店银楼，上海人要添置嫁妆、饰品，就得摇船到百里外的松江、苏州；而南京是陪都、省府，生活和消费水平较高，在那里形成了一批以加工金银饰品和经营高档饰件的商业行商，进入上海的南京难民中，有不少就是经营银楼的商人。

在人民广场西边有一条叫“江阴路”的小路，大约20世纪60年代后，在离江阴路不远的南京西路新昌路口开了当时上海唯一的花鸟商店。改革开放后，上海对养鸟种花的喜好日增，于是，江阴路一度成为上海著名的花鸟市场。众所周知，今人民广场和人民公园在历史上是英商上海跑马总会（Shanghai Race Club）的跑马场，今上海美术馆是上海跑马总会的机关所在地，所以，江阴路两侧大部分是马厩，江阴路约筑于19世纪末，名孟德兰路（Mandalay Road），据说，这位孟德兰就是跑马总会的大股东，1943年时以江苏省江阴县改名为江阴路。

不过，南市有一条“江阴街”，它则是以这里的“江阴公所”得名。它东起跨龙路，西至林荫路，全长近一公里，原江阴公所位于江阴街313~317号。

绍兴路是一条并不起眼的小马路，也许由于上海人民出版社、上海文化出版社及上海出版局等机构设在这条路上，使它的知名度大大提升，据说，卢湾区政府计划将这条路打造成上海特色文化街。绍兴路由法租界工董局筑于1926年，以意大利国王Victor Emmanuel Ⅲ命名为Route Victor Emmanuel，这位国王的汉名一般被译为维克多·伊曼纽尔，不过，当年以法文的读发音，上海方言的写法叫作“爱麦虞限路”，所以，如果你查不到这条路的法名路名，也许根本无法理解，这“爱麦虞限”是什么“东东”。1943年，这条路就以浙江省的城市名命名为“绍兴路”。今天的虹口区的山阴路旧名“施高塔路”，以原公共租界工部局总董James L.Scott 名字命名，施高塔路大陆新村9号（今132弄9号）是鲁迅故居，鲁迅是绍兴人，本来计划将施高塔路改名为绍兴路，但由于爱麦虞限路改名在先，后来只能以绍兴的别名将施高塔路改名为山阴路。

历史上，上海还有称“绍兴街”的小路，它倒是与绍兴人在上海的会馆——浙绍公所有关。

绍兴位于杭州湾南边，隔杭州湾与上海相望，以前乘帆船走海路，几天就可往返，所以绍兴人是最早进入上海的“客籍”之一。绍兴地区多山地，盛产木炭和木柴，而上海是一马平川，民间烧饭用燃料主要是农作物的废弃物，如稻柴、花箕秆（即棉花的茎叶），当城市人口增加到一定程度后，上海城里就出现燃料供应困难。至迟在清康熙时，绍兴人就将木炭、木柴运进上海，直到上世纪五六十年代上海的煤球店多是绍兴人开的，煤球厂工人也以绍兴籍为主。绍兴盛产黄酒，于是，上海的老酒店，糟坊也多被绍兴人垄断，上海最著名的酒店——王宝和就是绍兴人开的。

以前，上海城隍庙有一方刻于嘉庆二十年（1815）的《上海县为浙绍各店公捐中秋会告示牌》，碑文中讲：

> 因思城厢各业，皆岁开□□项酬神。惟浙绍各业，虽于每岁中秋节日，同业出资应酬。而无公项，恐兴废靡定，年远事湮。是以浙绍各店，捐出本资足钱五百六十千文，绝买小东门外二十五保七图十铺，海关南首郑姓市房一所，随屋基地，东至大街，西至顾屋，南至汪屋，北至顾屋。在于郑同懋名下，收册过户。

早在1815年，旅沪绍兴人就醵资买进了一幢位于小东门外的市房，在这里建立了自己的会所，虽碑文没使用会馆公所之类词，但其仍可视为上海绍兴会馆之雏形。这个会所地址在小东门外，而这方碑却在城隍庙里，说明会所早已不存在了，如今也找不到其确切位置。

另一方刻于道光二十五年（1845）的《浙绍公所肇兴中秋会碑》中记载：

> 自乾隆初年间，绍郡商绅在上海地方贸易，立有铺户，计在久长。犹虑樯帆来往，无总会之局。于是就近本城北门内，置得隙地一处。当即具呈纳粮，建立公所一则以敦乡谊，一则以揖同帮。

1845年，旅沪绍兴人正式在上海北门内购置土地，建立“浙绍公所”，是旅沪绍兴人同乡、同业公所。

该碑中又记载：

> 惟生理之兴隆，全仗神灵之默佑。况我绍郡，最钦崇元坛正神。爰聚同事而谋，曰：“既有公所，正可供奉神明，以荐瓣香，而求保护。”佥曰：“唯唯。”遂乃鸠工庀材，聿宏庙貌。

我国民间讲的财神很多，江南一带尊赵公元帅为财神，赵公元帅法号“正一玄坛”，江南又称“玄坛”或“玄坛正神”，浙绍公所在公所里兴建“财神殿”，北门内原有一条叫潘家弄的小路，旧名就叫“财神弄”，即以浙绍公所财神殿而得名。浙绍公所原址在后来的福佑路339号。

人生七十古来稀。古代人寿短，上海地区的平均寿命约五十几岁。在土葬时代，生人一般到四十岁就开始为自己添“喜板”（即棺材）。在农村，可以将“喜板”搁置到客堂后搭建的楼阁上，而在上海这样的城市里，住宅面积小，许多家庭没有放置“喜板”的条件，外帮人尤其如此。于是，许多旅沪的会馆会购置土地，建造房屋作为同乡人寄放“喜板”之所，称“丙所”。“落叶归根”也是中国风俗，亲属一定会想方设法把客死他乡的亲人运回家乡落葬，但靠私人力量“扶柩回乡”更是困难，于是，许多会馆还设立“寄柩处”，在沪死亡者大殓后（古代把尸体放进棺材称“大殓”，装有尸体的棺材称“灵柩”），先寄存在会馆专门的“寄柩处”，在合适时间，由会馆统一运回家乡。

当然，客寓上海的绍兴人群中还有许多“打工仔”，贫苦人、单身汉，他们无力安葬自己死亡的亲人，那就得由会馆帮忙解决了。道光十一年刻《浙绍公所捐置义地姓氏碑》中记：

> 盖闻掩骼埋胔，圣人所务；急公好义，仁者居心。吾郡诸君子客于上邑，捐资创建浙绍公所已有年矣。复于道光八年，置买上邑北门外二十五保过字圩旷地一方，以备掩埋无力归卅之柩，谓之“浙邵义冢”。俾游魂白骨不致风雨之摧残；麦饭楮钱，犹得岁时之奠醊。凡兹义举，实本心田，爰勒贞珉，以垂永久。

几年后，旅沪绍兴人又“慨助捐资”，在这方义冢处建造“丙所”及相应建筑物，“积铢累寸，集腋成裘，堂名‘永锡’，善举初成。”“永锡”一词典出《诗经·大雅·既醉》：“孝子不匮，永锡尔类”。古汉语中“锡”通“赐”，“类”即同类，即与你同类相关的人和事。郑《笺》：“孝子之行非有竭极之时，长以与女（汝）之族类，谓广之以教尊天下也。”大意为：孝是一种至高无上的品德，并不局限于对父母的孝敬，还应惠及与你同宗共族的人。永锡堂竣工不久，1843年上海开埠，又过了几年，上海北门外被辟为租界，永锡堂也在租界内而被“动迁”，现在已很难找到位于“上邑北门外二十五保过字圩”的“永锡堂”的确切位置了。

大概在租界建立后不久，永锡堂就暂迁到浦东白莲泾的同仁辅元堂的义冢处，约20世纪初“复于斜桥西购地建筑，规模始备”，这个永锡堂占地面积很大，规模也不小，据《申报》中记载，1908年2月23日浙江寓沪学会在西门外永锡堂召开浙江保路特别大会，出席者六千余人，来宾两千五百人。永锡堂的大门朝东，开在菜市街（顺昌路550-560号），在兴建永锡堂时，在北面筑了一条小路，由于大家都知道永锡堂是旅沪绍兴人的浙绍公所的别业，于是被人们叫作“绍兴会馆街”或“绍兴街”，但又仅过了几年，这里一带又被划进法租界，约1931年，法租界重筑此路后，即改名“杜神父路”（Rte P è re Dugout），1943年又改名“永年路”。

“永锡堂”只是一绍兴人在上海的“丙舍”和坟地，并非有名的地方。不过，租界的市政发展较快，在永锡堂迁到这里重建后，又被迫改变用途，这里一度成为中国近代第一所美术学校——上海美术专科学校的校舍，使其知名度大大提升。美术专科学校由张聿光、刘海粟、乌始光等创办于1912年，张聿光、刘海粟任正、副校长，丁悚（丁聪之父）任教务长，董事会成员有蔡元培、梁启超、王震、沈恩孚，黄炎培等社会名流，初创时设在虹口乍浦路，后又先后迁爱尔近路（安庆路）、北四川路，海宁路，1921年迁永锡堂。台湾著名作家、藏书家叶灵凤先生“读书随笔·记《洪水》出版部的诞生”中讲：（1926）“我那时还是美术学校的学生，本来住在哈同路民厚里（今同仁路安义路附近，民厚里已拆除，毛泽东于1920年住民厚南里29号，即今安义路63号，此地作为毛泽东寓所旧址被公布为上海市文物保护单位，并得到妥全保护）叔父家里（最初的创造社和郭[沫若]先生的家，都在这同一个弄堂内），为了参加《洪水》编辑部的工作，这才搬来同全平一起住。白天到学校上课……那时上海美专已有了新校舍，设在西门斜桥路（今陆家浜路旧名'斜桥东路'）。虽说是新校舍，除了一座两层的新课室以外，其余都是就什么公所的丙所来改造的。这本来是寄厝棺材的地方，所以始终有一点阴暗之感。图书馆有一排落地长窗，我至今仍怀疑这可能就是丙舍的原有设备。"关于上海美术专科学校的事迹，许多著述中有记录，且与本书关系不大，此略。

# 上海校场和露香园寻踪

静安区委区政府编纂的《静安区历史文化图录》中收录了一张盛宣怀在静安寺路斜桥（今南京西路成都路附近）住宅的照片，但照片上方却赫然印着“物华号贳器铺开设在九亩地”的字样。原来，1916年盛宣怀在斜桥寓所逝世，其家族耗资30万两举办丧事，如《上海竹枝词·盛杏荪大出丧》中所咏：

> 丧仪绚烂满长街，今古中西一例排。
>
> 经费宽筹三十万，破天荒是盛宣怀。

这是上海一次“破天荒”的规模空前的丧礼，委托上海规模最大的礼仪公司——物华号贳器铺承办，于是，物华号贳器铺又特地为这次丧仪定制了一批丧事用器物，照片中龙状之物就是运灵柩的64人抬的“灵车”，当然，贳器铺老板也充分利用了这次机会拍摄了不少照片，用于广告宣传。这家贳器铺开设在“南市九亩地”。确实，“九亩地”是上海历史上一个知名度很高的地名，如今它早已被人遗忘，也许今天的上海人中，至少90%以上的人不知道“九亩地”这个地名。

以前，中国的大多数县城建有城墙和城壕，这是军事防御设施，所以，大多数县城也有驻军，有驻军就必须有营地和操场，这种军事性的操场一般叫作“校场”，所谓“校”就是校量、比武的意思，校场就是军事训练、比武的场地。如《说岳全传》中讲的“岳飞枪挑小梁王”就是在校场里发生的故事；校场是训练、习武之地，所以也被写作“教场”。

清《同治上海县志》中记：

> 大演武场。旧在县西北积善寺，前明正德九年知县黄希英辟。嘉靖四十二年迁北门外。康熙五十九年以南门外旧仓基重辟。今仍之，俗称教场。

引文中提到的“积善寺”是建于南宋绍兴年间的古刹，1960年才终止宗教活动，旧址被改建为民房，北门内积石街旧名“积善寺街”，又讹作“积石寺街”，积善寺旧址相当于后来的积石街59号，今古城公园内。早在明朝正德九年（1514），上海知县黄希英就在积善寺附近辟建了一个教场，当时上海还没有城墙，嘉靖三十二年（1553）上海筑城墙，北城墙穿越了这个校场，于是，在十年后，即嘉靖四十二年，上海又在北门外重新造了一个校场，这个校场的具体位置已讲不清了，不过，根据刻于道光二十六年（1846）《四明公所义冢碑》记载：清嘉庆二年（1797）四明公所创建时，就“买地北郊，广袤三十余亩为义冢”，估计这块地就是原北门外的校场废址，那么，这个校场就在今淮海东路两侧。

在《黄浦江沿岸的渡口》一文中提到，明朝时上海县在小南门外建了一个叫“南水次仓”的粮食仓库，清初，南明王朝反清武装经常沿海溯黄浦而上偷袭上海，这个粮仓就成了被偷袭和抢劫的对象。清康熙初，知县阎绍庆和绅士曹垂灿就将粮仓搬迁到小南门内，那个位于小南门外的粮仓被废弃了，到康熙五十九年（1720），又在小南门外旧粮仓废址上重建校场，《同治上海县志》称：“今仍之，俗称教场。”说明清同治时该校场还在，大概到了清末，上海地方政府才将这个校场土地作价变卖，被建为民宅，范围大致相当于今南仓街以东，陆家浜路以北，桑园街以西，东江阴街以南区域，今东江阴街旧名“复善堂街”，而更早一些时候，它就叫“校场街”，就是以该校场得名。

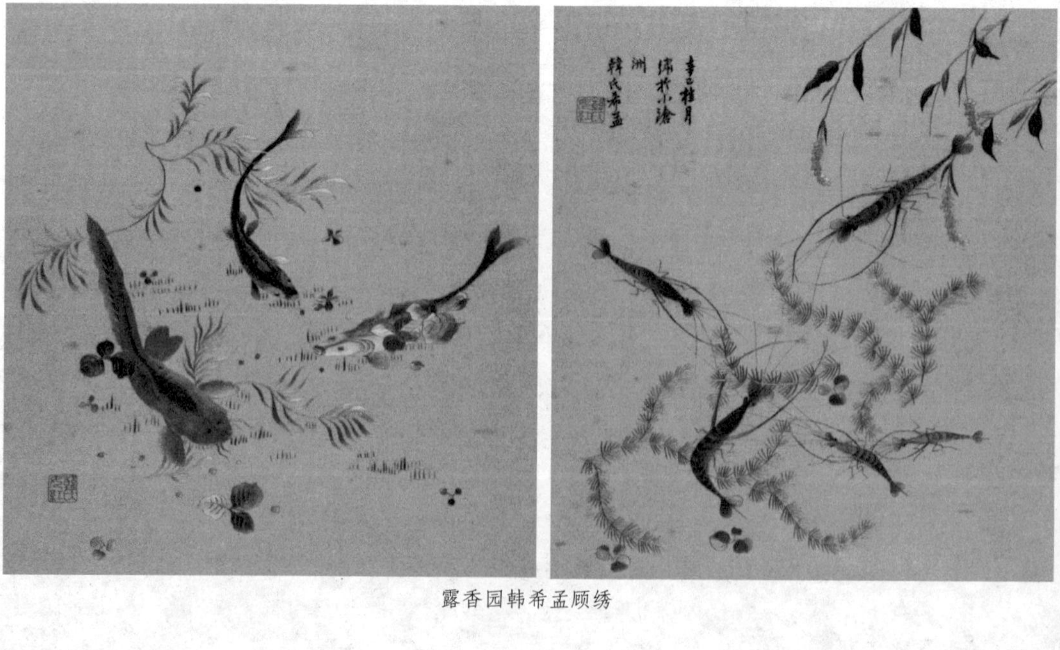

露香园韩希孟顾绣

旧校场路

而那个建在北门内的校场被废弃后，大部分土地被上海望族顾名儒、顾名世收买后建为私家花园——万竹山房和露香园。清人毛祥麟《墨余录·卷六·露香园顾绣》中讲：

> 露香园者，明尚宝司丞顾应夫（名世）家园也。顾氏世居西城，因兄道州守名儒尝筑万竹山房于城北之黑桥，乃亦辟所居旷地以为园，穿池得旧石一方，有“露香池”字，为赵文敏（即赵孟頫）迹，园遂以名。内有碧漪堂、阜春山馆、积翠冈；冈之阳有楼三楹，曰露香阁。阁之东为独管轩。左偏有分鸥亭，突兀岸外，下瞰露香池。池大可十亩，广植红莲，开时，池水欲赤。山尽处有庵，曰潮音，供大士像。庵左为青莲座，斜榱曲构，皆依岸而成。园大数十亩，亭馆嵱嵷，本擅一邑之胜。其后台榭渐倾，园林亦废。今雉堞边有飞阁，曰“大境”，内供关圣像，云即露香阁古址。青莲禅院即青莲座也。尚有荒基十余亩，为营兵演武处，俗呼“九亩地”。

文章叙述得很清楚，北门内被废弃校场的大部分土地被上海望族顾名儒和顾名世昆仲买下后辟建为私家花园，尚留下一块约10亩的土地仍“为营兵演武处”，这块土地也许只有“九亩”，于是叫作“九亩地”，今城隍庙附近一条“旧校场路”的小路，旧名“旧校场街”或“小教场街”，就是以该校场而得名。

这篇文章中提到，顾名世在辟筑花园时，在地下挖到一方由元朝著名书画家赵孟頫题书的“露香池”石碑，于是将花园取名为“露香园”。赵孟頫是宋太祖之子秦王赵德芳的后代，因赐第湖州，故为湖州人，他相当长一段时间居住在华亭青龙镇（今上海市青浦区），与上海关系密切，所以在上海发现赵孟頫题书的碑也在情理之中，赵孟頫号“松雪道人”，今露香园路南面相接的那条路就叫“松雪街”，应该就是以赵孟頫号得名的。

毛祥麟讲：“今雉堞边有飞阁，曰‘大境’，内供关圣像，云即露香阁古址。”此“大境”即今日被列为上海市文物保护单位的“大境关帝庙”，建在城墙之上，顾名世有何能耐将自家花园的楼阁建在属于公产的城墙之上，所以毛祥麟也不太相信，措词使用“云即露香园故址”。与许多富绅一样，顾名儒、顾名世兄弟耗费了毕生精力和大部分财产兴建花园，但后世没有出现杰出人才，到了明末，这支顾氏出现了衰落迹象，露香园

露香园路(上世纪90年代)

也“台榭渐倾，园林亦废”。毛祥麟提到顾名儒的“万竹山房”，露香园内有：阜春山馆、青莲座等，今天，这里还有万竹街、阜春街、青莲街等路名，应该就是露香园留下的痕迹。

> 黄太守冕宰我邑时，会集邑之之绅富，复建秋水亭、万竹山房，左有隙地，规设为义仓。凿池植莲，聊复旧规。未几，又以海疆多故，假义仓作火药局，积药过多，陡然发火，转瞬间而屋宇又为灰烬矣。

黄冕，字南坡，湖南长沙人。道光十五至十七年（1835−1837）任署理上海知县。他任知县时，通过社会集资方式重修了露香园，并将废园一部分建为“义仓”；1840年鸦片战争爆发后，为了加强上海兵防，又将该“义仓”改为“火药局”，是存放火药的仓库。不料，由于保管不善，火药爆炸，附近一带被夷为平地。毛祥麟《墨余录》的另一篇文章《沪城火药局灾》中是这样讲的：

> 壬寅三月初八日申分，药性陡发，轰霆一震，天地晦冥，咫尺莫辩。遥见浓烟如墨，高接云间，而其地房舍尽为灰烬矣。……秋水亭寄宿安徽兵数十名，震死十余人，余皆额破踵伤，无一完善；义仓北长生庵中有女尼六七人，蓦闻震声，骤奔户外，瞥见庵屋数椽，尽已揭去，回顾同伴，尚少一人，神定后，入室呼寻，至庑下，恍惚得之，然已毙矣。一如黄渡镇上，于初八更定时，空中掷落一人，面目模糊，不堪卒视，地邻惶骇鸣官，得信始悉，盖顷刻间飞掷已七十余里……

1842年4月18日（农历三月初八）傍晚，堆放的火药突然爆炸，看守士兵十余人当场被炸死，附近居民死伤者不少，其中一人的尸体被炸到离现场七十余里的黄渡镇——这显然只是当时人对爆炸之惊恐编造的谣言。

这次爆炸后，这里就成了一片空荒地，清宣统元年（1909）上海计划增开城门，就决定将这块荒地作价出卖。这块空地共65.9亩，将其中的57.2亩以每亩2550元的价格卖给房地产商人，后被建为民宅，余下8.7亩，部分建为公共菜场，这个菜场刚建成后不久，在1912年的拆城墙中拆除了。不过，在今露香园路西有条叫“菜市街”的小路，它即以这个菜市场得名的。另一部分拨给刚成立的县立万竹小学（今上海市实验小学）作为建造新校舍的土地。

今天，这里还有一条叫“高墩路”的小路，当地人认为，这里就是原“义仓”或“火药局”的墙基，火药局被炸后，原墙基被改筑为马路，而该路水平面略高于周边路面，于

《申江胜景图》绘“上海校场”

是被叫作“高墩路”。而与“高墩路相交垂直的“旧仓街”当然就得名于历史上的这个“义仓”。这样，我们就可以确定原“九亩地”兵营或“义仓”的大致范围，它位于今露香园路、高墩路、旧仓街、人民路的圈内。

“九亩地”是一个俗地名，是当时人们对原兵营或义仓那块只有九亩土地的地方的称谓，当被建为火药局的义仓被炸后，其西墙基处就被筑为马路，当时被叫作“九亩地路”或“小九亩路”，但更多的人仍习惯把这里叫作“九亩地”，为避免地名混乱，民国以后又将其改名“露香园路”，并一直使用至今。

前面提到的“物华号贳器铺”相当于器物出租或礼仪公司，“贳”就是出租的意思，中国有器物出租商事机构的历史至迟可追溯到北宋，据记录北宋京城汴京风俗的《东京梦华录·卷四·筵会假赁》记载：

凡民间吉凶筵会。椅卓（桌）陈设，器皿合盘，酒担动使之类，自有茶酒管赁，吃食下酒，自有厨司；以至托盘、下请书、安排坐次，尊前执事，歌说劝酒，谓之“白席人”，总谓之“四司人”。欲就园馆亭榭，寺院游赏命客之类，举官必办；亦各有地分，承揽排备，自由则例，亦不敢过越取钱。虽百十分，庭馆整肃，主人只出钱而已，不用费力。

北宋是中国城市经济发展较快的时期，也出现和形成了与城市生活相适应的行业，如家庭遇上婚丧嫁娶，要举办较大规模的筵庆，家里器皿、桌椅不够使用，就出现了专门提供器物出租的商店；稍有排场的婚嫁、出丧还需花轿、灵车、仪仗之类礼器，于是规模稍大的贳器店除提供礼器出租外，还兼办司仪。近代上海已是一个都市，出租业和礼仪公司十分发达，据三十年代统计，上海有大小贳器店百余家，1906年出版《沪江商业市景词·贳器店》说：

婚丧喜事爱堂皇，唤得专门贳器装。

任尔安排何品级，不难富可敌侯王。

物华号贳器铺是上海规模最大的一家，仅大小花轿就拥有几十顶，它最初开设在虹口，约清末迁到“九亩地”，具体位置在今露香园路与人民路交叉口西侧，原址即今黄浦区妇幼保健院，约1945年后迁金陵中路。

# 上海有个“叉袋角”

历史上吴淞江是太湖流域最大、最主要的河流，近代以后，上海的侨民以为吴淞江是上海往返苏州的主要水道，称其为Soochow Creek，于是上海人也把它叫做“苏州河”，现在，一般把该河叫作吴淞江，其流入市区段，大概江桥以下的吴淞江俗称“苏州河”，现在出版的上海市区地图中，在这条河上是这样标注的——“吴淞江（苏州河）”。

明代以后，苏州河是仅次于黄浦江的流经上海的大河，其在各方面的地位和作用显而易见。近代以后，一方面苏州河承担上海到江浙各地的航运任务，川流不息的航船的大量废弃物被抛入河中，使苏州河淤塞、污染日益加重，沿河建立的大量工厂又将工厂废水直接排入江中，到上世纪三十年代，苏州河水质已达到“污水”程度。早在19世纪80年代，公共租界就成立“英商自来水公司”（Shanghai Waterworks Co，Ltd），并在杨树浦建立水厂，后来法租界也在黄浦江边建立“法商上海自来水公司”，租界的水厂只向租界供水，于是，上海城自治公所总董，实业家李平书就奏请由政府出资和民间集资方式建立自己的自来水公司，并在今长寿路桥侧的“叉袋角”相近的苏州河畔建立水厂，因厂所在处属闸北，该公司就叫“闸北水电公司”，由此可见，20世纪初，苏州河的水质还不错，但该厂投产后，苏州河水质每况愈下，往往只能在涨潮时抽水，产量明显下降。据记载，1922年闸北川公路的祥经纱厂失火，闸北水厂供水严重不足，以致一场小火酿成巨大火灾，造成大批厂房、民房被毁，近百人死亡的恶性事故。于是

孙景西先生长期任叉袋角阜丰面粉厂经理

闸北水厂就成了“直接责任人”而遭攻击。此后，闸北水电公司决定放弃“叉袋角”侧的水厂，在江湾殷行乡剪刀桥一带另行建造水厂和电厂，并于1925年开始放水馈电。新的水厂和电厂于1937年八一三和1950年“二六轰炸”中被炸，1953年实行公司合营，此后水厂业务归杨浦水厂，该自来水厂就停产了；而闸北电厂继续生产，这也就是上海闸北电厂并不在闸北的原因。

苏州河曲折多弯，仅从北新泾至长寿路桥一段不长的河道上就有十八个湾，这段河道大部分属普陀区境内，沪谚有“龙华十八弯，湾湾见龙华”之说，我们可以仿之曰“普陀十八弯，湾湾在普陀”。上海地名用词习惯，当河流发生急弯时，凹进的一侧河岸处称“湾”，而凸出的地方，形成的夹角相对平缓，其犹如兽类的嘴，这种地形往往被叫作“嘴”，如所谓的陆家嘴、周家嘴、南汇嘴是也，而形成的夹角尖锐如动物的角，这个地方往往会被叫做“角”，苏州河流经“造币厂桥”（即江宁路桥，以桥北堍有原“中央造币厂”，即今上海造币厂而得名），有几个连续的急弯，形成W形。上海是江南水乡，一马平川，以前，除了一些农户在自家宅院种植竹子外，几乎不出产竹子，更没有毛竹，所

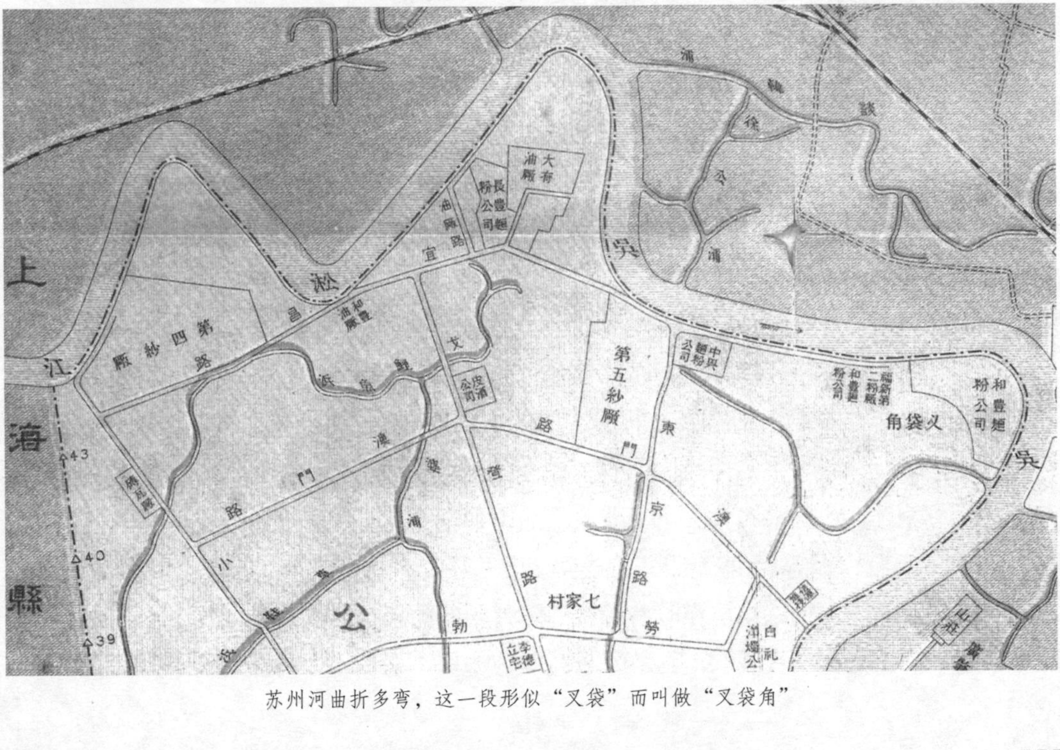


苏州河曲折多弯，这一段形似“叉袋”而叫做“叉袋角”

叉袋角阜丰面粉八厂

以，与江南许多地方不一样，农家很少使用竹子编制的筐，多使用一种用麻编织的大口袋，这种口袋开口处设计成两个“襻”与现在使用的“马甲袋”很像，将收割的庄稼，如毛豆、山芋之类装入袋中，将口袋上的“襻”，打结，将扁担插入后就可挑担运输，这两个“襻”犹如“叉”，这种口袋叫作“叉袋”，以其多为麻制品，故又叫作“麻叉袋”，虽然，后来这种“叉袋”被机器编织的麻袋替代，但上海人仍习惯把大的袋子叫作“叉袋”，我童年时，许多人仍把家用的一种买米用的粮食袋（上海人也称“面粉袋”，是一种可装25斤面粉的专用口袋）叫作“叉袋”或“麻叉袋”，毫无疑问，这个“叉袋角”就是苏州河曲弯而形成的“角”形似“叉袋”而得名。

约1896年，安徽籍富绅孙多森、孙多鑫昆仲在“叉袋角”创办阜丰面粉厂，是中国第一家机器制粉厂，不久，无锡荣家也在相邻处创办福新面粉厂，这两个厂后来合并为“阜丰福新面粉厂”，即今上海面粉厂前身，如今，上海面粉厂已迁他处，这里还保留有当年阜丰厂的办公楼，已被公布为上海工业遗产而得到保护，工厂旧址也改为莫干山路创意园区，有许多家艺术品作坊和商店开设在这里，是一不错的休闲处。

我在上海市历史博物馆工作时有一位叫陈特明的同事，他告诉我，其祖籍地是上海的“叉袋角”，不过，他也不知道这“叉袋角”在哪里，显然，“叉袋角”地名已湮没很久了。大概15年前，江苏常熟的翁同龢故居馆长写信给我，他说在《翁同龢日记》中多次记录到“叉袋角”访友的事，希望知道上海的“叉袋角”在哪里，我写信告诉他“叉袋角”的位置，并说，他一定是到“叉袋角”的阜丰面粉厂拜访孙多森，后来他又回信，说我的判断很对。所以，我以为“叉袋角”的地名湮没已久，但这是一个有上海特点和一定文化价值的历史地名，如果将现在的“莫干山路创意园区”改名为“叉袋角”，其知名度一定会提升得更快更高。

# 世博会园区周边地名

2010年上海世博会召开是中国盛事，也是世界大事；世博会的园区规划和建设更是上海的大事情，世博会园区占地5.28平方公里，几乎等同于一个小城市的面积，当然，被划进园区的不少马路也将消失，不过，上海的相关单位仍注意到，上海的历史地名是一种非物质文化遗产，要尽可能地延续那些有一定意义的历史文化地名。

历史上的黄浦江是一条自然河流，沿江岸并没有人工建造的岸，而是滩地，涨潮时，江水漫延到岸边，落潮时，露出绵延里许的滩地，黄浦江两岸就有不少含有“滩”的地名，如东滩、外滩、里滩、后滩等，随着上海城市经济的发展，近市区的黄浦江边兴建了人工堤岸，于是，“滩”消失了，一些含“滩”的地名也逐渐消失了。地铁7号线在龙华港附近穿过黄浦江，在浦东江边的第一站叫“后滩”，这里也是进入世博会园区的主出入

龙华十八弯，湾湾见龙华

口。毫不夸张地说，至少90%以上的上海人不知道“后滩”是一个历史地名，许多人还提出质疑，“后滩站”侧有耀华路、耀江路等马路，为什么不用它们作为车站名，而使用一个上海人也大多弄不懂的“后滩”作为车站名。但7号线开通仅几个月，通过宣传和学习，人们才知道，“后滩”是一个仍在使用的历史地名，历史上的上海往往以县城为中心，近县城者为“里”为“前”，远县城者为“外”为“后”，“后滩”就是远离县城的黄浦江浦东滩地而得名。十几年前，这里是耀华玻璃厂厂区以及江边的住宅区，当地人仍称这里为“后滩”。由于“后滩站”地名的使用，相关人士才发现，打浦桥近黄浦江一带历史地名叫“里滩”，还计划申请将这里的“南园公园”改名为“里滩”。同样，包括一些上海史学者在内，始终坚持认为上海的“外滩”是英文The Bund的意译，这一观点也被不少人认同，当“后滩”地名被人们认识后，人们又认识到“外滩”确实是上海的一个历史地名——指外黄浦的滩地。

“白莲泾”是黄浦江东岸支流，在今南码头与周家渡之间引黄浦水东流，经六里、严桥、龙王庙、北蔡，并入三八河（旧名曹家沟）。近代以后，白莲泾近黄浦江处形成居民点，还有一条“白莲泾路”，于是“白莲泾”也成了一个知名度颇高的片区地名，“白莲泾”虽被划入世博会园区，但其地名将被保留，于是有不少人希望知道，这“白莲泾”与上海历史上出现过的“白莲教”是否有关。

白莲教起源于南宋初年创立的佛教净土宗宗派之一的白莲宗。据记载，南宋初年，僧人茅子元初学天台宗教义和止观禅法，后来他根据东晋慧远“白莲社”的制度，在淀山湖（今青浦境内）创建了“白莲忏堂”，糅合佛教禅宗和净土宗的教义和修行方法另立一门派。该派提出禅宗和净土宗在教义上本来就是一致的，弥陀即为众生本相，净土即在众生之心，只要“信愿念佛”，即使“不断烦恼，不舍家缘，不修禅定”（这句话可以这样解释：不断绝俗世，不离开家庭，不按佛教戒律修行），死后都可以往西方极乐世界。由此可见，白莲宗是比禅宗更世俗化的佛教宗派。茅子元创“白莲忏堂”后就自称“白莲导师”，该宗派以后也被叫作“白莲宗”。

白莲宗有最大的宽容性，即世俗之人不必出家，不必修行，甚至不坚持佛教教义者也可入教，因此它也成了最有吸引力的宗教。元代之后，白莲宗就蜕变或发展成泛宗教的民间宗教组织——白莲教。它既继承了佛教的部分教义，又广泛吸取道教教义和组织形式，以致许多人弄不清它到底属于佛教还是道教宗派。白莲教发源于上海青浦，所以它对上海

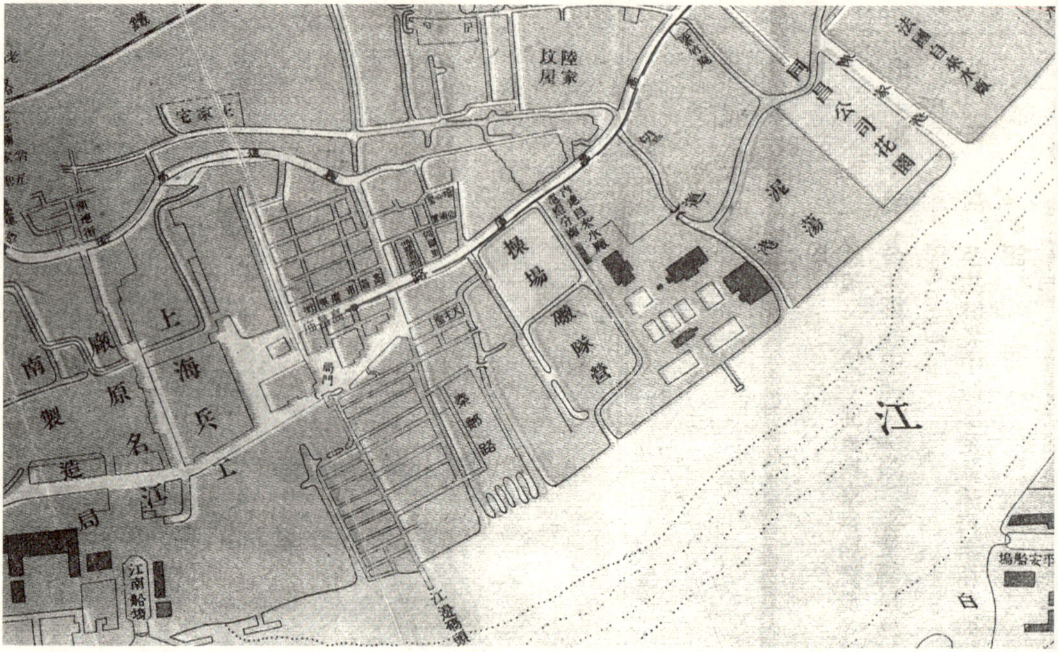


1918年上海地图中的“里滩”部分

及江南地区影响最大，解放前（甚至今天）在许多属于佛教的佛寺内部大模大样地供着关帝，财神等道教神道，而在属于道教的宫观内却又不分彼此地供着佛教的观音，罗汉，这多少是白莲教的影响有关。

自南宋初年“白莲忏堂”创建后，由于该宗派在信仰和组织上的宽容性，为更多的人所接受，白莲宗遂向四周发展，并相继出现了自称“莲宗”或“莲华教”的寺庙。清初刊印的《西林杂记》（西林即今浦东三林塘的西林）中收录了作者亲眼看见的南宋咸淳八年庚午八月八日原两浙西路提举常平使全应桂手书的《西林法华三昧道场记碑》（作者在抄录碑文后加注讲：“是碑向卧城隍庙墙阴。余于乾隆丙寅秋见碑首‘西林忏院’四篆字，乃移之院内。碑后云：‘咸淳八年庚午’，考八年系壬申，不知何以误作庚午，字画亦草草，不类荪壁手笔。《佩楚轩客谈》：‘金应桂，字一之，能欧书，晚居西湖，筑荪壁山房。此碑疑是嫁名荪避”）碑中多次提到“莲教”一词。由于原碑陈旧，字迹模糊，前后文难以相连，笔者也只能录其残句了：

法师之孙文逸（下缺二十字）结莲社诱掖庶彦又本年（下缺五字）福远（缺）

法师之（下缺九字）大而新之金碧相辉（缺）为宝所（缺）莲华教……

从残缺的碑文中大致上还可以看得出，该碑在叙述白莲教在浦东的发展过程，以及碑中所讲的“西林法华寺”是属于白莲宗的。

《西林杂记》还收录了刻于南宋淳祐年的西林《积善教寺记碑》，因该碑是研究上海和浦东历史的珍贵资料，他书又未记录，故全文抄录如下：

云间为浙右壮邑，乃野畛所逮，虽下乡僻里，海壖江浦之聚，亦土壤衍沃，民俗蕃庶，积帑之家，所向而有，皆乐善好施，以浮屠氏为依倚，故幢刹之严，参差相望。西林去邑不十（疑为“百”之误）里；东越黄浦，又东而汇北，其南抵周浦，皆不及半舍。寺之在周浦者曰“永定”；在黄浦者曰“宁国”；而西林居其中，盖所谓江浦之聚也。里故无寺，绍兴戊寅，有比丘师净，行化爰止，亟思启导里人，培植胜业，请于迪功刘均及长者孙氏，得地百亩，创庵以憩游（缺）。未几，正信响应，乃益奋励，广求潜度，日以增斤为务。逮淳熙间，而法堂方丈斋庐库藏，轮奂一新。嘉定初，又得“永定”七古佛，就供堂上，即之，以求福者尤众。先是净梦白莲七支擢秀于堂之所，谂为瑞相，拟作大殿于其处，未遂而寂，其徒梦晖嗣之，因徐昌纯劝发运属叶君纯佑为大檀越；鸠材庀工，毕力兴建，卒成其师之志。以奉所得七佛者，前梦至是符焉。晖之法兄道全，又致叶君亨珉，营缔轮藏，饰以众室，载三乘法，巨镛范金，华鲸肖桐，诸庄严具，靡不称是，而寺之全体既先定。淳祐壬寅，始白之礼部，甲辰乃得钱唐积善寺废额，甲乙焚修，式延云水，而净之派孙文暕，复募作重门缭垣，以谨中外之限，绪役悉周，遂于“永定”、“宁国”鼎峙而立。大不竞雄，小不谦卑，翼翼靓深，丹碧相辉，林烟野霭之中，化城倏现眉目之境。噫！亦盛矣。相厥由兴，固以土俗沃庶，大家好施之力，有以效之；然非师之净启导有功志愿坚果，安能成就殊胜如此。予尝识晖之子文伟于竺峰，一日拿扁舟问予泽居，请记述之文以图不朽。夫三世协勤，四檀委输，载祀九十，厥有成绩，乃似乃续，龛灯炉穗，誓以丰年美俗，回响盛明，其事有可尚者，故爰简而不辞。盖尝论之，甲乙序承，所以杜外攘毁圮之患也。彼其传持之外，滥窃成风，掩袭而来，卷蓄而去，视所在之废兴，若越人视秦人肥瘠，此诚末世丛席之弊；至于为甲乙者，独无弊哉。继已完之业，亨不为之功，有房榻以自安，无规级以相持，贪营利养，则赀益厚而业益增，择取便私，则身愈佚而名愈玷，举前人劳苦之所办，适足以为容，非蕴慝之地，曾市区贾肆之不若者，则其弊又在此不在彼；而致覆者，辙相蹈也。可不切鉴而痛革之乎！予雅有叹于是，故因伟之请，得诵言以遗之，于以贻戒来者：其必思经创之艰难，念信施之勤厚，日夜求其师之所以为教者，勉策胜进，茂养斯人之善心，俾能顺保其沃庶富乐之盛，以相与绵及于无穷之众，各获其所愿云。淳祐庚戌十月既望蒙城高子凤撰。

这块碑记叙了西林积善寺（因为上海县城也有一个创建于宋代的积善寺，址在今“积石街”，所以这个积善寺也被叫做“南积善寺”）创建始末：南宋绍兴戊寅（1158）比丘师净化缘到西林，得到当地豪绅刘某捐地百亩建寺。他曾“梦白莲七枝擢秀于堂之所”，以后果然得到周浦永定寺相赠的七座古佛像，于是特地在寺中造了一座殿堂放七座古佛，这个殿堂也被叫做“白莲堂”。神奇的宗教传说故事是最有诱惑力的，积善寺僧人梦“白莲七枝”而获古佛七尊的传说不胫而走，积善寺也成为浦东三大佛寺之一。白莲泾就在积善寺附近，白莲泾的河流名称由之得是显而易见的。

几乎世界上所有的“名胜古迹”总归会有些似真非真，似假非假的传说故事，对当地百姓和观光者来讲，也往往报“宁信其有，而不可信其妄”的态度，所以传说故事能得以世代相传，并越传越真。我认为积善寺僧“梦白莲七枝”而得古佛七尊是僧人为扩大佛教和寺庙影响而精心编造的一个故事而已，“白莲七枝”是和当时已经在浦东流传的白莲教有密切关系的，所以白莲泾河流名称是和白莲教在浦东活动有密切的关系。

浦西世博会园区附近有一条叫“望达路”的小路，在1918年的《上海租界城厢地图》中，在同样的位置标的是一条叫“望道港”的河流，不过，旧志中多把它写作“望塔港”、“望达港”。《嘉庆上海县志》：

望塔港。今名“望达”。浦水入，西流与陈家浜诸水会焉，望龙华塔不远。土人近种桃树，花时为浦滨一望。

《同治上海县志》：

望塔港。西流合陈家浜诸水，西通唐浜梢。

《嘉庆上海县志》的叙文稍作解释，“望”字在沪方言中音近màng，如上海人的问候语讲：“代望望侬姆妈好”（代我向你母亲问候），此“望”必须念màng，现代的上海话受官话影响，“望”又念wàng，所谓“望塔”就是船进入黄浦江向西，到此地就可以望见龙华塔了，离龙华已经不远了，此释甚妙。

内地自来水厂内景

沪谚有“龙华十八弯，湾湾见龙华”之说，黄浦江流经龙华附近时曲折多弯，但每一个河湾多能见到高耸的龙华宝塔，此谚语与“条条道路通罗马”相近，即佛光无处不显，无处不在。如果你持一份稍详的上海市区地图，你一定会注意到，黄浦江下流到今南浦大桥时（历史上这里是一条叫“陆家浜”的河流的出口，今陆家浜河也是以这里为起点的），突然转向北流，于是古时上海以陆家浜的出口处为界，上游称“里黄浦”，下游称“外黄浦”，所谓的“里滩”、“外滩”就是以“里黄浦”和“外黄浦”的滩地而得名的，如果香客舟行向西到龙华，从“外黄浦”进入“里黄浦”，到了望塔港附近，从这里到龙华的黄浦江河道较直，人们就可以远远地望到高耸的龙华宝塔，于是这条小河就被叫作“望塔港”，只是后人不知该河名称的来历和意义，后被讹作“望达港”、“望道港”罢了，今望达路即填望达港而得名的。

“后滩”作为地铁的车站名使用后，在上海出现了“滩热”，以后是否再会有人提出恢复使用“东滩”、“西滩”地名——不得而知之。

# 铁马路与中国第一条铁路

虹口区西部的河南北路、彭泽路、塘沽路三条相交的地方形成一个小三角形，在这三角形上是一个上海知名度很高的小菜场，彭泽路旧名“伯顿路”（Purdon Road），它的注册名称为Purdon Road Market，即“伯顿路菜场”，不过，它的俗名——“铁马路小菜场”的知名度比它的正名高得多了。在租界时期，上海的菜场大多以其相邻的马路作为菜场名，如福州路菜场、北京路菜场、梧州路菜场、通州路菜场、西摩路（陕西北路）菜场等，那么，这个“伯顿路菜场”为什么被叫作“铁马路菜场”，难道上海真的有过一条叫“铁马路”的马路，或者上海曾有一条用铁铺的马路。

申报馆补拍的淞沪铁路通车照片

实际上，所谓的“铁马路”就是以前上海人对铁路，也就是对railway的叫法，这里确实有一条railway和一个railway station而被叫作“铁马路”，它就是今天的河南北路。

1843年11月17日上海正式开埠，大概在不到十年的时间里，上海港的进出口总量就超过广州而高居全国之首，并逐渐跻身世界大港之一。1850年之前，世界的远洋航运绝大部分是木帆船，载重一般在300吨以下，而进入50年代后，木帆船逐渐被铁质的火轮船替代，船的航速和吨位不断提升，当然，船的吃水深度也不断增加。

黄浦江是一条天然航道，足以应付任何的木船航运，但当火轮船到来时，不加以疏浚和管理，它将失去其主要航道的条件。但是，根据中外历年签订的条约规定，黄浦江和苏州河是中国通航河道，其主权永远属于中国，当外国商人看到黄浦江航运条件不改善将影响贸易时，多次通过各种形式希望疏浚黄浦江，但均遭清政府的拒绝。于是，许多大吨位的火轮只能将船泊在吴淞口，卸去部分货物后再驶入黄浦江码头，而卸在吴淞口的货物还得用驳船驳进市内的码头，这些“多余”的动作延长了货运时间，增加了运输成本。而外国人希望中国疏浚黄浦江，改善航运条件的请求又得不到准许，于是他们只得另外想办法。1872年，上海的怡和洋行、太古洋行等多家商事机构联合组织一家“吴淞道路公司”，并通过他们的领事馆向上海道沈秉成获得兴建上海至吴淞的“淞沪公路”权，1873年6月，沈秉成也以布告的形式公布：“吴淞道路公司在取得永租权之土地上，有权建造桥梁，并开挖沟渠，设置栅栏和建造车辆通行之道路，乡人毋得违抗。”当时汽车还没有出现，看来外商准备使用马车作为吴淞至上海之间的运输，但仅一个多月后，《申报》就转载了英文《北华捷报》的《上海至吴淞将造火轮车路》一文，说：“近闻西商拟设火轮车路公司一所，已凑银十五万两，由上海开路至吴淞，计约一二年内完工。”而这个“火轮车公司”的英文名称为Woosung Railway Co.Ltd，用现代的译名就是“吴淞铁路公司”，总部设在英国伦敦。1874年底，淞沪铁路开始了上海至江湾段的工程，1876年铺轨工程完成，并于1876年7月1日举行试通车，吴淞铁路公司还特地印制了一千份精美的请柬，邀请中外各界人士坐火轮车到吴淞，参加吴淞铁路试通车典礼仪式后，再乘火轮车返回上海。《申报》的记者也应邀出席并作报道，他们立即感到，这是上海的一件大事情，是重大新闻，但没能留下照片办证实在是太可惜了，于是采取了一个补救办法，他们邀请上海的“日成照相馆”去补拍这一场景（当时《申报》没有自己的摄影师）。1876年7月15日（光绪二年闰五月二十四日），《申报》刊登题为《拍照火轮车》的广告，说：

本店现蒙申报馆主托照上海至吴淞火轮车影像，以便装璜寄发各埠，订于此次礼拜，即明日念五日，五点钟，本馆携带照相机器，前往停顿火车处照印。惟肖物图形，尤须点缀，故敢请绅商士庶，届时来前，俾同照入，庶形景更得热闹。想有雅兴者，定惠然肯来也。特此预布。日成照相馆谨启。

如今仅留下的一张淞沪铁路通车的照片，并不是开通仪式的实拍照片，而是一份半个月以后补拍的照片，这是上海的趣闻，一段历史，治上海史者务必注意。

1876年7月17日《申报》刊登《更改火轮车往来各时》的广告：

由上海至江湾往来各时列左（当时中文竖排，并从右向左）：由上海开去：七点钟、九点钟、十一点钟、下午一点钟、三点钟；由江湾开回：七点半钟、九点半钟、十一点半钟……

淞沪铁路系单轨，不能两列车相向而行，车辆两小时一班，七点钟从上海站始发，七点半钟即可从江湾返回，估计单程时间在15～20分钟之间，这比当时只能徒步或坐轿子去江湾不知快了多少。1876年12月1日，淞吴铁路全线正式通车，盛宣怀出席通车仪式。

此间发生了一件事，即1875年元月原道台沈秉成离任，新道台冯焌光上任，他注意

中国第一条铁路——淞沪铁路使用的“先锋”（pioneer）机车

外国人根据自己拍的照片，绘制的上海淞沪铁路通车铜版画

到，外商将“吴淞道路公司”改名“吴淞铁路公司”未获上海道署准许，而擅自将上海道署准许的兴建“吴淞道路”改建为“吴淞铁路”更侵犯中国主权。而同时，沿线的老百姓根本不知铁路和火轮车是怎么一回事，许多人担心火轮车路会影响当地风水，火轮车驶过会“惊醒”长眠地下的祖先，百姓反对筑路的呼声很高。于是冯焌光多次照会英国领事麦华佗（Walter Henry Medhurst），责令英商立即停工，麦华佗则认为，承租土地筑路是上海道署批准的，至于业主在已租的土地上筑什么样的路，他作为领事也无权干涉，于是根据惯例，这场上海地方上的中外交涉只得上移由北京的总理衙和驻华公使来处理了。英国公使威妥玛（Thomas Francis Wade，今杨浦区的怀德路旧名“威妥玛路”，即以其名字命名）深知，擅自改变上海道署批准的筑路性质是不合法的，遂提议上海领事麦华佗千万不要采取过激的态度，与上海道冯焌光协商解决，而北洋大臣李鸿章认为淞吴铁路已经筑成，它将有利于上海及中国的经济发展，如涉及主权问题，则可以由中国或上海方面收购

"吴淞铁路公司"50%以上的股权，并增加另外的华商股份，使中国取得控股权来处理和解决，并将此建议告知两江总督沈葆桢和上海道台冯焌光。可是，可能由于冯焌光在此问题上已经与英国领事麦华佗发生过严重的冲突，他并不卖李鸿章与英国公使的账，并在两江总督沈葆桢的支持下，坚决要求拆除铁路。1876年12月13日，中英双方达成关于拆除淞沪铁路的协议，规定：清政府将以高出全部造价一倍的28.5万两白银买断淞沪铁路，该款定于一年内分三次付清；在全部款目未付清之前，外商仍对该铁路有经营权。1877年10月，清政府交付了最后一笔欠款后，双方决定于10月20日中午12时作最后一次运行，下午2时在吴淞举行铁路的正式收回仪式。于是又发生了一件令今人捧腹的事，参加仪式的侨民们在上海乘坐最后一班火车早早就到了吴淞，而中国的官员们不愿意随火车前行，而是一清早坐轿子。当时上海到吴淞没有直通的马路，所以，当下午两点的接收仪式即将开始时，他们中的不少人仍在途中颠簸呢。

淞吴铁路被收还后就被拆除了，拆下的铁轨和设备运往台湾，筑成台湾的第一条铁路。淞吴铁路建成后又被拆除的因素很多，有外人擅自越权，侵犯主权的问题，有中国官

20世纪初，大清铁路公司又重新建设淞沪铁路，这是该铁路上海站

吏和百姓反对的原因。清代著名报人、文学家李伯元《南亭笔记》卷七中有一段评述：

沈文肃（葆桢）综理微密。晚年谦谦抑抑，尤拘绳尺。督两江时，适外人创淞沪铁路成，文肃公仰承朝命，以巨金购得。或劝仍置原处，以便途人。文肃公怫然曰："铁路虽中国必兴之业，然断不可使后人借口曰："是沈某任两江时所创也。"遂决意拆之去。

中国的达官年龄太大，怕承担责任，缺少进取之心，才也是淞吴铁路建成后被拆的重要原因之一。

1924年出版著名记者陈伯熙著《上海轶事大观·十六·交通》中讲：

中国之有铁路，固当以上海淞沪一段为起点，时在光绪初年……其沪站设于北河南路文监师路转角等处，南、北河南路所通之桥今称"铁马路大桥"，盖由此得名也。

胡适先生的族叔胡祥翰是一位"上海通"，胡适在为胡祥翰著《上海小志》作的《序》中讲：

我的族叔胡寄凡先生喜欢游览，留心掌故，曾作西湖、金陵两地的志，读者称为便利。他现在又作了一部《上海小志》，因为我和他都是生在上海的，所以他要我写一篇小序，我在病榻上匆匆翻看他的书，觉得他的决心"识小"是可佩服的……

《上海小志·卷三·交通》中也讲：

其沪站设于北河南路、文监师路转角之南。北河南路所通之桥，俗称"铁马路桥"，盖由此得名也。

这条淞沪铁路是中国出现的第一条铁路，它从建设开始到被拆除仅存在约4年，而真正运营时间仅一年，历史没有留下太多的资料，我们也很难描绘出它具体的线路经过，但有一点是可以肯定的，它在上海的车站在"北河南路、文监师路转角之南"，也就是今天的河南北路、塘沽路交叉路口的南面，而这里恰巧就是河南北路、塘沽路和彭泽路三路相交形成的一个三角形地带的"铁马路小菜场"所在的位置，应该可以做出这样的判断，今"铁马路小菜场"的位置就是当年的淞沪铁路上海站的位置。也由于这原因，今河南北路和彭泽路，旧时均俗称"铁马路"，今河南路跨苏州河桥，也俗称"铁马路桥"，也称"铁大桥"。

# 谢源深与源深路

源深路北起黄浦江边，南至杨高南路，全长2260米，是浦东新区南北向重要干道，沿路的钦赐仰殿是上海著名道观，新建的源深体育场则是上海重要的体育赛事场馆，源深路可谓是上海知名度颇高的道路之一。《上海市地名志》中记："源深路……初筑张家楼至六号桥段，名张六路。民国十一年（1922）疏浚咸塘浜，以原浦东塘工局局董谢源深名改今名。"可以确定，源深路是浦东新区第一条，也是唯一一条以近代人名命名的道路，其在浦东新区地名上有特殊的意义，可惜，直到今天，人们对谢源深的生平了解太少，报道太少。

1843年11月17日上海开埠，在十几年后上海就发展成为中国最大的国际商埠，对外贸易总额高居全国之首。黄浦江和吴淞江（市区段称苏州河）是国外、国内进出上海的最主要的航道，所以，近代中国与西方列强签订的一些条约和协定中多次重申——黄浦江和吴淞江永远属于中国主权，其管理权永远属于中国政府。近代航运史上，一般以19世纪50年代为界之前称"木帆船时代"，之后为"火轮船时代"。木帆船吃水浅，吨位小，远洋航行的木帆船大多吃水深度在10英尺以下，载货500吨以内，黄浦江航道的深度足以保证那些远洋帆船畅通无阻。进入1850年以后，钢壳的火轮船逐渐替代木帆船，而随着世界造船和航运技术的进步，远洋船的吃水越来越深，装载量越来越大，如不改善黄浦江的航道条件，上海港将面临衰败的危机。美国学者罗兹·墨菲著《上海——现代中国的钥匙》（Rhoads Murphey ,*Shanghai, Key to Modern China*)中载：

十九世纪后半叶，由于轮船航行的发展，上海周围的困难境况变本加厉了。最有经济效能的外洋轮船，吃水深度愈来愈大；到1885年或1890年，这些新型轮船，多半要经历艰难困苦，始能到达上海，或者干脆不能到达。上海《北华捷报》（*North China Herald*）发表的船舶吨位一览表，表明1850至1860年间，进入上海港口的外洋轮船的平均容积量为1000毛吨；1860至1869年间，船舶平均容积量达2300毛吨，到1880年，已超过4000毛吨……

航道淤积和航运条件的滞后将严重影响上海港的进步和发展，对基本上没有远洋航运业的清朝政府来讲，他们可以漠不关心，甚至认为，航道阻塞还在一定程度上有利于阻止外国资本的入侵，但对已经进入中国的列强来讲，他们就迫切改善黄浦江的通航能力和条件。

早在1872年，上海的旗昌、怡和、太古等主要轮船公司代表们联名写信给海关总税务司赫德（Robert Hart），指出疏浚吴淞口内外沙洲的必要性。赫德为此与中国当局交涉，但是无法说服他们采取行动。第二年，上海和明商会的英国籍主席在致英国驻华公使威妥玛(Thomas F.Wade)的信上问道，如果中国政府拒绝就这件事采取措施，可否取得特许，由外国纳税人征收中外船舶吨位税，以作疏浚港口之用呢？但是威妥玛通过与北京清廷谈判的途径，没有取得成就。在此后的若干年里，在华的外国商事机构，外交官员不断与上海道、清政府交涉，希望采取一种双方都能接受的办法疏浚上海港航道，但均未取得成功。

1900年，北方爆发义和团运动，列强以保护侨民利益为由组织“联军”，攻打北京，次年，清廷被迫与多国签订《辛丑条约》。该条约共十二款，涉及的内容很多，其中第十一款第二条规定：

> 现设立黄浦河道局，经营、整理、改善水道务工。所派该局各员，均代中国暨诸国保守在沪所有通商利益。预估后二十年，该局各工及经管各费，应每年支用海关银四十六万两。此数平分，半由中国国家付给，半由外国各干涉者出资。

1918年上海地图，浦东塘工局筑的浦东路已完工

《辛丑条约》还附有设立“黄浦河道局”的附件，附件共三十七款，对该局的组织、职权、经费来源与处置，黄浦江航道疏通，设施建设与管理做出详细的规定。

经过一段时间的准备和筹划，1905年，《辛丑条约》规定的“黄浦河道局”正式挂名“上海浚浦工程局”成立，并正式开始对黄浦江航道疏浚和建设工作。“浚浦局”相当于今日的“航道局”，主要负责上海航道疏浚，确保航道畅通和安全，不具体负责沿江码头及其他的建设和管理。

浦西是城区，这里有租界。在1901年《辛丑条约》签订时，从今卢浦大桥至十六铺的浦西岸线已经被中国的工厂码头占满，而从十六铺至杨树浦底的岸线属于租界，沿江工厂林立，码头堆栈鳞比栉此，任何人想在这里占一席之地一定困难重重；而浦东是郊区，是农村，浦东的黄浦江沿岸除了少数的几处堆栈外，沿江大多是尚未开发利用的滩地。当上海要建立浚浦局，疏浚黄浦江航道，发展上海航运业的消息公布后，敏感的商家立即感知，不久的将来，浦西沿浦之地将成为上海一个新的码头区、作业区，争取在浦西沿江占一席之地。

而根据中外签订的条约规定，侨民只能在租界里“居住造房，通商贸易”，他们想要在租界之外的地方获得土地或土地的使用权是十分困难的，而浦东就是非租界区，他们只能通过“变通”的方法获得这里的土地使用权。其手段和办法大致有两种，一种是通过上海政府的途径，租用这里的土地，另一种即所谓的“洋商挂名道契”之法（“道契”是旧中国对租界内土地契的专用名词。侨民在租界里“永租”中国业主土地后，须向领事馆注册编号，再由领事馆呈上海道署核准，加盖上海道署钤记后生效，故称“道契”）获得土地，即外商先唆使、雇用中国人购置土地，然后再由“业主”将土地挂到洋商的名下，再由洋商向领事馆注册，使外商成了该土地的“业主”。毫无疑问，当上海决定成立“浚浦局”的消息传出后，洋商要争抢浦东滩地的状况是十分严重的，当然，上海地方政府和浦东地方要争取对浦东的主权，以及浦东沿江码头建设和管理权也被提上议事日程。而谢源深就是浦东市政的先驱者和领导人。

《民国上海县志·卷十五·人物卷》中记：

> 谢源深，字志澄，号西山。父锡祉，字香谷。精医术，喜施予，遇贫病率不取酬。寿八十有二。源深赋性聪慧，读书过目成诵，年十一毕《十三经》，作诗文有奇气。光绪十三年（1887年）入邑庠，有志于经世之学，旁及金石书画，评骘允

上世纪90年代源深路

当，不屑以帖括为事。二十年中举人，逆知时局日危，文字不足以济变，决计不应会试，专致力于乡里公益。三十一年秋，海潮为灾，土塘冲决，日夜奔驰，身任修筑之役。工竣，谋善后，始议设塘工局。顾地方款绌不获，已恒捐私资助成立。浦左一带，厂栈林立，洋商地痞，朋比为奸，侵渔田亩，朦领道契，纠纷无所不至。源深力持正义，不屈不挠，卒使就范；又创道南小学，规划周详，成就甚众；宣统二年（1910年）当选咨议局议员。于地方利弊，建议侃侃，率具纲领。民国成立，杜门却扫，不问世事，平居深自韬晦，不欲以名自见（现），然遇乡里争议，咸引一言为重，时论高之，有隐君子之风焉。民国九年卒。年五十二。

谢源深1869年出生于浦东陆行的一个医药世家，1894年中举，在上海读书的那段时间，他已深深地认识到，靠科举考试走上仕途根本无法改变中国的命运，他放弃了参加会试的机会，全身心投入家乡浦东的建设和公益事业，把大部分精力兴修浦东水利。当1905年上海浚浦局成立后，他立即倡议在浦东成立“浦东塘工善后局”，该倡议得到浦东乡绅的支持和上海县的批准，但由于经费不足，谢源深“捐私资助成立”。当时，上海的洋商和浦东的地痞狼狈为奸，通过“洋商挂名道契”的方法非法侵占浦东的沿江之地，这严重损害中国主权和侵害浦东人民利益，谢源深主持的浦东塘工善后局据理力争，挽回国家主权和地方利益。《光绪上海县续志·卷二·建置上·各局》中讲：浦东塘工善后局的工作“凡修培塘身，以及筑圩灌泥，开辟道路，修建桥梁、码头、渡亭，开挖东沟口设置轮渡，创立小学，施医种痘、赊让棺木、戒烟所等，无不次第兴举”。毋庸置疑，浦东塘工善后局名义上是一水利工程建设管理机构，而实质上它与上海“南市马路工程善后局”一样，是浦东市政机构的雏形。《续志》还讲，浦东塘工善后局建设“所需经费，大多以清厘洋商隐占之地价充用”，也足见谢源深在对外商非法圈地的打击力度。

《民国上海县志》评价谢源深“于地方利弊，建议侃侃，率具纲领”，也就是讲，谢源深对浦东规划、建设提出了许多纲领性的建议。综合零星的资料，谢源深对浦东市政建设的贡献确实不少。1908年后，太古洋行、亚细亚火油公司、扬子银公司、耶松船厂、三井洋行等先后抢滩浦东沿江之地建立码头、堆栈、工厂，而且还有明显向南扩展的趋势，而软弱的上海地方政府几乎无力抑制外商的侵权行为。谢源深建议，在浦东近黄浦江岸筑一条从陆家嘴到洋泾镇的通衢大道，以这条大道为界线，严厉控制洋商的势力向南发展，谢源深在世时，已经完成了从陆家嘴到源深路段，余下的西段于1930年完工，全路命名为“浦东大道”，是浦东兴建的最早的市政大道之一。事实上，浦东大道从开工日起就发挥了重大作用——有效地抑制洋商的圈地。同时，在浦东沿江的城市化过程中，河道淤塞严重，其功能和作用日益衰退，而道路的作用日显，谢源深也对该地区的道路规划，桥梁建设提出建议和规划，并得到相继实施，源深路就是谢源深规划，并参加和领导建设的道路之一，当源深路尚在建设中谢源深逝世，所以当1922年源深路竣工后，浦东塘工局就将该路命名为“源深路”。

# 盐业旧踪

元《熬波图》“各团灶舍”

浦东新区东临大海，如果你曾在川沙、南汇一带生活过、工作过，或者你认真地查阅浦东新区的地图，你也许会发现，在东川公路、川南奉公路沿线分布了不少带有“团”、“灶”字样的地名，如大团、四团、六团、三灶、六灶、三灶港等。这种有规律性和特别性的地名是怎么形成的，这里面一定会有许多有趣的故事。

众所周知，盐是人体不可缺少的元素，多食盐不利于健康，但食盐摄入量太少或严重不足，不但影响健康，甚至危及性命。古代到现代，食盐的主要来源有两种，一种是“井盐”，在四川自贡的一些地下水中含盐量较高，人们通过

元《熬波图》“排凑盘面”，即拼凑盐灶的底盘

元《熬波图》“上卤煎盐”，就是把盐卤倒入灶中煮

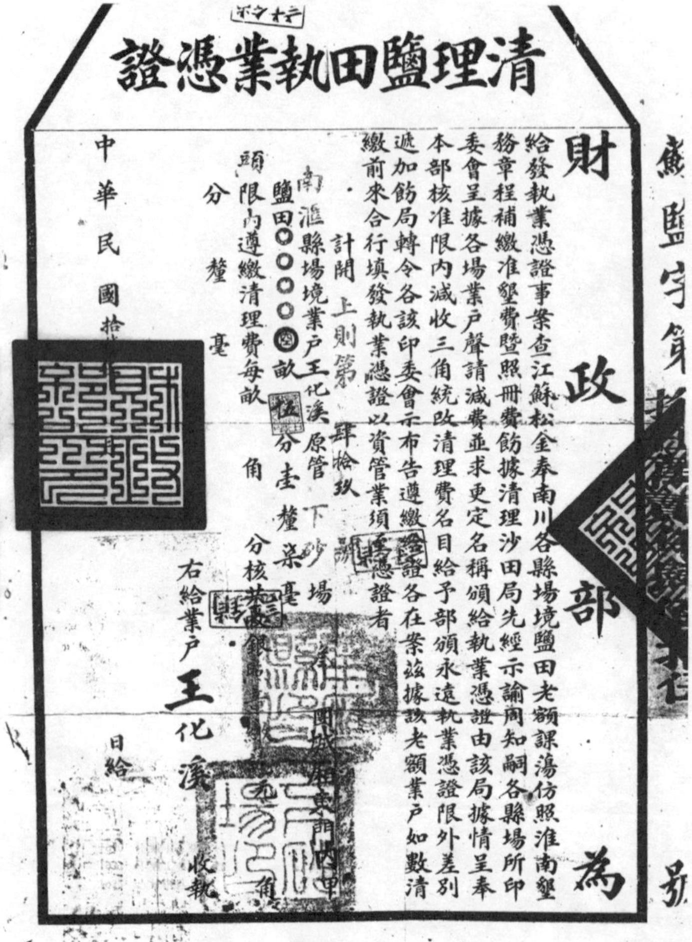

清理鹽田執業憑證

財政部為

給發執業憑證事案查江蘇松金奉南川各縣場境鹽田老額課蕩仿照淮南墾務章程補繳准墾費暨照冊費飭據清理沙田局先經示諭周知嗣各縣場所印委會呈據各場業戶聲請減費並求更定名稱頒給執業憑證由該局據情呈奉本部核准限內減收三角統改清理費名目給予部頒永遠執業憑證限外差別遞加飭局轉令各該印委會示布告遵繳在案茲據該老額業戶如數清繳前來合行填發執業憑證以資管業須至憑證者

計開 上則第 肆拾玖 號

南匯縣場境業戶王化溪原管 下沙 場

鹽田〇〇〇〇〇畝 伍 分 壹 釐 柒 毫

頭限內遵繳清理費每畝 角 分核 銀

分 釐 毫

右給業戶 王化溪 收執

中華民國拾 日給

笔者收藏的财政部发“清理盐田执业凭证”

打深井汲取盐水，再以烧盐水蒸发水分后获取食盐。自贡是中国最大的“井盐”出产地，但地下的盐水源大多在百米以下，古代的凿井技术落后，要打百米以上的深井是很困难的，当然，“井盐”的产量很低。另一种即“海盐”，海水中约含3%的盐，通过蒸发海水也可以获得食盐，汉代，吴王刘濞就是利用沿海之便，蒸发海水取盐而成为一位强势郡王，中央政府还为此开了“盐铁”会议，并由桓宽整理成《盐铁论》，今浙江省沿海有“海盐县”，就是出产海盐而得名的。

至迟到唐朝，今上海沿海就有盐业生产的记录，南宋建炎年间（1127–1130年），华亭县设立盐监，下设下沙、青村、袁浦、浦东、横浦五个盐场，年生产盐约3240万斤，占两浙盐场总产量的四分之一强。

通过蒸发海水就可以获取到食盐，蒸发海水可以通过日晒和烧煮二种办法，日晒法可以将海水引入一个很宽广的晒盐场上，经太阳暴晒，这种事最宜在盛夏进行，但是，江南的盛夏往往也是雨水很多的季节，海水尚未蒸发而遇瓢泼大雨，那不就是前功尽弃了吗？！另一种即烧煮，但上海地区一马平川，没有大山，也没有大树，本地的燃料也只能依赖稻草花箕，而沿海烧盐的燃料只能依赖海滩上长的芦苇，当然也不可能通过直接烧煮海水取盐的，于是，海盐的生产有一个较复杂的工艺和过程。

陈椿是浙江天台人，元代任上海下沙盐场盐司，在他上任之前，主管盐场的唐氏、瞿氏已经请人将煮盐的工序和工艺用图画了下来，但仍缺若干幅，以及没配文字，于是陈椿就“略者详之，阙者补之”。该书刊印后称《熬波图》，熬即煮，波即海浪、海水，也即“熬海煮盐”之义，是中国最早、最全并流传至今的记录、介绍煮盐的等著作，全书“为图四十有七，图各有说，系以诗。凡晒灰打卤之方，运薪试运之细纤悉毕具”。煮盐的基本程序与工艺是：先在近海的地方建造一个晒盐场，再在晒盐场上均匀地铺上一层草木灰，然后将海水引入晒盐场，经一两天的太阳暴晒，海水的浓度增加，草木灰可吸收到更浓的海水，然后将草木灰刮铲取出，用较浓的海水冲洗，可以获得更浓的海水——称之“卤水”，再将“卤水”运到专门煮盐的地方，用火烧煮卤水，蒸发一部分卤水后，使卤水溶液达到饱和状态，盐的结晶体就生成了；将盐的结晶体捞出后再经风干就成了成品的食盐。

毫无疑问，煮盐必须是有组织的社会性、集体性劳动，靠个人或几个人是无法完成的，所以，中国沿海的煮盐大多是“国营单位”，煮盐人则大多是被发配的犯人，并根据工种分为灶丁（烧煮盐的人）、芦丁（割芦苇的人）等，盐丁的子女不能脱籍，世代为盐丁。煮盐是生产盐的最后一道工序，为了保证盐不被偷盗，一般会在煮盐的地方建立围墙，派兵把守。到元代，为了节省成本，方便管理，又把本来分散的煮盐的“灶”集中到几个地方，这种地方就叫作“团”。《熬波图》开卷首章即“各团灶舍”，说：

> 归并灶座，建团立盘，或三灶合一团，或两灶为一团；四向筑垒围墙，外向远匝濠壍；内筑凿池井盛滷水，盖造盐仓枰屋，置关立锁，复拨官军，守把巡警。

文中讲的“盘”即灶盘，煮盐的“锅”很大，不可能全部用铁烧铸，只有“锅”的低壍盘是用多块预铸的铁板拼起来的，而“锅沿”多用木料做的。“团”的四周设有围墙、濠壍，有军警把守，俨然是一个小的城邑，而每个“团”里拥有的“灶”也是不统一的，于是“团”就成了盐场的专用地名，而一个“团”里有几口灶也被叫作“几灶”。

元陈椿《熬波图》中只讲到把灶集中在一起的地方叫作“团”，没有提到“团”的名称，也没讲到当时有多少个“团”。清秦荣光《上海县竹枝词·税课》：

> 下沙自宋设盐司，添二三场正统时。
>
> 南汇一分场一并，邑无盐政课征谁。

倪绳中《南汇县竹枝词》：

洪武元年运盐使，下沙场统九团乡。

直从正统三场析，每辖三团为一场。

作者原注："明洪武元年，立都转运使于杭州，设松江分司于下沙。下沙场位领九团。正统五年，分场为三，每辖三团。"原来，元末农民战争中，朱元璋抢在其他农民军之先登基做了大明开国皇帝，此举引起了其他农民军的不满和反对，于是，朱元璋又调集精兵强将镇压反对他做皇帝的农民军，不堪一击的农民军只得向边境或近海逃窜。为了继续围剿镇压逃到近海的农民军，朱元璋颁布了一个极为严厉的"海禁"令，即严格禁止在中国近海开展航运和贸易，凡大船一律充公归明政府海师，小船则就地烧毁；而盐区近海，也是容易被农民军"钻空子"的地方，于是，朱元璋也加强了对盐区的控制，将元代的"两浙盐运使"改组为"都转运盐使"，总部设在杭州，在松江府设分司，分司机关设在下沙，并把下沙盐场由南向北划分为九个"团"，依次是大团、二团、三团、四团、五团、六团、七团、八团、九团。这样，"团"从原来的煮盐地的地名变成了盐区的行政单位和地名，到了明正统五年（1440），为了削弱下沙场的权力，又在"松江分司"下设立三个"场"，每个"场"管三个"团"，而到清雍正时，又分上海县近海的地方设立南汇县，从此，盐政就与上海没有关系了。

前面已经提到，盐场是"国营单位"，必须有社会性的组织，集体的劳动才能煮盐，而上海的海岸线不断向东延伸，经过若干年后，原来的盐场就离海有一定的距离，只有在离海更近的地方建立晒盐场才能正常生产盐，而明政权的"海禁"令严格约制人们在近海的活动，使煮盐越来越困难，盐的生产成本越来越高，到了明代中期以后，上海的盐产量明显下降，到了清代中期以后，规模性的煮盐在上海几近消失，随之，"团"作为盐区行政单位名称也逐渐消失，今尚保留的地名中有"大团"、"六团"，今祝桥旧为"五团"，川沙城厢镇旧为"七团"。

# 杨树浦的地名

应杨浦区文保所之邀，作了一场关于杨树浦地区历史沿革、文物古迹的讲座，由于听客多数是文化工作者，还有一部分人还参加了全国第三次文物普查工作，所以，讲座间的提问十分踊跃，其中不少关于杨树浦的路名变迁。讲到路名就要讲马路的修筑，而讲马路又得讲杨树浦市政历史。

1843年11月17日上海正式开埠，1845年英租界率先在上海建立，1848年和1849年，美租界和法租界相继建立，英、法租界均在吴淞江的南岸，只有美租界在苏州河北岸的“虹口”，所以，美租界也长期被叫作“虹口美租界”（Hongkew American Settlement）。美租界初建时并没有划定明确的界线，只是讲“沿江三里之地”，大致上就是沿今河南路桥到提篮桥北岸沿线的地方。实际上当时美国在世界上的地位并不高，来上海的美国侨民人数也不多，所以，这些“居留地”也足够他们使用。而当美国南北战争结束后，美国的实力增强，旅沪美侨人数也逐渐增加，他们就提出扩展上海租界，正式划定租界界线，于是，美国驻沪领事熙华德（George Frederick Seward）提出了一个方案，经过许多次的争论和讨价还价，上海道原则上同意了熙华德的建议，即重新确定的虹口美租界范围是：西面从护界河（相当于今西藏中路）对岸之点起，向东沿苏州河及黄浦江，到杨树浦（是河流名称，即今兰州路边上的河）；沿杨树浦向北三里为止；从此向西划一直线，回到护界河对岸的起点。这条线在上海历史上叫作“熙华德线”。几乎与此同时，上海的英租界与美租界宣布合并，英文名称(Shanghai Foreign Settlement)，中文名为“上海英、美租界”，但习惯上仍把苏州河南岸的原英租界称之“英租界”，北岸的租界叫作“美租界”或“虹口美租界”。一直到1893年聂揖槼任上海道台时，才正式签订《虹口租界章程》，正式确定了虹口美租界的四至，其范围与1863年确定的“熙华德线”略向北延伸。

今虹口区的长治路和东长治路旧名“熙华德路”和“东熙华德路”，筑于“熙华德线”确定后次年，就是以为美租界扩张作出贡献的美国领事熙华德命名的。从黄浦江沿杨树浦向北三里的地方即今霍山路处，而霍山路东起杨树浦，西迄提篮桥，旧名Wayside Road，中文名汇山路或威赛路，而这Wayside 就是“分界”之义，毫无疑问，这Wayside Road大致上就是1893年《虹口租界章程》所确定的美租界在杨浦的界限。

当虹口美租界面积扩大，租界向东朝杨树浦延伸后，沿黄浦江岸被建为工厂码头，于是在19世纪末，江海北关就在杨树浦在黄浦江出口处建立了一个“杨树浦海关验货场”（相当于今兰州路1号内），并沿杨树浦西岸作了一条马路，就是今天的“兰州路”。它的旧名为“兰路”，今杨树浦路兰州路口的“兰州路救火会”旧名就叫“兰路救火会”，

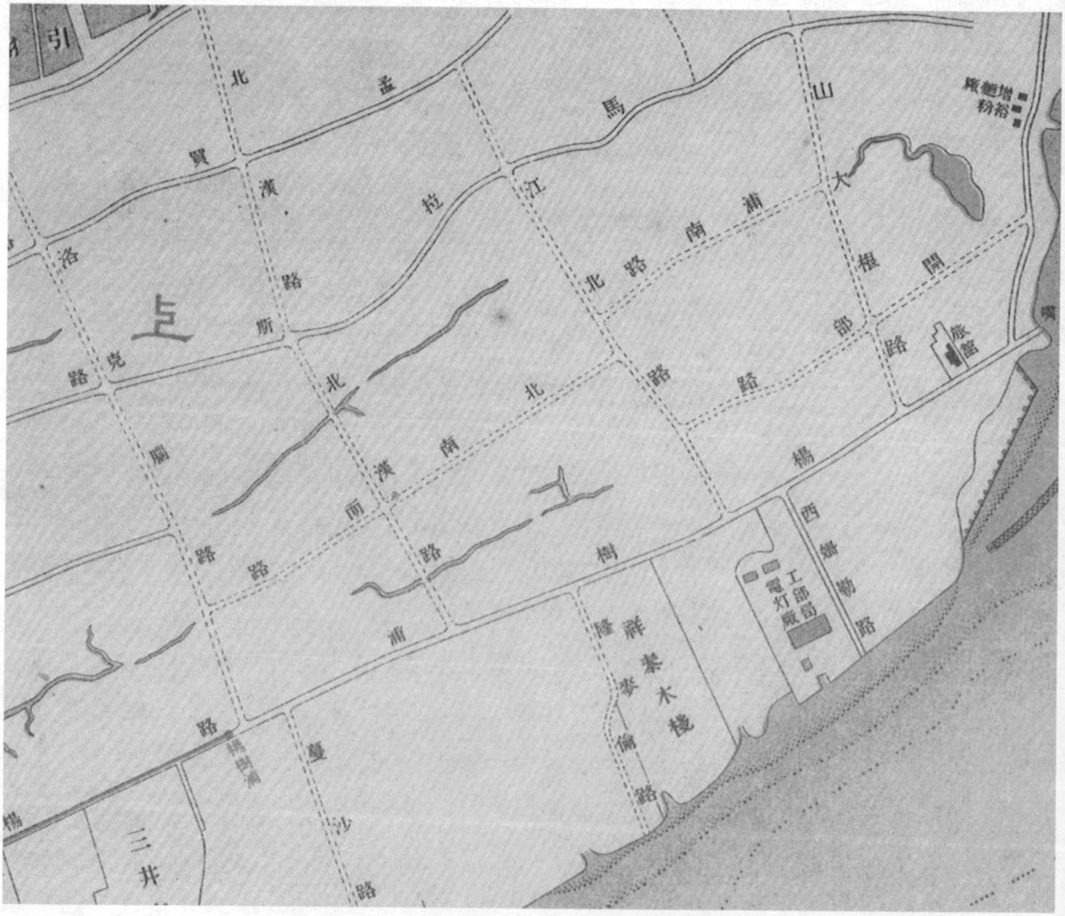


1918年地图，杨树浦的道路名多为东南亚城市地名

而“兰路”的英文路名为Lay Road，而这个“Lay”的全名为Horatia Nelson Lay，他就是中国近代史上赫赫有名的——李泰国。

李泰国（1833～1898），他的父亲是1843年任英国驻广州的领事，10岁时就随父亲到了广州，师从郭士立（Karl Friedrich August Guitzlagg）学习汉语，是一位“中国通”，1849年任英国驻广州领事馆翻译，1851年任香港殖民政府翻译，1853年任英国驻上海副领事，1869年参加中英《天津条约》的谈判，并参与中英《天津条约》、《通商章程善后条约》的起草。早在1853年上海爆发小刀会起义间，列强就以“武装中立”为由，拒绝清军借道租界攻打小刀会，又以清政府的海关无法保护外国商人的安全和利益为由，拒绝中国海关的检验和征税，于是，清廷被迫同意在上海由英、美、法三国各派一人组成“关税委员会”，主导和监督中国海关的工作，而1858年在上海签订的中英《通商章程善后条约》第十款中又规定：“任凭总理大臣邀请英人帮办税务并严查漏税，判定口界，派人指泊船只及分设浮桩、号船、塔表、望楼等事，毋庸英官指荐干预。”这段文字读起来有点别扭，实际上其以“外交口气”表述了这样的内容，一、中国的总理衙门必须邀请英国人帮办中国的税务；二、英国政府不强行指派总理衙门邀请的英国人，也不干预他们的工

杨树浦（河），右侧建筑是“兰路救火会”，左侧建筑即“海关验货场”

民国初的杨树浦路

作。于是在第二年，总理衙门正式组建了一个“总税务司”（Chinese Customs），1860年李泰国即由总理衙门邀请和任命为首任中国海关总税务司（该职相当于现在的海关总署署长）。

总税务司一职即所谓“客卿”，即由中国政府邀请和任命外国人在中国政府任职的官员，但这位“客卿”经常渎职和越权。1860年是太平天国活动激烈的一年，清廷曾邀他赴北京讨论镇压太平天国事宜，但他认为太平天国与清廷之间谁将取得胜利尚未定局，“不愿与可能会覆灭的王朝保持紧密的联系”（致英国远征军全权专使额尔金信中语。额尔金英文名James Bruce Earl of Elgin and Kincardine，旧译“爱尔近”，今上海安庆路旧名“爱尔近路”，即以其名字命名），就干脆托病回英国了；1863年，他俨然以中国“唯一的海军大臣”自居，擅自与英国大佐阿思本签订，将中国向英国购买并组建的一支海军舰队的指挥权授与阿思本，这使清政府十分恼火，慈禧太后知道后立即撤销了李泰国总税务司的职务，接任者即英国人赫德。

1898年李泰国逝世，租界工部局即以与这里的“杨树浦海关验货场”相通，沿杨树浦

熙华德路（长治路）天潼路口，中间塔顶的建筑是日本邮便局，已拆除，址相当于今家化大楼。原说明误为“Broadway”（百老汇路，今大名路）

的马路命名为“Lay Road”，沪语Lay音近“兰”于是汉名被叫作“兰路”，而官话“兰”音Lan，于是，在一些著作中，Lay Road又被讹作Land Road。

1899年，原英、美租界扩张成功，它的东端伸到杨树浦底，同年，英、美租界改称“公共租界”（International Settlement），其在杨树浦的界线相当于嘉兴路桥与黎平路与军工路相接处拉一条直线。租界在沪东的面积一下子扩大了很多，于是，租界又开始规划和建设杨树浦，在1899年至1915年的十余年中，公共租界就大致完成了杨树浦道路的规划和建设。

我们先来讲杨树浦路的故事。在1863年“熙华德线”大致被确定后，工部局就开始修筑从东百老汇路（东大名路）到杨树浦的马路，以其通杨树浦而叫作“杨树浦路”，约1893年又开始筑杨树浦路向东的延长线，杨树浦路的东端，即今定海桥一带就被叫作“杨树浦底”。

从1899年至1915年的十几年中，工部局在杨树浦规划和建设的道路达几十条之多，要

**沪东地区新、旧路名对照表**

| 原英文路名 | 常见的中文译名 | 英文所指城市名今译 | 今路名 |
| --- | --- | --- | --- |
| Batavia Rd. | 巴特维亚路、信泰维亚路 | 即今印尼首都雅加达的旧名 | 平凉路西段 |
| Baikal Rd. | 倍开尔路 | 未详 | 惠民路 |
| Benares Rd. | 北南尔路、倍耐尔路 | 未详 | 海州路 |
| Colobo Rd. | 哥伦坡路、科隆布湾 | 斯里兰卡首都科伦坡 | 广州路 |
| Bangkok Rd. | 曼谷路 | 泰国首都曼谷 | 福宁路 |
| Chemulpo Rd. | 芝麻浦路、齐物浦路 | 未详 | 江浦路 |
| Delhi Rd. | 德里路、但里路、大尔西湾 | 印度中央直辖区城市德里 | 广德路 |
| Cawnpore Rd. | 康朴尔路、坎普儿路 | 印度北方帮城市坎普尔 | 贵阳路 |
| Lucknow Rd. | 洛克脑路 | 印度北方帮首府勒克诺 | 宁武路 |
| Kabul Rd. | 客勃尔路、喀布尔路、开部路 | 阿富汗首都喀布尔 | 凉州路 |
| Kandohar Rd. | 甘达赫路、刚达哈尔路 | 阿富汗坎大哈、今英文名作Qandahar | 临青路 |
| Karachi Rd. | 卡拉处路、卡拉奇路、客拉契路 | 巴基斯坦大城市卡拉奇 | 眉州路 |
| Lahore Rd. | 拉化路、赖霍尔路 | 巴基斯坦旁遮省首府拉哈尔 | 宁国路 |
| Bombay Rd. | 孟买路 | 印度孟买 | 河间路 |
| Madras Rd. | 马拉斯路、麦特拉司路、马德拉斯路 | 印度东部城市马特拉司 | 平凉路东段 |
| Mysore Rd. | 蔓沙路、密索尔路 | 印度西部城市迈索尔 | 平定路 |
| Pahang Rd. | 北汉路 | 马来西亚城市彭汉 | 内江路 |
| Poona Rd. | 浦那路 | 印度西部城市浦那 | 波阳路 |
| Quetta Rd. | 基苔路、开苔路 | 巴基斯坦西部城市奎达 | 松潘路 |
| Rangoon Rd. | 龙江路 | 缅甸首都仰光 | 龙江路 |
| Sandakan Rd. | 山大根路、山大刚路、赛达刚路 | 马来西亚山大根 | 定海路 |
| Samarang Rd. | 萨麦伦路、三宝泷路 | 今作semarang，印尼城市 | 腾越路 |
| Simla Rd. | 辛拉路、西姆拉路 | 印度北部城市辛拉 | 洞庭路 |
| Saigon Rd. | 西贡路 | 越南首都西贡 | 丹阳路 |
| Seoul Rd. | 西哑路、汉城路 | 韩国首都汉城，即首尔 | 西湖路 |
| Holung Rd. | 黑龙路、胡伦路 | 未详 | 杭州路 |

在几乎同一时间为这些道路命名也是一件不容易的事，据说，规划这里市政建设的工程师曾在印度、南洋一带生活过，于是他想出了一个办法，就是用印度、南洋的城市名来为规划道路命名，这些规划中使用的道路名也曾作为正式的道路使用了一段时间，大约在1922年时就大多重新使用中国的城市名重新命名。

一直到1920年以前，中国主要是南方沿海的广东、福建与印度、南洋之间的交往密切，所以，那些国家或地区的地名往往用广东、福建方言音译，而上海及江南一带与南洋的交往很少，上海人又用上海话译那些地名，于是，同一条英文路名就被译为多种汉名，而且读音也很拗口，使用起来不仅仅是不方便、不顺心的问题，而且容易出差错，工部局应该已经注意到这个问题的严重性，于是逐渐将这些路名重新命名，方式就使用已经形成的习惯，即以中国地名作为这些道路的专名。也许读者已经注意到，当初的“龙江路”的

早期的杨树浦地区还是一派田园风光

英文名称为Rangoon Road，即“仰光路”，由于“龙江”一词近似中国地名，所以后来没有改名，但如今许多人不知“龙江路”的旧英文名为Rangoon Road，又误以为“龙江路”是“以黑龙江命名”。

除了杨浦曾使用中国周边国家城市来命名道路外，沪西也有这样的现象，只是没有沪东那样凸现而已。如余姚路旧名“星加坡路”，英文名Singapore Road，即以今“新加坡”命名（新加坡旧属马来西亚，1959年实现自治，1964年独立为独立的国家）；安远路旧名“槟榔路”，英文名Penang Road，以南洋的“槟榔屿”命名。而“海防路”的旧英文名为Haiphong Road，广东方言音译为“海防”，是今越南第二大城市，也许，越南当时是中国的附庸国，也许当时人们没注意到“海防”是外国城市名，使这条“海防路”一直使用到今天，这也许是上海仅存的一条以外国地名为路名的马路。据说，上海市地名办公室已收到一些市民的来信，希望更改海防路路名。不过，有更多的人认为，上海已经是一个国际化的大都市，中国已经是一个世界强国，上海多几条用外国地名命名的城市，多一点国际化的地名，又何尝不可呢！况且，越南是中国的邻国，是中国的友邦。

# 也是园弄故事多

在上海旧城南门内有条曲尺形小路，全长仅一百来米，有个古怪的名称——也是园弄，它得名于这里的一个历史园林——也是园。居住在此地的人知道，在也是园弄60号门口有一隆起的土堆，就是当年也是园假山的遗址。也是园是上海一个消失的私家花园，名声很大，所以，如今保存的“也是园弄”也可以告诉人们，过去上海是一个规模不小的县城。

据《同治上海县志》记载：“渡鹤楼，在城南，一名南园，乔炜建。池通潮汐，时闻水声，木石最为苍古。中有明志堂、锦石亭、息机山房、珠来阁诸胜。曹垂灿曾居之，后为太学李心怡别业，更名也是园。今改蕊珠宫。”文字虽简，但大致上交代了也是园的历史和演变过程。

乔炜是明代著名抗倭将领乔镗的曾孙。乔镗原籍川沙（当时川沙属上海县），嘉靖三十二年（1553）倭寇多次沿海路入侵上海，上海百姓深受其苦，沿海的川沙更受其害。乔镗自幼胆略过人，在此危难之机，乔镗倾祖产动员当地百姓修筑了一条长90里的护海塘，还修建了川沙城墙，不仅挡住了倭寇沿河流长驱直入的通道，对抗击倭寇侵犯起了很大作用。由于乔镗杰出的领导和组织才能，上海政府特授意乔镗自行组织民兵，于是，他又组织起一支两千余人的民兵队伍，为抵抗倭寇入侵、保卫上海安全起了很大作用。乔镗也由此被明政府特赐五品衔。

乔镗的儿子叫乔木，字伯梁。从小追随父亲参加抗倭斗争，隆庆二年（1568）考取进士，先后出任吉安太守、福建参政等职。大概就在他一代，这支乔姓就从浦东川沙迁徙上海城内，今乔家路就是以这支乔姓家族而得名。乔炜的父亲叫乔拱璧，字榖侯，号讱庵，万历三十五年（1607）进士，初任海盐知县，以后历任顺天府教授、南京兵部郎中、湖广佥事、参议等职。由于乔炜祖上三代进士，乔家在上海城里的地位日益显赫，所以，乔炜虽没考取进士，也在天启元年（1621）以“副贡入史局，历掌制诰、进起居注、纂修玉

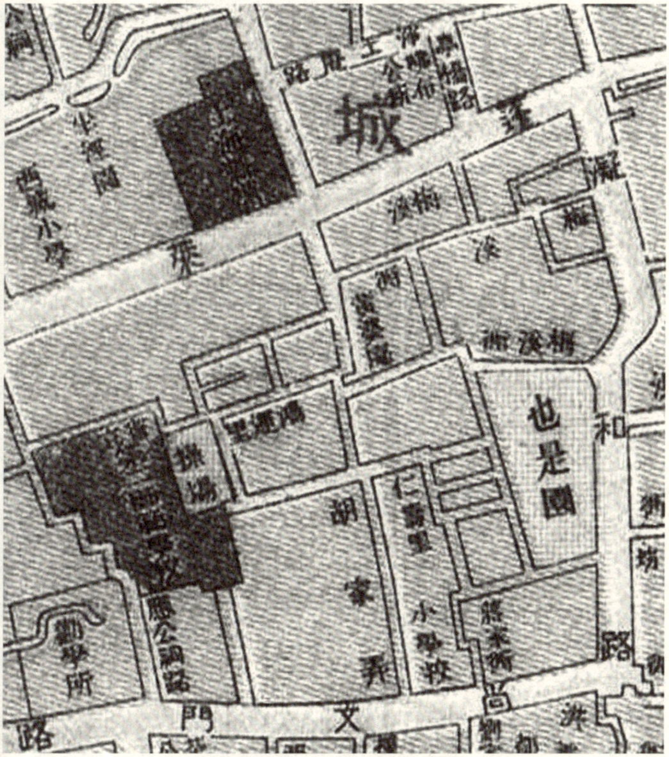


1918年上海地图中的也是园

牒，官至礼部郎中”。叶梦珠与乔炜是同时代人，他在《阅世编》卷五中讲：

鼎革以后，日渐式微，自顺治庚寅（1650年），明怀（笔者注：即乔炜）后，子孙宗族，日益衰微。其流派在华亭者，有为霖梦蛟，登顺治戊戌进士，以奏销诖误，家居不仕。其他未有显者。

原来，乔炜是皇室内官，颇受皇帝恩宠，清灭明后，乔炜自然也受到最大冲击。顺治七年乔炜逝世后，这支显赫一时的乔家立即衰败了，乔炜营建的南园先被曹垂灿收买，以后又转售给李心怡，并改名“也是园”。后来，也是园也由上海地方集资收买后，改为蕊珠宫。

初刻于道光十九年（1839）的《沪城岁时衢歌》中有几条关于南园的记录：

趁凉侵晓到南园，风飐池莲带露翻；

倚偏曲栏干十二，小桥虹卧射朝暄。

南园，本名渡鹤楼，明乔炜别业也。木石最为苍古。国初，曹绿岩曾居之，后为李氏所得，更名也是园，又改道院为蕊珠宫。道光八年，观察陈公銮喜其水木清华，得山川之秀，葺为蕊珠书院，增建奎宿阁三层。方壶一角、海上钓鳌处、曲廊诸胜，园池宽广，池莲较他处尤为富丽。

画楼层折面山开，擎翠偏宜帘雨催；

清澈湖心听细细，凭窗凉待夜珠来。

南园珠来阁，久不可考矣。自改书院以来，如平邑侯翰、陆观察荫奎、沈邑侯炳垣、温邑侯纶湛、阳观察金城、汪观察忠增、黄邑侯冕、王观察玥、王邑侯文炳、曾邑侯承显，俱有捐廉。而阳、汪二公并捐千金，黄公捐千余金，与绅士集成课试经费。董其事而先后善成之者，则邑孝廉金君树涛也。道光十八年，孝廉偕诸同人筹款售院旁民居，拓建芹香仙馆、致道堂、育德堂及左右号舍，而珠来阁乃得复其旧焉。

大概在康熙初年（1662），李心怡从曹垂灿手中购得南园产业，并将其改名也是园。乾隆年间，也是园地产又被道士购买，并在园内建了一所“蕊珠宫”道观。关于“蕊珠”名称的来历和意义，北宋周邦彦《汴都赋》中有“蕊珠、广寒，黄帝之宫”，《西升经》中也有“上清白阙丹城蕊珠宫”，显然，它是道教认为的黄帝居住的宫殿。由于道观是宗教开放场所，也是园也成为上海市民经常光顾之地，其知名度越来越高，

《申江胜景图》绘“也是园”

又据《玉海》中记载，宋天禧年间在皇宫里建造了一幢名为天章阁的藏书楼，专门收藏当朝皇帝的御集和御批，在天章阁东西两侧各建群王殿和蕊珠殿，其中蕊珠殿是皇帝晏庆大学士的专用场所。

道光八年（1828），当时的署理上海道陈銮游览了蕊珠宫，在他建议下，将蕊珠宫改为蕊珠书院。该书院建置与一般书院不同，规定每月一次取敬业书院优等生36名到此上课，并交月课一篇，由上海道或知县评定后取前18名，并由上海道或知县亲自上课。以后又逐渐扩大，每月取72名敬业优等生来月课，从中选拔前36名留院上课。入蕊珠书院的学生伙食一律免费，书院还拔若干膏火（即津贴，原指夜读的灯光费补贴），以资鼓励。

蕊珠宫成了上海的一所最高等级学府，后来人们又在蕊珠宫里增建了一所供“文曲星”的魁星殿。魁星又作奎星，是星宿名称，指北斗星的第一星——天枢，也指北斗星中的前四颗星——天枢、天璇、天玑、天权，这四颗星形成一个“斗”状，又称“斗星”，到了东汉时，纬书《孝经援神契》中有“奎星文章”之说，后世人们又附会其说，认为奎星是“文昌帝君”，主管人间的舞文弄墨，掌控读书人的命运，即民间所讲“文曲星”。而在中国的封建社会里，通过科举考试是踏上仕途的主要途径，于是魁星特别受读书人景仰。魁星只是星名，没有相应的形象。大概到了明朝，人们就参照“魁”字造了一个魁星形象，就是“魁星踢斗”，其基本形象就是一小鬼曲一足在踢一只斗（或北斗七星）。中国古代的科举考试分成几个等级，府一级考试每年举行一次，称“府试”，考中者为“秀才”，每年录取名额由省的考试机构根据地方人口、经济等情况分配，如咸丰以前，上海县每年秀才名额为20名，据说，1853年爆发小刀会起义后，上海城市遭严重破坏，而清廷急于镇压太平天国，不肯减免上海的征税，但上海地方政府又没钱来处理战后修复，于是由上海沙船巨商郁泰峰出资20万两用于善后，而郁氏的唯一条件就是增加上海县秀才的名额，同治初，上海每年由20名增至30名，于是，上海秀才的第21名至30名就被称作“郁家秀才”。由此可见，“秀才”也是不易考取的，秀才在地方上也是一位人才。省一级考试称“乡试”，只有有秀才资格者才可参加乡试，乡试定于每年仲秋八月举行，称“秋试”、“秋闱 ”等，录取者获“举人”资格；获举人资格者才可参加中央政府在京城举行的会试，会试一般两三年举行一次，一般定于仲春二月举行，称“春闱”，录取者根据考试成级分三等，分别为“进士及第”、“赐进士出身”、“同进士出身”，均称“进士”。

上海的蕊珠宫是高等学府所在地，主管民间读书人命运的魁星也被供在此地，于是，每逢仲秋八月考试日期，许多家庭的男人们已在府城，省会参加秋试，在家的女人们就会赶往蕊珠宫敬拜魁星，母亲祈祷儿子，妻子祈祷丈夫，女儿祈祷父亲，希望他们考得功名，衣锦荣归，后来，这种活动被定于八月半中秋节晚举行，成为上海颇具民俗特色的中秋活动。初刻于清道光十九年（1839）的上海人张春华著《沪城岁时衢歌》中讲：

斗坛向晚篆烟笼，玉镜澄澄炯碧空。

巷口夜阑喧士女，三更犹到蕊珠宫。

斗香之盛，蕊珠宫为第一。八月十五，竟日夜未辍也。然夜间踪迹易淆，良莠不辨，苟有门户者，往往以此为妇女戒。道光十六年，黄邑侯冕禁止夜游，数年来，此风稍息矣。

秦荣光《上海县竹枝词·岁时八》：

中秋赏月竞开筵，月饼堆盘月样圆。

礼斗香还烧大斗，南园向最盛香烟。

中秋赏月，礼斗，烧斗香，向以南园为盛。

“斗香”又讲作“香斗”，就是用线香拼接粘贴成斗状的巨香。毫无疑问，妇女们到蕊珠宫烧斗香是敬拜魁星的，目的就是祈祷儿子、丈夫。父亲考试中的，平安回家，这个“斗”就是“魁星踢斗”之“斗”，也就是“魁星”。不过，要把线香粘制成“斗”是十分艰难和耗时的活，后来，斗香被改做成圆盒状，已经不像“斗”，但仍被叫作“斗香”或“香斗”。

按张春华的说法，八月十五烧斗香的风俗很盛，但妇女们深夜外出，容易发生事故，道光十六年（1836），知县黄冕下令禁止，“此风稍息矣”，但没过几年上海就开埠了，上海妇女的社会地位略有提高，此禁令也松弛了，上海人八月中秋烧斗香的风俗一直延续到上世纪五十年代，是中秋最重要和热闹的风俗活动。

清末，封建社会的科举考试制度被废弃，烧斗香也失去了其原来的风俗意义，于是，烧斗香的风俗意义被改变、误解、有人以为“斗”是量器，是用来称重计价粮食之器，于是认为烧斗香的目的是祈祷丰衣足食；也有人认为，烧斗香定于八月中秋举行，其目的是祈祷团圆平安，如1910年出版《图画日报·烧斗香》的配画文中所讲：

八月中秋月团圆，烧只香斗保平安。

斗面檀香铺几片，斗底木屑一大团。

檀香虽香木屑臭，烧斗敬神神欲呕。

斗香若达广寒宫，只恐奔月嫦娥又要忙逃走。

1853年的小刀会起义和1860年的太平军东进时，蕊珠书院的教育活动一度中断，战后又重新恢复。同治十二年（1863）著名朴学大师俞樾在这里设“朴学斋”，主讲经学。光绪三十一年（1905）清廷宣布取消科举制度，蕊珠书院也改组为师范传习所，这是上海地方政府最早创办的县立师范专科学校。民国以后，师范传习所停办，也是园又暂作政府办公用地。1927年上海特别市成立后，也是园又成为特别市土地局机关所在地。1937“八一三”淞沪战争中，也是园被日军炮火炸毁，所有建筑和文物荡然无存。1984年笔者随陈从周先生及其博士研究生蔡达峰修复豫园东部时，陈从周先生告诉我，今豫园东部沿河长廊中那块湖石“积玉峰”是当年也是园旧物，约在解放初偶然在也是园旧址附近发现，再运至豫园内。

笔者参照有关资料和历史地图，也是园原址相当于今也是园街东，凝和路东，敬业中学北，金家旗杆弄南，占地约20余亩。

# 英租界开创的路名命名方式

地名是地理实体的名称，其形式可归纳为许多种，如江河、湖泊、岛礁、山川、村落、市镇、大宅等，而就城市而言，道路名称就是最主要的地名。

在古代汉语中，“道”和“路”是同义词，合称“道路”。“一达谓之道路”，古代的“道”和“路”多指从一个城市直通另一个城市的通道，犹如今天人们讲的“条条道路通罗马”，所以古代讲的“道”和“路”相当于现代人讲的“公路”。与许多城市一样，历史上的上海城里道路通常使用“街”、“巷”、“弄”的词作通名，而且，“街”一般指城市里较宽较长，且有商业活动的道路，而“巷”在《说文解字》中写作“䢽”，释

棋盘街是绸布业最集中的商业街

文："䢂，里中道"。"邑"就是人口居住集中的城邑，"䢂"就是城邑中居民共同使用的公共通道，所以，"街"指大街，而"巷"多指小巷，成语有"大街小巷"、"街头巷尾"，而当大街上发生了什么事，小巷里的居民争相出门观看，就讲作"空巷而出"。我想，今天上海人讲的"兜马路"，在古代一定是讲作"上街去"的。

用于地名的"弄"繁体为"衖"，字两侧的"行"金文中作卝，像"十字路口"，表示道路，所以"衖"也是公共通道主义，所以"巷"和"衖"又是同义词，只是有的城市喜欢使用"巷"，而有的城市喜欢使用"弄"而已，如杭州人喜欢称"巷"，和上海人喜欢使用"弄"。清《康熙上海县志》中记录上海城厢有75条马路，大多称之街和弄，少量使用巷、坊、里，进入20世纪后，上海的"街"、"弄"逐渐被"路"替代，如三牌楼街，四牌楼街改为三牌楼路、四牌楼路，馆驿弄改成馆驿路等，于是，上海城市地名中的"街"和"弄"从主要形成而降为次要形式。

1843年上海开埠，1945年英租界在上海县城的北郊建立，他们就开始规划和建设租界，由于先有规划，后做建设，英租界的道路整齐划一，犹如棋盘，与城内道路的格局形

棋盘街近景

成明显的反差，所以，上海城里人就把租界内的道路统称为“棋盘街”，后来，租界工部局逐一对租界道路命名，上海人就把原“棋盘街”中的一条主要道路叫作“老棋盘街”，它就是后来的河南路，即今河南中路，前若干年在延安东路的北面，河南中路的东、西二侧各有一条称之“东棋盘街”和“西棋盘街”的小路，这里因兴建威斯汀宾馆和黄浦区府大楼而湮没了。

上海开埠后不久，英侨就醵资建立了一个“跑马总会”，他们购进了相当于今南京东路北面，河南中路两侧的81亩土地建造了一个跑马场，81亩约合5万多平方米，实建的马道约400米，作为运动场足够了，而用于赛马就显得太小了，于是，他们就在跑马场的南门外筑了一条从外滩达泥城浜（今西藏中路）长约3华里的直道，主要用于蹓马、纵马，对上海城里人来讲，它是一条路而不是“街”，这里一直有许多马在这里奔跑，于是叫作“马路”，这条马路既宽又长，又被叫作“大马路”（“大”沪音念如dú，这里不能念dà），不久，租界当局又在“大马路”之南先后筑了与“大马路”平行的东西向马路，上海人依次称之——大马路，二（沪音念ní，不能念èr或liǎng）马路、三马路、四马路、五马路，即今天的南京东路、九江路、汉口路、福州路和广东路，1887年刊印的葛元煦撰，袁祖志修订的《沪游杂记》中讲，上海人把租界里东西向的路叫“马路”，到了后来，在上海话中，城市道路均叫作“马路”。

租界的市政建设速度较快，但马路还是一条一条筑的，开始，租界对道路并没有命名制度，大多以周边的机构或建筑物来给马路取名，如这里有教会和教堂就取名教堂路、布道堂街，（今江西中路和福州路），这里有观音阁就叫作观音阁街或庙街（今山东路），这里有领事馆、海关就叫作领事馆路、海关路（今北京东路和汉口路）。今天津路最初的英文名叫Fives Lane，许多人不知Fives是何物，且许多英汉字典中不收Fives，于是有人讲“Fives Lang”望文生义地译作“五柱球弄”，实际上Fives是英国19世纪最流行的墙手球，多人运动，中间设墙，以一方抛球，一方接球为形式，传入上海后多译作“抛球”，上面讲的那个跑马场四周是马道，中间是休闲的花园和运动场，侨民经常在这里抛球，所以这个跑马场更响的名气就是“抛球场”，直到今天，老年人仍把今南京东路河南路口一带叫作“抛球场”，可见，把Fives Lang译作“抛球场弄”更合适，它就是以通抛球场而得名的。

租界的马路不断在筑，马路总数越来越多，任意性的给道路命名不是一个办法，也给市民生活带来诸多不便，尤其是1863年英租界和美租界合并后，租界的面积更大、道路更

清末的“老棋盘街”，即河南中路

多，于是，工部局专门为上海租界的道路名称和命名、管理制度开了会议，会议出现了困惑，如使用英国人的方式和习惯，美国人就不愿意，而使用美国人的方式和习惯，英国人更不高兴，而当时租界的人口已达16万人，而且99%以上是华人，如全部使用西名，给路名的真正的使用人带来更大的不便和困惑，此时，原工部局董事，英国基督教伦敦会传教士麦都思（Walter Henry Medhurst，后被人以音译为“麦特赫斯特”，今泰兴路旧名“麦特赫斯脱路”，即以其名字命名）提出了一个折衷的方案，即原则上使用中国的行政地名作为租界的道路名，并建议，在原英租界里，凡南北向的马路统一使用中国行政省名，凡东西向马路统一使用使用中国城市地名；而原美租界则统一使用上海周边城镇名作路名。此一建议得以通过并得以贯彻，原英租界略同于后来的黄浦区，这里从外滩向西，东西向的马路依次为：四川路、江西路、河南路、山东路、山西路、福建路、浙江路、湖北路、广西路、贵州路、云南路、西藏路（当时的西藏路是一条叫“泥城浜”的小河，东侧沿河有路，即西藏路），全部是中国行政省名；而从南京路向南，东西向的马路为九江路、汉口路、福州路、广东路；向北则有天津路、宁波路、北京路、香港路等；同样，今虹口近苏州河和黄浦江一带旧为“虹口美租界”，当时命名的道路有昆山路、乍浦路、海宁路、闵行路、天潼路、青浦路等。英文称城市道路为“Road”，读音与“路”相近，于是上海开始将“路”作为城市道路的通用名称。

租界早期的路牌不书中文，后来才中英文并书，广东路的英文名为Canton Road。在近代以前，中国只开放广州一口，即只允许外国商人在广州开展对华贸易，外国人分不清广东与广州的关系，所以，英文中的Canton并不是指广东，而是指“广州”。《简明不列颠百科全书》中收录了美国有四个叫Canton的城市名，均汉名为“广州”，并说明“当时的移民认为它与中国的广州遥遥相对”而得名，所以，英租界的Canton Road准确的译名

广东路东段也叫“宝善街”，图中的“洽记洋药号”是上海著名的鸦片商号

canton路被误译为“广东路”

为“广州路”，而近代以后，外国人才弄清楚，广东是行政省名，而广州是广东省下的一个城市名，于是，根据译音，又将“广州”写作 Kwangchow，而Canton又被人们误作“广东”的英文，当后来在路牌上增设中文名时，这条Canton Road就被误作“广东路”了。这是真实的故事，也是一种文化现象。

在介绍杨树浦路名的特点时讲到，20世纪后工部局同时在杨树浦修筑了许多条马路，并原则上使用中国周边国家的城市名为路名，其中就有一条Kwangchow Road，这Kwangchow并不是中国的广州，而是韩国的光州，汉名就是“光州路”，1943年又改名“广州路”。

英租界最早筑的是“大马路”，此后就先后筑二马路、三马路、四马路、五马路等，这些马路均在大马路之南，再后才开始规模性的筑大马路以北的马路，在历史文献中经常会看到上海的“后马路”，这“后马路”有两种概念，如其泛指，则是指大马路以北的马路，如特指，“后马路”是指今天的天津路，“后大马路”则是指今天的北京东路。这也是治上海史者必须知道的。

如果认真归纳和总结当年英租界路名中使用的中国行政省名和城市名，这些城市大多是第一次鸦片战争中英《南京条约》和第二次鸦片战争中中国与列强签订的《天津条约》规定的中国开放口岸城市，以及英美在中国的势力范围，这可能基于两方面的原因，其一是庆祝和纪念他们在侵华战争中获得的成果和利益，其二，当时的侨民对中国的地理不甚熟悉，而这些正是他们最熟悉的地名。不过，英租界有一条叫“牛庄路”的小路，在50年代后的一段相当长的时间里，这里是上海最大的旧无线电器材市场，在上海有较高的知名度，但是，几乎无人知晓“牛庄”在哪里，这“牛庄”又是什么“东东”。牛庄是辽宁省海城县西部的一个小地方，列强急于打开上海与东北的通道，在第二次鸦片战争签订的《天津条约》中，强行开放牛庄至营口的海湾作为港湾，于是，上海租界将一条小路命名为“牛庄路”，实际上此一段海岸只是一个滩地，根本不适宜建为港口，在兴建牛庄港不久，这里就全部塌陷入辽河之中，列强只得放弃牛庄，另行寻找合适的地方，当然，人们也不太熟悉“牛庄”这个小地方的名称了。

不论出自何一种原因，英、美租界工部局确定的以中国行政地名作为租界路名的方式，奠定了上海以中国行政地名作为城市路名的特点和基础，而这一原则以后被推广使用，也成了中国城市路名的基本特点，那位叫麦都思的传教士，为上海作出的贡献，值得令人尊敬。

# 愚园花园在哪里

坐落在老城隍旁的豫园是上海著名古典园林，建于明万历年间，它的边上有一条叫豫园路的小路，当然，这豫园路是以豫园而得名的。沪西有条愚园路，也是上海知名度很高的马路，并已被公布为上海“风貌道路”之一，任何对该路之改造多必须通过严格的审核和审批。它应该得名于附近一个叫“愚园”的花园，但是，谁也没见过这个“愚园”，也不清楚这里是否存在过一个“愚园”，它又在什么地方。

静安寺始建于三国东吴赤乌年间，是上海的千年古刹，它距上海县城仅十余里地，也是上海人休闲的好去处。不过，古代没有从县城通静安寺的路，到静安寺去的方法只有两种，一种就是沿着田间的小路、田埂步行，另一种就坐小船，出西门后走打铁浜（相当于今自忠路、顺仓路、太仓路、重庆中路）、长浜（相当于今延安中路）到静安寺。不论走何途径，均无法当天往返，必须在外宿一夜，所以，古人到静安寺一趟并不是一件容易的事。近代，上海出现了租界，1860年英商上海跑马会筑了一条由租界向西通往静安寺的马路，它开始只是一条骑马专用的马道，后来由工部局接管后就成了一条城市道路；静安寺的南门外有一口井，井水不断喷涌如沸，被叫作“沸井”、“涌泉”等名，清代中叶又被号称“天下第六泉”，外国人则把“沸井”叫作Bubbling Well, 把静安寺叫作Bubbling Well Temple，于是这条通静安寺的马路就被叫作Bubbling Well Road，中文名“静安寺路”，早期一些外国人出版的中文上海地图又以音译作“白令威尔路”，就是今天的南京西路。

早期，上海的代步工具主要是轿子，即使有了这条静安寺路，坐轿子到静安寺仍是化费颇大的不方便事，到1873年上海从日本引进了一种人拉的两轮车——东洋车，也即后来的“黄包车”，缩短了到静安寺去的时间，方便了香客和冶游者；上海的跑马场每年会有一些被淘汰的赛马，大概在1867年，一位叫帕兰特（B.Pallant）的英国人就收购被淘汰的赛马成立了“龙飞马车行”（Shanghai Horse Bazaar），经营马房、马匹出租、车厢制造、马车营运等业务。马车行就设在静安寺路上，上海城里骑马很不方便，所以租马匹者主要

《申江胜景图》绘“申园”

是到静安寺游玩的外国人，而马车也大多经营从泥城桥到静安寺的运输，以后静安寺路沿线出现了许多家马车行，静安寺的东侧也建了一个停马车的专用停车场，当然，到静安寺去白相，一时成为上海人的时髦，当时人写的冶游静安寺竹技词有：

花明柳暗夹堤长，紫陌香尘扑面底。
八尺奇肱双骏足，一鞭遥指夕阳西。

静安寺外好春光，纵辔争驰走马场。
一路轮蹄声不断，暗风吹送万花香。

静安寺东侧的停车场是由一家叫“公一马房”经营的，由于坐马车到静安寺可以当日往返，所以经营者只能收取适量的停车费，而营运的马车不会停到停车场里，所以效益并不佳，于是主人想出了一个办法，就将这个停车场除了保存适量的泊车位外，其余的空地改造成一个旅游性的花园，取名“申园”，里面设有住宿，还有演出场子，这样就可以吸引游客在这里食宿，不过，在经营了几年后，1885年，有一家名为“吨莼园”的娱乐性花园在今南京西路南面，泰兴路一带对外开放（该花园是无锡人张鸿禄的产业，又称“张园”），吸引了大量的客流，于是，申园因生意清淡而被迫关门，约1891年，申园易主，重建后改称“愚园”重新开放。1928年出版陈无我著《老上海三十年见闻录·上海名园之追忆》中载：

愚园当光绪十六七年间，游踪最盛每客收资二角，日可获利数百元。其时园林甫辟，台榭草创，从繁华尘海中而忽得此清凉世界，宜人之乐于游憩也。

清末《图画日报》绘“愚园”

愚园正门

每人收费二角，一日可收数百元，以此计算，愚园的日游客量超过千人，确实是闹猛得很。1910年上海环球社出版《图画日报》中绘有“愚园”一图，配画文较长，可以使我们进一步了解愚园的历史和景致，文中说：

上海静安寺路与赫德路交会之处有愚园焉。大门前草地一方作月弓形，园内分东、西两所，东为台榭，西为花圃。台榭之间以“敦雅堂”一带为最佳，池水清涟，树阴繁密，池旁山石购之上海西乡法华李氏；池畔有“倚翠轩”、“花神阁”、“鸳鸯厂”诸胜景，小桥幽径，曲折可通，四围曲廊，或高或下，或明或暗，可以贯通全园；“敦雅堂”前有高大洋房，足容五六百人。余如“飞云楼”、“荷心亭”，依山作址，面水开窗，颇饶幽致。西园架玻璃房，辟草畦，豢养鸟兽，有田家风味。是园向为镇海叶氏产，后经阳湖刘氏以银十一万两向叶氏得之。游者入门时，须纳资一角，借此为补助常年修理费云。

在上海称得上“镇海叶氏”的大概只有宁波巨商叶澄衷家族了，“阳湖”即常州之别名，不知这“阳湖刘氏”是谁。不过，《上海县续志》：“愚园。光绪十六年四明张氏创葺，二十年来已五易其主。”钱化佛口述郑逸梅撰《三十年来之上海》中《已往之园林》：“愚园原在静安寺东北半里许，清光绪十六年（1890）四明张氏所创葺，后屡易主，民国五、六年后废。今西区愚园路即以园而得名。”这个花园从创葺到废弃仅二十余年，中间五易其主，“镇海叶氏”只是其间的一位产权人罢了。

坐落在静安寺路上的愚园和张园是清末上海两家商业性娱乐花园。《上海名园之追忆》中载：

> 张园林木之丛茂，亭榭之清幽、溪径之曲折、屋宇之精雅、曾不逮愚园之半，而顾独以安垲第轩敞之故，致东都浪子、北里名姬，流眄送情，履舄交错，所谓仰观俯窥而各如所欲者，又非愚园所能冀其什一也。愚园主人有鉴于此，遂乃重加修葺，大启轩窗，茗碗茶铛，陈设井井；又复独辟新机，广陈女乐，开演髦儿戏以号召游客。于是青骢年少、白袷名流，趋之如骛。名花所在，蜂蝶偕随，红紫万千，园林生色。其后张园亦演女剧，与之竞胜，盖已开近年游戏场罗致各种女子游艺之端矣。

双方在相互竞争中不断完善自己的园林和经营手段，但是到民国以后，1915年，经润三、黄楚九合资创办的“新世界游乐场”在静安寺路西藏路转角正式营业，这里正对着跑马厅，他们又特地在顶层设计成看台，每当马赛时，这里就成了“司令台”，游乐场又引进了西方的经营模式和游乐设施；1917年，黄楚九退出“新世界”后又醵资在“八仙桥”创办“大世界游乐场”，在当时“世界潮”的冲击下，以游园娱乐方式已引不起市民的兴趣，吊不起人们的胃口，时人有竹枝词云：

20世纪初的愚园路

张园西去到愚园，游客曾经载酒尊。

楼阁参差犹昔日，如何裙屐入临门。

于是，约1917年当“大世界”兴致勃勃的开业时，愚园悄然息业，仅几年后，张园也关门大吉了。

沪西的愚园路分二次筑成，今常德路（赫德路）至万航渡路的那段是建愚园时筑，这是花园北门的一条通道，开始并没有注册的路名，只是紧邻愚园花园而被叫作“愚园路”。1899年公共租界扩张成功，包括静安禅寺、愚园花园在内的万航渡路以东的地区被划进租界，不久工部局就填浜筑万航渡路以西的愚园路，后来就成了从静安寺到兆丰公园的主通道。

万航渡路以西的愚园路是公共租界工部局经上海道署特许筑的“越界筑路”，也是贯通静安寺与兆丰公园的主通道，离市中心区很近，交通方便，环境幽静，吸引了一批达官贵爵，富商巨贾到这里兴建豪宅别墅，也吸引了更多的房地产商竞相投资，兴建了大批高档住宅，所以，愚园路也是早期上海主要的中高档住宅区，这里的许多建筑已被公布为文物保护单位和优秀历史建筑，愚园路也被列为上海风貌保护道路。正因为愚园路上集中了许多豪宅，上海地方政府还准许工部局在愚园路地丰路（乌鲁北齐路）建立救火会——地丰路救火会，这也是上海租界当局唯一在租界以外设立的救火会。

公共租界的西界在静安寺万航渡路以东，万航渡路和愚园路均是“越界筑路”，1937年八一三淞沪战争后上海除租界以外的区域全部沦陷，租界犹如被沦陷区包围的孤岛，所以，历史上把1937年八一三淞沪战争后至1941年12月7日太平洋战争爆发的那一段日期称之“孤岛时期”，而在“孤岛时期”，抗日志士利用租界的特殊性开展各种抗日活动，而日军和汉奸不便或不能公开在租界镇压抗日活动，1939年2月初，汉奸丁默邨、李士群等在重光堂拜会日本特务头子土肥原贤二，提出建立特工总部对付军统，镇压抗日活动，2月10日，日本军部下达《援助丁默邨特务工作训令》，于是，丁默邨在极司菲尔路76号（万航渡路435号）建立特工总部，愚园路沿线成了汉奸特务活动猖獗之地，也是上海最肮脏的地方，外国人把此一时期的沪西叫作“The Bad Land”，后被汉译为“沪西歹土”，这不是地名，但它告诉后人这里曾发生过的故事。

张园也于上世纪20年代初关闭，这里的土地分期被出卖，建成住宅区，这里一带也一直被叫作“张家花园”或“张园”，据说，静安区相关机构计划重新启用“张园”地名。

# 与徐光启有关的地名

徐光启在仕途的发展，曾得到恩师黄体仁的无私帮助。黄体仁，字长卿，号榖城。原籍福建。黄体仁有《四然斋文集》存世（该书为明刻本，今为孤本，藏湖北省图书馆，笔者曾在那里查阅过此书），该书中有一段自叙黄氏谱系的话：

> 余宗禅姓于浦，今呼“黄家渡”，实聚族焉。相传三大宗旁邑治者为余先世……傍海者为大学良器公，以博学多闻显；旁浦者自良贵公以懋绩状猷，为粤西名藩显，良贵公后又有瓖东公，能诗而贫，壮子多赘外家，蒙其姓；独余兄仰斋守其故址。

今浦东新区川沙镇南有“黄楼”，旧名“黄家楼”、“黄家渡”，就是以这支黄姓宗族集居而得名。黄体仁讲：“相传三大宗旁邑治者为余先世”，所谓“邑治”就是县衙门所在地，这支来自福建的黄氏宗族后迁居到三个地方，黄体仁的祖先就迁居到上海城里的县衙门附近，即今“黄家路”一带。

黄体仁是明万历三十二年（1604）进士，与徐光启是“同科进士”，此时他已经六十多岁了。也许由于黄体仁曾设馆授徒，还培养出徐光启这样的进士，并有《四然斋文集》存世，当时的礼部尚书李廷几（尔张）希望他到自己家里开馆教授，而黄体仁“谢之，以门人徐光启才优，荐光启膺馆”，于是徐光启才有机会进入李廷几家中，这对徐光启仕途的发展提供了一个极佳机会。以后，在李廷几介绍和推荐下，徐光启结识了利玛窦，才使他有机会向利玛窦学习，并合译《几何原本》。

据《上海徐氏宗谱》记载，徐光启于明嘉靖四十一年（1562）四月二十四日出生于“太卿坊祖宅”。《同治上海县志》中记：“沈瑜，字廷美。景泰四年举人。成化初，预修《英庙实录》，授中书舍人，迁尚宝司丞。弘治三年迁少卿，四年，升南京太常寺少卿，十四年卒。赐祭葬如例。”因其是在“太常寺少卿”的官衔上逝世的，按贯例，赐葬升衔一级，也即“太卿”“太卿坊”是为沈瑜立的牌坊，《同治上海县志·卷二·坊表》中记：

20世纪初土山湾一带风光

太卿坊。为沈瑜立。坊在大南门内。今尚沿其名。坊废。

到清同治年间，太卿坊早已不见了，但作为地名依然在使用，从《同治上海县志》中的《上海县城内外街巷图》中可以知道，这“太卿坊”即今光启路。而徐光启诞生的“太卿坊祖宅”就在今光启路相近的地方。《同治上海县志》中讲：徐光启“通籍四十年，室庐不改”，所谓“通籍”就是名籍被登记在册，可以出入宫门，也就是做了官的意思，徐光启35岁中举，71岁逝世，在官近四十年，他在官期间没有改造和增建上海的住宅，这一方面说明徐光启为官清廉，做人低调，另一方面也说明徐光启家境十分富裕，祖宅很大，没必要重建豪宅。实际上，上海流传“潘半城，徐一角”之谚，潘即指豫园主人潘氏家族，他是上海首

徐光启墓前的牌坊

富，几乎拥有半个上海城。与潘家相比，徐光启家族的产业小多了，但上海县城毕竟是一个面积2平方公里的中等县城，这“一角”也是一个庞大数字。

徐光启宅的确切情况已无法知道了，今上海城里乔家路234~246号有一排七间相连的房子，据说，这里本是九间相连的楼房，称“九间楼”，当地人认为这是原徐氏住宅北部的楼阁。上海市文管会经调查、考证、核实，也确认是明徐光启宅的一部分，于是，该地已被列为文物保护单位，并立“明徐光启故居”石碑。按明清上海地区大宅的定制，大户住宅一般三进，大门朝南，进入仪门后通常为一5米长的夹道，后为前天井，再后即客厅；客厅后又为天井，后则为中厅；在中厅后即花园，花园之北即楼阁，南北长一般在30~50米之间，如此判断，徐光启宅的正门开在今俞家路上。

《同治上海县志》中讲：

一粟庵。在县署西南。本徐氏荒圃。康熙七年，浙僧超睿买地建庵，曹垂灿取“金鸡解衔一粒粟”义谚之。知县任辰旦购陈氏河为放生池。道光十五年扩而大之，视旧增十之七。

《志》文使用“徐氏荒圃”就是强调表示这里曾是徐光启的一个农业种植地。

一粟庵故址约相当于今学前街之东，一粟街之南，尚文路之北，迎勋北路之西的范围。据记载，这里原来是东阁大学士兼礼部尚书徐光启的一个农园，徐光启在这里进行种植试验，编写《农政全书》。清初，这个农园荒废了。康熙七年（1668），这块地产被一个从宁波来的和尚超濬收买而改建为庵。超濬即请当时上海最有名望的绅士曹垂灿为庵取名和题书匾额，曹即取佛教故事"金鸡解衔一粒粟"而取名"一粟庵"。

据佛教传记著作《五灯会元》中讲，佛教西土二十七祖般若多罗在将衣钵传给二十八祖达摩（达摩是佛教西土二十八祖，也是西土的最后一代传人，同时也是东土佛教的始祖，被后来禅宗佛教尊为始祖），对他下了一条佛教谶语：

大意讲：震旦（即中国）幅员辽阔，人口众多，是佛教创业的好地方，但是，必须依靠你们的努力，才能使佛光普照东土。当金鸡吐出口衔的一粒粟而啼鸣的时刻，东土风调雨顺，国泰民安，东土成为佛国的时刻就到来了。由于这个佛教故事，从唐代以后，金鸡或金鸡报晓就作为一种和平的象征而广被引用。如《唐书·百官志》中记载，唐代，每逢天下大赦，中尚书署大门口就树起一杆七丈高的竹竿，竿上挂一只四尺高的镀黄假金鸡，金鸡喙中衔一只由七尺长红线系着的盘子，用以告知下天——今天是大赦的日子。以后，"金鸡"作为和平的代词而在诗文中引用。如沈佺期诗中讲："忽闻铜柱使，走马报金鸡"（忽然听到驻边的使者来报，边疆战争已结束）；宋黄庭坚《竹枝词》中讲："杜鹃无血可续泪，何日金鸡赦九州"；陆游的《迎赦诗》也讲："青城回仗国人喜，金鸡衔赦天恩覃"。大家知道，康熙七年（1668）距清兵入关仅二十余年，清统一中国后，虽也在某些方面对汉族采取温和政策，但由于各地（尤其是沿海）反清斗争时起时伏，清廷也在许多方面依然对汉族采取镇压措施，百姓安全仍受到威胁，曹垂灿取的"一粟庵"名，是深藏着他的思想的。

毛祥麟在"三庵志略"中讲了这样一个故事：一粟庵后面有条小河，原是一陈姓人家的私产，后来被上海知县任辰旦收买并捐给一粟庵，作为放生池。许多信徒就把从市场上买来的乌龟到池中放生。乾隆年间，主持一粟庵的和尚叫大来，他目不识丁，整天昏睡不醒，看上去和其他许多和尚一样，并没啥本事。一天，他昏睡醒来后问手下的小和尚："你们是否在夜里听到动物的打斗声？"群小和尚却摇头不知，他又讲："这打斗声很大，发声的地方应该离这里不远。"小和尚即到放生池边寻找，果然发现了不少打斗至死的蛇和龟，于是，人们才认识到这位目不识丁的大来和尚并不是一个凡僧。大来和尚圆寂前，从他背脊上爆出许多如白围棋子般大小的东西，坚硬无比，任你如何锤打也打不碎，小和尚才知，这是只有高僧圆寂才有的舍利子。

长期以来，一粟庵均由高僧主持，所以这里也成为上海名人绅士聚会的地方。约嘉庆年间，这里的主持怀德和尚利用空地设了一处素斋，供施主聚餐之用，这是目前所知上海出现的第一家素餐馆。据记载，一粟庵对官席素斋一桌收费十余两，这个价格相当低。于是，有人开玩笑问怀德，这收费标准是怎么定的，怀德也巧妙地回答道："此皆施主钱也，僧特借花献佛耳。"

咸丰三年（1853）太平军攻占南京后，苏南浙北不少僧人流亡上海。一粟庵几乎成了和尚收容所，接纳各地和尚挂单。以后，上海战争不断，瘟疫严重，一粟庵又成为超度亡灵最忙的地方。咸丰末年，一粟庵被烧毁，直到光绪三十二年（1906），一粟庵地产被上海人叶佳裳和顾言定收买，建为"上海县劝业所"。民国以后，一度作为尚文国民小学（解放后改南市区中心小学）和大经中学（1945年迁此）校址，现在则是敬业中学分部。这里附近有条一粟街，是一粟庵留下的唯一的遗迹。

《同治上海县志》中又讲：

> 双园，在大南门外康衢里。旧有南、北二园，故名。为光启退老之所。

不过有的《志》中讲，双园原为"桑园"，是徐光启"植树艺桑之所"。 徐光启也是一位农业科学家，为了编写《农政全书》，他亲自种植了许多植物，仔细观察和研究，"桑园"是徐光启的农业实验基地，似乎更合理一些。而今天上海南门外有一条"桑园街"，它就是当年徐光启的双园或桑园留下的痕迹。

徐光启是东阁、武英殿大学士，也即所谓的内阁成员，故被人们尊称为"阁老"。徐光启于明崇祯六年（1633）十一月八日在北京逝世。"天主雅重公（徐光启），赠恤有加，遣大行护丧归里、赐域祭如典礼。"明朝廷除了给以丰厚的抚恤外，还成立一个专门的队伍护送徐光启灵柩回上海。次年二月，徐光启灵柩运回上海，暂厝在桑园内，一直到他逝世后的八年，即崇祯十四年（1641）才正式下葬徐家汇。

几乎在徐光启下葬的同时，上海在徐光启祖宅旁建立徐光启碑坊——阁老坊。姚廷遴，字纯如，是明御医姚永丰的孙子，世居上海，他的《历年记》是根据自己的日记重新编写的记事性著作，以编年排列，其中讲：

> （崇祯）十五年壬午，余十五岁。是年春，民死道路，填沟壑者无算……光

景萧条，人心思乱，桥头巷口，遗孩满路。如县阁老坊尚未造完，上搭荣架，下弃小儿，日有数百。章知县（名光岳，字茂暗。临安人）经过则群聚而哭，知县即停舆，着管班买饼赏之。一日两次，日以为常，然终无救于死。

约明崇祯十五年上海县为徐光启立“阁老坊”，此时距明朝灭亡仅两年，而这一年又遇重大自然灾害，人心思变，阁老坊工程被迫中断。大概过了几十年后，一直到清康熙甲戌（1754）才由清政府出资，为这位明末“阁老”重建“阁老坊”。于是，阁老坊所在的

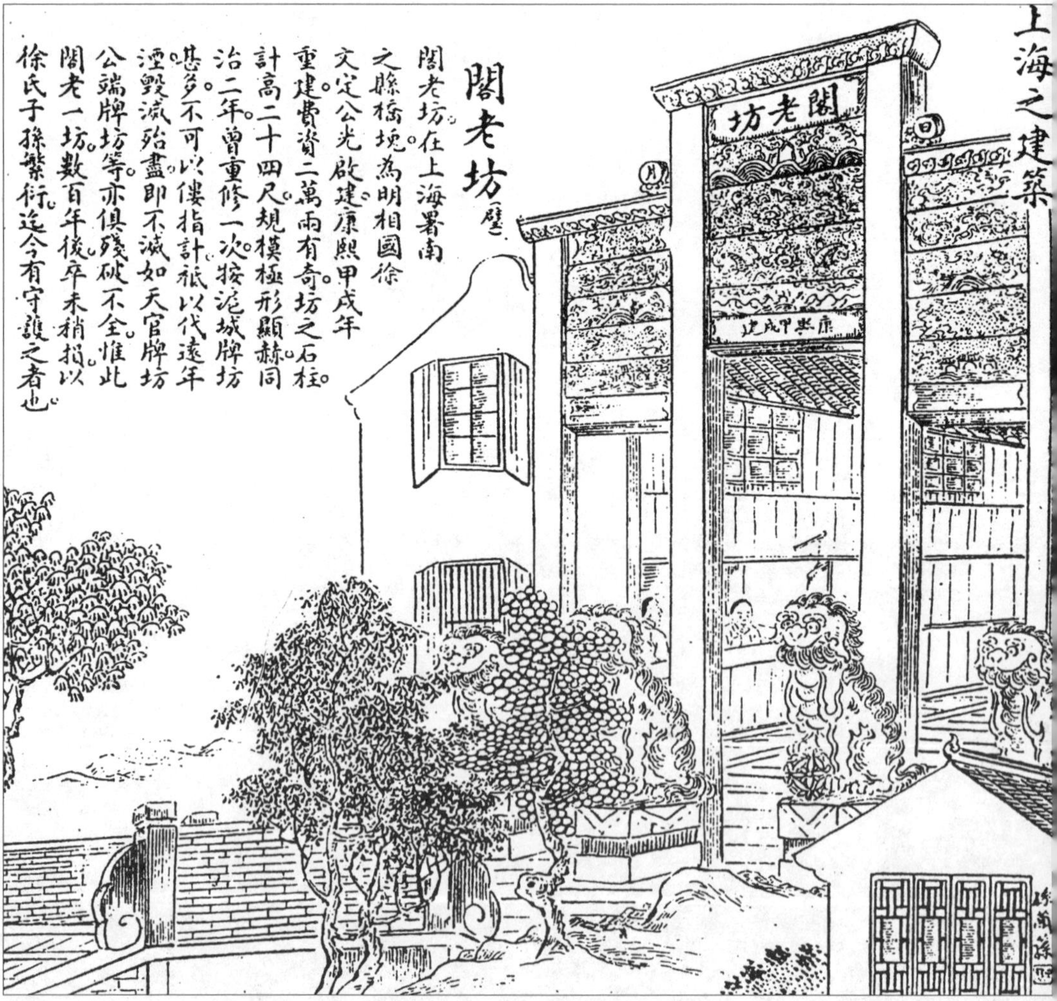


清末《图画日报》绘上海城里徐光启牌坊——阁老坊

那条路名也被叫作“阁老坊”。1933年，时逢徐光启逝世三百周年纪念日，上海举行隆重的纪念活动，而那“阁老坊”牌坊已摇摇欲坠，那条“阁老坊”的路也破烂不堪，于是，由上海市工务局出资重建，并正式以徐光启命名为“光启路”，这也是上海市政府在上海城里以伟人命名的第一条道路。

旧志称徐光启的葬仪“赐域祭如典礼”，大意就是讲，皇帝恩准，徐光启葬仪参照中央政府规定的最高典礼来举办，可见，徐光启的葬礼十分隆重。徐光启墓址选择在上海县城西南，蒲汇塘、肇嘉浜和李从泾三条水流交汇之处，占地18亩（原面积应该还要大些）有人以为，这里本来就是徐氏祖产，并有徐氏族人在这里居住，故该地早就被叫作“徐家汇”，也有人以为，由于徐光启的墓建在这里，这里才被叫作“徐家汇”，这已不重要，并且是讲不清的事了。

叶梦珠是上海人，生于明朝末年，其《阅世编·卷五·门祚二》中讲：

> 国相徐文定公光启，字子先，号元扈……一子骥，字龙舆，以诸生承荫，稍营家产……孙五人，三承恩荫，一先龙舆卒。鼎革以后，家渐中落。今曾孙济济，尚未有达者。

徐光启只有一个儿子叫徐骥，他和他的祖父，也即徐光启的父亲墓都在徐家汇陆家浜附近的祖茔里，现在已无任何遗迹，而徐光启的四个孙子——尔斗、尔觉、尔爵、尔默夫妇的墓与徐光启夫妇墓在一起。《民国法华乡志·卷七·古迹》中讲：

> 土山。在徐家汇南里许，今呼“土山湾”。相传徐文定公筑圹时，因出向关系，布置增高。历届开河，堆土积累愈高，树木葱茏，宛似丘垤。光绪间，天主教削平建屋，收拾累石，垒置一堆，以志遗迹。

徐光启的墓选址在三水交汇的徐家汇，朝南方向是一畴平川，无掩无遮，于是根据风水先生建议，在墓南面一里多的地方垒了一道土墩。后来，人们又在历年水利工程中，把挖出来的淤泥堆到这个土墩处，于是它就成了一土山，这个土山又被当地人叫作“土山湾”，到清光绪时，徐家汇天主教要用土山湾附近的土地建造房子，这个土山又被铲平了，不过，天主教还是将铲平土山时拾到的石块堆成一个石堆以作纪念。当然，这个石堆也早已消失了。现在的斜土路就是当年筑的斜桥通土山湾的道路，历史上的“土山湾”大概就在今斜土路的向西延长线上。

徐光启谥号为“文定”，今天这里的一条叫“文定路”的小路也是以徐光启得名的。

# 元芳弄·兆丰路·兆丰公园

在外滩的广东路北侧，即今中山东一路6号与7号之间有一条小弄堂，它的西端通四川中路，即今四川中路126弄，这条弄堂叫作“元芳弄”，随着外滩改造工程的进展，这条小弄堂的知名度也不断提升。元芳弄也是一条老路名，英文名叫yuenfong Lane，显然也是一条很中国的马路名，而实际上它得名于弄内的一家洋行——元芳洋行。

元芳洋行是旧上海一家老资格的英商贸易行，由英国人索恩兄弟（J.Thorne & C.Thorne）合伙创办，英文行名Thorne Brothers Co.。近代进入中国的洋行似乎有这样一个特点，进入广州、香港的洋行汉名多使用音译，如一家很著名的建筑设计工程行——Palmer & Turner在香港、广州的华行名“怕马及丹拿”，而进入上海后另称“公和洋行”，美国的Marshall Field & Co.在香港的华名为“孖梳非劳洋行”，其在上海行的华名为“忠和洋行”，英商的Lane Crawford & Co.在香港、广州叫“连卡剌佛”，而在上海则叫作“泰兴洋行”等。Thorne Brothers & Co.也有一个地道的中文行名——“元芳洋行”，犹如怡和洋行（Jardine,Matheson & Co.）有一以“怡和”音译的英文名——“Ewo”（早期没有普通话，官话在上海也很少有人会讲，所以，不论英文音译为中文，或中文音译为英文，都是用上海方言来译的），元芳洋行也有一个从“元芳”音译的英文名——yuenfong，而且这个由中文再译的yuenfong的名气比它的正名Thoren Brothers & Co.响多了。元芳洋行是一家贸易行，代理多家英国厂商的对华贸易，自己也在上海经营杂货、芷头拍卖（早期的拍卖与现在人讲的拍卖不尽相同，一般货物抵达港口后，通过公开竞价的方式卖给客商）等，同时自己也经营进出口业务。而元芳洋行的早期和长期行址就在元芳弄10—20号，于是，这条弄堂就被叫作元芳弄。元芳洋行后来被原洋行的职员梅特兰（J.A.Maitland）接办，英文名改称Maitland & Co.，但中文名“元芳”和由中文转译的“yuenfon”并没有改动。

元芳洋行是早期上海颇有势力的进出口商行，在上海多处设有分支机构，建立堆栈，它在近虹口码头的东百老汇上也有分支机构和堆栈，于是这里的一条路也被叫作“元芳路”，就是今天的商丘路。

元芳弄（上世纪90年代摄）

离商丘路不远有一条高阳路，它的原名叫“兆丰路”，英文路名则为Chaoufoong Road，从字面上看，这“兆丰”可能脱自“瑞雪兆丰年”，即希望，预兆有很好的收入之义，是一个祈福、吉祥的名字，而英文只是“兆丰”的音读，也不见得有什么其他的意义，但是，在1943年的上海路名更改中，却将其以河北省地名更名为高阳路。

实际上兆丰路得名“兆丰洋行”。霍格和霍锦士（William Hogg和James Hogg）是兄弟俩，大约在1850年代初到上海。1853年太平军攻占南京，改南京为“天京”，建立太平天国，本来就动荡的江南局势变得更为复杂，当时，不少西方传教士对清朝政权之无能和无败表示不屑一顾，大多同情太平天国，而在华的外交官们则对声势浩大的太平天国运动失去了判断，无法知道太平天国与清政府之间将会是谁最终取得胜利，于是采取了“中立”态度，上海的侨民们为了使租界免受战争冲击，提出了“武装中立”的口号。1853年4月8日，英国领事阿利国（Rutherford Alcock，1809—1897，今沪东的安国路旧名“爱尔考克路”，英文路名Alcock Road，即以其名字命名），美国领事金能亨（Edward Cunningham，1823—1889）召集在上海的侨民举行会议，决定立即组建一支“上海义勇队”（Shanghai Local

清末元芳路至兆丰路的东百老汇路，右侧能见到“Hwakee Road华记路”路牌，即今永定路

Volunteer Corps，后来改称Shanghai Votuteer Corps，汉名“上海万国商团”，是上海租界常设的准军事化部队，受工部局指挥）会同驻沪的海军共同保卫租界，这位军人出身的霍格当选为上海协防委员会的五人委员之一。约1860年，霍格、霍锦士兄弟在上海成立Hogg Brothers，是一家综合性贸易公司，1861年太平天国为了减轻清军对南京的围困压力，派忠王李秀成率一支“东进军”突围后向东进攻，一路攻破镇江、常州、无锡、苏州、昆山、杭州、宁波等苏南浙北的主要城市，并直逼上海，霍锦士又任防务委员会委员，以后又任多届工部局董事，还应意大利政府之聘，担任了几年的意大利国驻上海领事。与在上海的许多洋行一样，Hogg Brothers的中文行名为“兆丰洋行”，还另有一个以中文“兆丰”音译的英文名——Chaougfoong，他们在沪东设有机构，于是沪东的一条马路以洋行名叫作“兆丰路”。

霍格还是上海跑马会的创始人之一，当时上海除了在跑马场赛马外，侨民中盛行一种称之“Drag—Hunt”的赛马活动，这Drag—Hunt就是跟踪野兽的气味猎杀野兽的意思，此

Jesfild Park，shanghai，即上海极司菲尔公园，就是兆丰公园，即今中山公园

活动必须配备许多猎犬，人们骑在马上跟随猎犬猎杀动物，到19世纪中期，它又演变为fox hunting，也即所谓的“猎狐”运动，是英国上层社会的消遣活动，通常使用雌雄猎犬15～20对，在主人指挥下进入山林，追逐狐狸，主人及随从骑马跟踪猎犬，捕猎到狐狸后，狐头、狐尾分赠宾客，余下的则成了猎犬的食物。上海是江南水乡，一畴平川，既没有山地，又没有森林，当然极少有狐狸之类的走兽，自然也无法举行Drag—Hunt或fox hunting之类活动，于是在上海演变为Paper hunt，被中国人叫作“跑纸”、“撒纸赛马”等名，1876年刊印的《沪游杂记》中记：

> 跑纸。春秋佳日，西人谴细崽马夫囊携碎纸，乘马至远郊随意抛弃。次日，西人乘骑觅，能遵原路而先到纸尽处者为胜。

《点石斋画报》绘有“西人跑纸”一画，配画文曰：

> 西人于春秋佳日必赛驰马以博输赢，定例一年两次，每次三日，无多举也。今年，本埠秋后又添跑纸之戏，马数少则十余匹，多则五六十匹，曾无限制。其法，荟萃一处，一西人系囊于身，中储五色纸条，临风一撒，锦绣满天，风力所向，纸条随之而去，而群马即视纸条之所指，绝尘而驰，其能冒过纸条之头者，为得彩

焉。由静安寺至法华均有马路，西人恒于此乘舆云。

这两处对“跑纸”形式的描述明显不同。《沪游杂记》讲，在跑纸活动开始的前一天，先由中国的马夫骑马将“碎纸”（应该是浸过某种有气味食物的纸）随意沿途放到某处。第二天，参加比赛的人群各自骑马，在自己的猎犬引领下，能循着所放碎纸，最早抵达最后一纸处为胜。而《点石斋画报》所讲的“跑纸”中不使用猎犬，所绘的画中也没有猎犬。比赛形式是，一人先行，并将随身携带的“纸条”抛向空中，这些纸条即随风而飘，后面的骑马人群在发令枪响后，策马追逐“纸条”，能最先追逐到最前的“纸条”为胜。

原来，《沪游杂记》刊印于1876年，此文的写成时间还要早一点，而《点石斋画报》创刊于1884年5月8日，而文中讲的“今年”应该是1885年，二者的成文时间约相差10年，这10年间上海西人的paper hunt 活动形式也发生了变化。

西人在上海paper hunt 的开始时间大概在1860年代后期，活动大多在沪西郊区举行，这里全部是农田，所以，paper hunt 活动会严重损坏农田和庄稼，农民深受其害，当然也会使活动举行很不顺利，很烦心。于是，身兼上海跑马会董事和兆丰洋行老板的霍格、霍锦士就圈进了沪西估计有千亩的土地，建立了一个paper hunt的专用马场，西人的跑纸赛

铜版画“在雨中进行的撒纸赛马”，地点在上海

马就定在这里举行，1879年，兆丰洋行将这里的一块土地卖给了美国基督教圣公会，并在这里兴建圣约翰书院（1908年改圣约翰大学，址今为华东政法大学）。跑纸活动中止了，《点石斋画报》的配话文中使用“今年，本埠秋后又添跑纸之戏”，显然是讲——今年上海又恢复了跑纸活动，由于没有指定的场地，只能利用“静安寺至法华”的“马路上进行，其形式自然也发生了改变，而所谓 “静安寺至法华”的马路，当初叫“英徐家汇路”，也就是今天的华山路。

跑纸赛马照例每年举办春、秋两次，由一个叫Shanghai Paper Hunt Club（旧译“上海猎纸赛马会”）发布公告，其目的当然是告知人们，在活动时间，英徐家汇路上禁止车辆、行人通行，公告还公示了活动的时间以及地点，起点在一个叫Clatter Bridge的地方为起点，以Tidal Creek 为终点，这个Clatter Bridge是徐家汇路跨长浜的桥，相当于今华山路延安中路交叉路口，而Tidal Creek就是“潮汐河”，这里一带只有肇嘉浜是有明显涨潮落潮的潮汐河，当然，终点就是今肇嘉浜路与华山路相交的——徐家汇。

进入20世纪后，沪西的市政建设加快，人口逐渐增多，已难以举办跑纸赛马了，约20世纪初，这一活动就终止了。

到19世纪末，霍格、霍锦士兄弟也已年迈，他们计划退出上海，回英国休养，约1891年，兆丰洋行就由一位叫霍爱德（Edward Jenner Hogg，可能是霍格的族人）经营，英文行名改称Hogg.E.Jenner，中文行名照旧，1914年，工部局征用了兆丰洋行在沪西余下的约320亩土地建为公园，这个公园有几个名称，以该地原系兆丰洋行产业，取名“兆丰公园”，又以今万航渡路穿过兆丰公园北面，而今万航渡路旧名“极尔菲司路”或“梵皇渡路”，故又名“极斯菲尔公园”或 “梵皇渡公园”。1943年随租界一起被汪伪政府收还，即改名“中山公园”。这一带有不少被称之“兆丰”的花园住宅，均是以“兆丰公园”得名的。

在中山南二路南面，日晖港的西面也有一条“兆丰路”，该路筑于上世纪20年代，是通往原“南站”的道路，所以，除了经常进出这里的卡车司机和运输工人外，很少有人知道这条路。不过，以前运到上海的黄牛大多先进南站，再运到屠宰场，而沪语以又“黄牛”喻掮客，不肯承担责任的人，以及“二道贩子”，于是旧沪语又以“兆丰路”或“兆丰路出来格”喻“黄牛”，只是，今天它已从沪语中消失了。

# 闸北路名的特点

历史上的吴淞江很宽，它还是一条上海与江苏、浙江之间的主要航道，在古代，要在吴淞江上架一座桥身很高，不影响航运的桥是十分困难的；同时，古代的吴淞江北岸基本上是农田和自然村落，没有交通上的必须，所以，吴淞江上只有渡口而没有桥梁。吴淞江是通海的河流，受潮汐的影响，每天会有规律的涨潮和落潮，一般讲，涨潮时水势汹涌，而落潮时，水势缓慢，古人很早注意到这一现象，就是涨潮时大量的泥沙随潮水倒灌到上游，退落时平缓的水流又不能将泥沙带出去，日积月累，沉积的泥沙使河床抬高，河流淤塞，于是想出了一个办法，就是在江中建造闸，这样，涨潮时关闭闸门，潮水就被挡在

清末苏州河老闸桥

闸外，退潮时放闸，又可以把泥沙冲往下游。明代和清初上海人先后建造过二座水闸，这些闸早已不见了，但是，今天苏州河上的福建路桥和新闸路桥，以前或现在都叫作“老闸桥”和“新闸桥”，它们就是以前苏州河上闸所保留下来的地名。

闸可以挡住潮水，当闭闸时，它又同样拦住了航行的船只，于是，船民可以借此机会上岸添置一些食品、日用品，也可以上岸到酒肆茶楼作短暂的休息，古人把此风情列为“沪城八景”之“吴淞烟雨”，并作诗曰：

闸门潮长水如春，去去张帆拂柳浓。

别有归舟烟雨里，迎潮无奈泊吴淞。

读者一定要注意，这里的“吴淞”不是今日所谓的吴淞镇或吴淞口，而指吴淞江，也就是苏州河，具体的位置就是吴淞江上的水闸处。正因为如此，就在与闸相近的吴淞江北岸形成了市镇，它们是“老闸市”和“新闸市”，在1947年出版的《上海市商业行号图录》中，在老闸桥的北堍还能找到一条叫“老闸街”的小路，它就是历史上“老闸市”的

上世纪30年代的北四川路，这里以前也被叫做“闸北”

遗址。

黄浦江是流经上海市区最大的河流，于是上海人把黄浦以东称“浦东”，以西称“浦西”，上海人也习惯把大小河流一概叫作“河浜”，于是，人们又把吴淞江（主要是流入市区段的苏州河）北岸叫作“浜北”，南岸叫作“浜南”，而“浜北”的近水闸处就叫作“闸北”。

与浦东曾因受黄浦之隔而经济发展稍迟一样，“浜北”也与县城中间隔了条吴淞江，经济发展也迟于“浜南”。到了近代以后，“浜南”及“浜北”的虹口被辟为租界，所以“闸北”经济的发展也稍迟于“浜南”和虹口。

19世纪后期，受租界经济、市政发展的影响，闸北的市政也逐渐加快了建设的步伐。1900年，广东籍巨商沈镛、祝承桂，浙江富商钱荣康等联合闸北地方绅商，希望集资在苏州河上架桥，以方便闸北与“浜南”租界的往来，促进闸北经济发展，此事得到地方上的支持，但必须要有一个机构来操作这件事，于是在同年就组织了一个叫“闸北工程局”的机构，它也是闸北出现的第一个市政工程建设机构。经过若干时间的筹备和建设，这座桥于1903年建成了，取名“汇通桥”，桥名也包含希望与“浜南”沟通之义。前面已经讲过，苏州河是上海沟通江浙的重要航道，所有桥梁必须达到一定的高度，确保船只正常通行，而这座“汇通桥”的桥身较低，质量也不佳，于是就面临折除的可能，而闸北工程局更面临经费不足的困难，就只得呈上海地方政府，希望由上海地方政府接办闸北工程局，1904年，上海地方政府就仿原来南市体制，将闸北工程局改组为“闸北工巡总局”成为官方的闸北市政建设和管理机构。不过，人们仍以1900年闸北工程局的建立为闸北有市政的开端。1908年清廷颁行《全国城镇乡地方自治章程》，1911年，原“闸北工巡总局”又改组为“闸北地方自治公所”。

明朝以前的吴淞江是流经上海最大的河流，江宽水急，它无形中也成了两个行政区的分界河，江北属嘉定县，清雍正二年（1724）分嘉定县之东部置宝山县后，原吴淞江北岸就是嘉定县和宝山县；江南是上海县，上海旧俗称“淞南”，就是以位于吴淞江南岸而得名的。明朝分上海县之西部设立青浦县，于是江南就是上海县和青浦县。但这一切到了明初的治水工程中，由于吴淞江下游改道而发生了变化，也就是讲，旧吴淞江的南岸和后来的苏州河北界仍是上海县界，而旧吴淞江后来被叫作“虬江”，大致上相当于今西虬江，虬江路和东虬江，所以，当年闸北工巡总局控制的区域相当于今天彭浦以东，苏州河以

1932年一·二八淞沪抗战中，守卫闸北的十九路军

北，虬江路以南，以及原公共租界以外的范围。

1911年上海光复后建立沪军都督府，上海设立上海市政厅，原南市的“上海城自治公所”改组为上海市政厅下辖的“南市市政厅”，闸北地方自治公所也改组为“闸北市政厅”，并开始了大规模的道路建设和路名更名，这些路名就带有这一时期的时代特征，如原来的闸北工巡总局门口的路叫“总局路”，就被改成“共和路”，原来的“新闸桥路”改名为“大统路”（大一统之义），原来的“新大桥路”改名为“恒丰路”等；而新辟的马路则有华盛路、国庆路、光复路、新民路等。

也有一些路名比较隐性，中华民国的国旗有红、黄、蓝、白、黑组成的“五色旗”，分别代表中华民族中的五大民族，即汉、满、蒙、回、藏，并由此表示中华民族是一个多民族的族群，于是又将几条新筑的马路命名为“汉中路”（代表中原汉民族）、满洲路（代表满族，后改名旹源路）、新疆路、蒙古路、西藏北路（是西藏路向北的延长线）。中华民国推翻了清政权，结束了中国几千年的封建统治、为振兴中华奠定了基础，所以闸北的许多路名隐含了“振兴中华”之义、如：中兴路、永兴路、中华新路、鸿兴路、宝昌路、同济路（今同心路）、隆昌路（今花园路）、华昌路、民主路、民德路等。

1899年公共租界扩张成功，它在闸北的界线大致上相当于沿西藏北路向北，再沿海宁路向东，再沿浙江北路向北，沿天目东路向东，今天目中路和天目东路是在浙江北路处分界的，也就是这个原因造成的。天目中路由闸北工巡总局筑于清末，初名“北川虹路”，1914年改名新民路，1946年改天目中路；而天目东路由公共租界工部局筑于1903年，以其是租界与华界的分界线，英文名Boudary Road，中文名“界路”，1943年改“天目路”，1946年改“天目东路”。在西藏路桥北堍的西侧，原满洲路的东南有一幢四行储蓄会建的“四行仓库”，建于1931年，六层钢筋混凝土结构，而附近都是二层以下的平方，使它在这里成为一个制高点。1937年八一三淞沪战争爆发后，10月26日，扼守闸北天通庵阵地的中国军队第八十八师二六二旅五二四团第一营奉命掩护右翼部队撤退。任务完成后，第一营与全军失去联系，遂由团副谢晋元率领退守到四行仓库，凭借这幢牢固的仓库继续抵抗日军，多次击退日军的进攻；谢晋元在此坚守四日五夜，歼敌二百余人，伤者倍之，壮士殉难者十余人。10月31日，谢晋元奉命撤离，驻胶州路公园内，1941年4月24日谢晋元在“孤军营”被士兵所杀。抗战胜利后，为表彰和纪念谢晋元烈士，正式将四行仓库西侧的满洲路命名为“晋元路”，是上海为数不多的纪念抗日英烈的路名之一。谢晋元是抗日将士，但他是国民党军官，1964年就以山西省地名改为“晋源路”，“文革”结束后，国民党军队和南京国民政府在抗日战争中的地位和作用得到重新认识，1985年，又恢复“晋元路”名称，“四行仓库”也公布为纪念地。

“闸北工程局”建立时，其所辖的区域只是苏州河北岸的原上海县境，北面不越过虬江路。1925年10月，身任浙闽苏皖赣五省联军总司令的孙传芳攻占上海，次年5月，他在龙华镇设立“淞沪商务督办公署”，任命著名地质学家丁文江为总办，由丁文江提议推行“大上海计划”，将上海县全境，原吴淞商埠局控管的吴淞市，以及原宝山县的高桥、殷行、江湾、真如、彭浦等乡划归淞沪商务督办公所，使上海的面积，尤其是北面近市区的面积增加了许多，于是，“闸北”的概念发生了变化，其所指区域也越过虬江路，到中山北路沿线。

闸北区建于1946年，区境略等于今苏州河北岸到中山北路，西藏北路、和田路以西，彭浦以西之地，面积约4.14平方公里；1956年，撤北站区并入闸北区，其北界已到北长浜，面积近28平方公里。2015年9月，静安区和闸北区合并成立新的静安区。

闸北是20世纪初新形成和发展起来的城市，从某种角度上讲，它的市政设施和城市形态均优于“南市”，街道整洁，全区大多为二三层的“石库门”里弄住宅。不过，1932年1月28日和1937年8月13日爆发的二次淞沪抗战中，闸北均为主战场而遭兵燹，大部分建筑被夷为平地，或仅乘断垣残壁，使这里成为贫民区、下只角。上世纪70年代时，我工作的单位在闸北恒丰路，41路公共汽车在恒丰路天目中路设了一个叫“三层楼”的车站，那里的人也把此一带叫作“三层楼”。原来，在1937年八一三淞沪战争中，闸北的许多地方被炸，而只有这里——即恒丰路、裕通路口的一排三层石库门房子幸免于难，于是，当地人把这里叫作“三层楼”。我想，这“三层楼”可能会在城市建设中拆除，但作为地名，“三层楼”记录了近代上海的一段往事，是否可以将其作为一种文化遗产保护下来，告之后来者呢！

# 虹口港及其他

我以前长期居住、生活在虹口区，我的家边上有一条叫作“虹口港”的小河，小时候我常在虹口港游泳，我会游泳也是在虹口港学会的（当时虹口港的水尚清，不过水很深，现在想起来还有点后怕），显然，虹口或虹口区应该得名于这条——虹口港。不过，“虹口”或“虹口港”不见于清《同治上海县志》的记录，直到《光绪上海县志》中的《淞北

著名的虹口菜场，俗称“三角地菜场”

虹口港四卡子桥附近的工部局屠宰场

水道图》中标之一条“虹口港”的河流，它大致上相当于今天的“虹口港”，《虹口区地名志》中讲：“虹口港。位于本区南部。南起黄浦江，北流至嘉兴路桥，接俞泾浦，稍南接沙泾港。全长1.53公里。”看来，这条虹口港确实是一条并不长的河浜。

《光绪上海县志》中讲：

> 虹口港（即前志“沙浜”）。纳浦潮西北流，过北新虹桥，又西北折而东，过何家桥，又西北至分水庙为三，一东出过陶家湾虹镇，又东北入宝山县境；一北出至诸家行而东北流；一西北出，过谈家桥，入宝山县境。

这段文字并不难读，但是文中所提到的一些自然村落地名和旧桥梁名，在近代虹口的城市化进程中湮没了，所以，这段文字并不容易理解。

我曾在《街道背后——海上地名寻踪》一书的《里里外外说“外滩”》一文中讲过，上海地区以河流为轴线时，通常以河流的下游出口处为“外”，而河流的上游，也既源头处为“里”，虹口港上接俞泾浦，向南流至今大名路桥南注入黄浦江，所以，虹口港以南边为“外”，北边为“里”，从南至北依次有：大名路桥、长治路桥、汉阳路桥、余杭路桥、鸭绿江路桥、嘉兴路桥，而我至今仍以俗名把大名路桥、长治路桥、汉阳路桥叫作“外虹桥”、“中虹桥”、“里虹桥”，我童年时尚把余杭路桥叫作“新虹桥”，显然它是继外虹桥、中虹桥、里虹桥之后建造的新桥，由于“新虹桥”西堍南侧的斐伦路（今九龙路）是公共租界早期建造的“电灯厂”（以前上海人对发电厂的叫法），所以至今当地人仍习惯把余杭路桥叫作“电灯桥”，而我家就在“电灯桥”的东堍，由“电灯桥”向“里”，也就是向北就是“鸭绿江路桥”，我们称其为“sigazi桥”，并不知它的写法，以及是什么意思，后来我见到有人将其写作“施家嘴桥”或“史家嘴桥”，不过，在《光绪上海县志》中提到，上海县为了增加税收，在一些水上交通路口设置了一些征税的“卡子”，在虹口港上设了第四分卡，也许，这“sigazi桥”应该是“四卡子桥”，该桥位于“新虹桥”之北，它就是《光绪上海县续志》中讲的“北新虹桥”。以上是文字的叙述，实际上，1918年版的《上海租界城厢地图》中，在今鸭绿江路桥处清清楚楚地标着“北新

美国基督教传教士文惠廉在虹口建立的救主堂。教堂前的路即“文惠廉路”，又叫“文监师路”，即今塘沽路

虹桥”。

“分水庙”即“分水龙王庙”。《虹口区地名志》中记：“分水龙王庙。遗址位于本区中部偏南，临平路桥东北堍，临平路313号。属佛教临济宗派……1957年征用拆除。”以前这一带叫作“香烟桥”，这里现在还有一条叫“香烟桥路”的小路，我曾花了很大的精力去寻找，希望在这里找到历史上的“香烟厂”（上海人对卷烟厂的叫法），可是并未能如愿，我估计，这“香烟”并不是今日所讲的卷烟，而是寺庙里升起的袅袅香烟。《续志》所讲：虹口港“过北新虹桥，又西北折而东，过何家桥，又西北至分水庙为三”，这就是今日被标为“沙泾港”的河流，沿河的一侧是“沙泾港河”，另一侧有“胡家木桥路”，在上海方言中，胡、何、吴的发声基本相同，那《续志》中讲的“何家桥”也是就是今天的“胡家木桥路”所得名的“胡家木桥”。

所谓“分水庙”就是水神庙，从河流的角度去理解，就是有三条河流在这里汇合，而从庙的角度去理解，就是这里分别有三条河流分流，由于这三条河流都不大，《光绪上海县续志》只记录了它们的流向，没有提到河流的名名，而《嘉庆上海县志》中却提到了这三条小河的名称，讲：

> 沙洪在杨树浦西，通江（指旧吴淞江）、浦（指黄埔），北流至分水庙，东为南洪，中为中洪，西为北洪。

原来，这三条河分别叫作南洪、中洪、北洪，在分水庙处汇会成一条河，即“沙

虹口公园

洪”。实际上前面引用的《光绪上海县志》中也已作了说明，在“虹口港”中讲“即前志‘沙洪’。”

“洪”在汉语中一般指大水，如山洪暴发中的“山洪”就是大雨季节从山上冲下来的大水，但在古代汉语中“洪”字“从水从共，指两条或两条水流相汇处，宋陆游《入蜀记》卷三（七月二十二日）晚，泊水洪口。江湖间谓分流处为洪。王文公诗云：‘东江水落水分洪’。是也。”也许由于有三条水流在这里汇集，于是时作“洪”，不过，历史上的上海地区被叫作“洪”的河流和地名很多，如今曹阳路中山北路一带旧是叫作“沙洪”或“沙洪浜”，而且被叫作“洪”的地方不见得一定有两条河流相汇，于是，以前有上海史学者以为，“洪”字与“泓”同义，是指清澈而细小的河流，此说是讲得通的。

历史上的“沙洪”应该指“分水庙”，即相当于今临平路桥以下的沙泾港和虹口港，现在此地有沙泾港路和东沙泾港路，均以该河流得名。“虹口”旧时多写作“洪口”，其最初并不是河流名称，而是一个区域名称，应该指——沙洪的入黄浦江口的地方，犹如今日的“吴淞口”是指吴淞江入长江口一样，当“洪口”之地名著名度上升后，“洪口”就被用于这条河的名称。毛祥麟，字瑞文，号对山，约生于清嘉庆乙亥年（1815年），是地道的上海人，官浙江候补盐大使，其著《墨余录》大多记录他生活时代的上海故事，卷八中有这样一段记叙：

> 沪城东北有港，名“洪口”。外通大海，内达吴淞（指旧吴淞江），水急河阔，旧有渡船，而晚即收渡，江之南北，夜无往来。通商后，西人架木为桥，桥长一百八十余步，中有斗笋处，绕以铁链，使可开合，以通帆墙。桥两头搭盖小房，为西人馆。另雇本国人守之，往来者，人索钱二文，车马轿担，则加数倍，每日可得钱数十缗。

文中讲的桥是指上海开埠后西人于1856年在苏州河上的第一座桥，由英国人威尔斯（Wills）组建的“威尔斯苏州河桥梁建设公司”（Soochow Creek Briege Co.）承建，西文名“Wills Briege”，以该桥位于原苏州河口的第一个摆渡口——外摆渡，华人称之“外摆渡桥”，即今“外白度桥”。这里离上海县城不远，又是上海著名桥梁，毛祥麟不至于不熟悉；毛氏又是上海的著名学者，更不至于文笔不通畅。所以，他文章中讲的“沪城东北有港，名洪口”，这条河确实叫“洪口港”，但“外摆渡桥”并不是跨洪口港的桥，是跨苏州苏州河桥，这“洪口”也指沙洪的入黄浦口一带地方。

礼查饭店

早在1845年，美国基督教圣公会传教士文惠廉（William Jones Boone，1811−1864）来到上海，当时苏州河南岸已被辟为英租界，地价比较贵，而当时美国的国力也不太强大，于是，文惠廉就“永租”了一块位于苏州河北岸的虹口的52亩土地，建立了自己的传教基地。1844年中美签订《望厦条约》，中美正式建立外交关系，同年，美国政府任命费信登（Henry Fessenden）为首任驻上海领事，不过他并没到任，1846年又任命旗昌洋行老板吴利国（Henry G.Wolcott）署理上海领事，根据国际惯例，吴利国将领事馆设在自己位于福州路外滩的旗昌洋行内，并在这里升起美国国旗，此事立即引起英国人的不满和反对，并称：英租界是英国与上海道签约获取的特别区域，这里只能升英国国旗，不能升除英国之外的任何第三国国旗，当时的美国人斗不过英国人，只得悻悻地降下国旗；而根据美国外交政策，美国不希望，也不能在外国建立殖民地，设立租界（事实上美国只是曾在上海短时期设立租界外，在中国确实没有美租界），外交官不能违背国家的法令，不能在上海建立租界，于是，吴利国就怂恿文惠廉去与上海道交涉，想不到上海道还真大方，同意将文惠廉已经“永租”的虹口土地的附近区域划为美租界，并定名为“虹口美租界”，从此，原来的“洪口”被固定写作“虹口”，其所指区域或范围，已不局限于“沙洪”的入黄浦口，而指“虹口美租界”以及它所涉及的范围，如“虹口美租界”的区域，西面达到今西藏北路，今虹口区的西界只达到河南北路，历史上河南北路以西的地方也被叫作“虹口”，治史者一定要知道和了解这些知识。

“虹口美租界”筑的第一条马路就是“虹口路”（Hongkew Road），使用时间不长，约1864年就以美国纽约著名街道名改名为“百老汇路”（Broadway Road），就是今天的大名路。

文惠廉的救主堂建在今塘沽路与大名路转角处，塘沽路旧英文名W.J.Boone Road，旧中文名除了“文惠廉路”外，又作“文监师路”，这应该是早期上海人把基督教传教士叫作“监师”有关，又叫作“蓬路”，这应该是Boone的译名，在一些日文上海地图上多作“朋路”，这也是Boone的日文音译。

最初的“虹口美租界”的路名也是比较混乱的。1863年，上海的英租界和美租界正式宣布合并，英文名为“Shanghai British and American Settlement”或“Shanghai Foreign Settlement”，中文名称“上海英美租界”，但习惯上，以及部分文件和著录中，也把原英

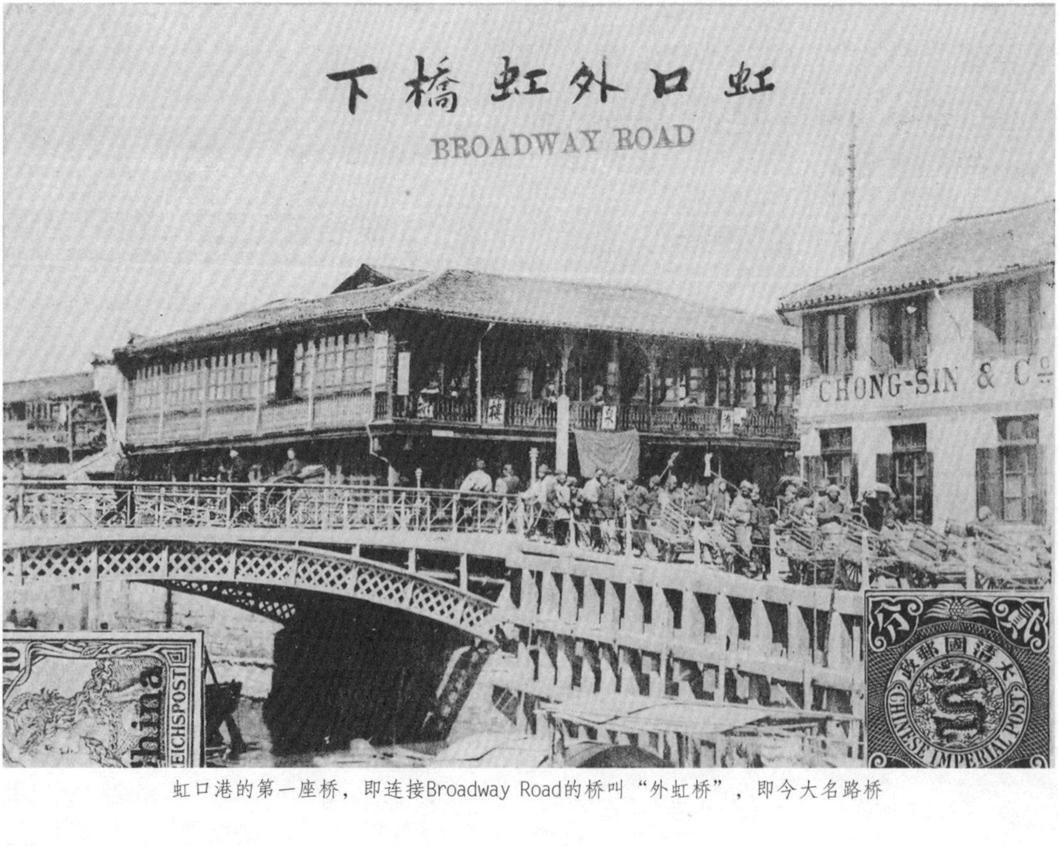


虹口港的第一座桥，即连接Broadway Road的桥叫“外虹桥”，即今大名路桥

上海出现的第一座发电厂——裴仑路电灯厂就建在虹口江边，图中的桥是“新虹桥”，俗称“电灯桥”

租界称之“英租界”，美租界称之“虹口美租界”或“美租界”。也是在这一年，工部局的一次会议上决定，原则上以上海周边城镇名作为“虹口美租界”道路之专名，如今仍在使用的乍浦路、昆山路、吴淞路、海宁路、闵行路，青浦路等就是当年确定下来的路名。这里须说明一下，今天的金山路旧名叫“礼查路”（Astor Road）以其旁有当时上海最豪华的饭店“礼查饭店”（Astor House）而得名，1943年改名“金山路”。

“市”作为大城市行政区专用名字始于20世纪后，如上海旧时为“上海县”，县治所在的上海县城一般称之“邑”或“上海邑城”，古汉语中“市”是一个市场的概念，如“日中为市”就是在中午时刻进行市场交易，后来，“市”又指人口居住集中，有商业互市的地方，其建置比“镇”小得多，为与现代“市”的概念相区别，现代人可以把古代的“市镇”之“市”讲作“草市”。虹口美租界的建立促进了苏州河北岸的城市化进程，《同治上海县志》中记：

内、外虹口市。县城东北五里，道光间渐成市，多聚客民，易藏奸宄。

“道光”的时间为1821～1850年，应该讲究在文惠廉“永租”虹口之地后，这里就形成了内、外二个“虹口市”，一方面虹口是美租界，另一方面虹口与上海邑城被苏州河分割，在上海县城犯法的人越过苏州河进入美租界，上海地方政府就奈何不了他们了，所以《志》讲：“多聚客民，易藏奸宄。”在今天虹口港的东边，东余杭路与东汉阳路之间，即今东汉阳路219弄或东余杭路218弄，1918年《上海城厢租界地图》中标“虹口老街”，我们则习惯叫作“老街”或“老街里”。直到今天，这里的街貌与我童孩时所见没有明显的变化，确实与传统江南古镇的街貌十分相近，沿街均为两层的江南传统民居。老街的南边，东、西各有一条小弄堂，一条向西通到虹口港里虹桥堍，这里有一家缸甏行及其堆栈，靠溧阳路口有一土地庙，据讲就是“虹口老街”的土地庙。我印象中这座庙很破，连挡风的墙也没有，不过烧香的人却不少，有一个道士看管，而这个道士就居住在附近，另一条向东，穿过梧州路与一条叫“东栅街”（即梧州路10弄）相接，这里也是一层和二层的传统民居。我认为，这“虹口老街”与“东栅街”应该就是《同治上海县志》中所讲的“内、外虹口市”。而上引的《光绪上海县志》中提到的“虹镇”，它应该是光绪年间形成的一个居民点，它后来被叫作“虹镇老街”，1937年八一三淞沪战争中被炸，以后就成了虹口，仍是上海知名度颇高的贫民窟、棚户区，如今这里已被改造，虹口区人民政府机关就设在“虹镇老街”的飞虹路上。

1946年上海设“区”时，虹口区的面积不大，大致相当于今虹口港与河南北路之间的范围，1956年和1959年，先后取消“北四川路区”和“提篮桥区”，并入虹口区，这样，虹口区的东面到大连路，北面到虹口公园以北，1979年和1984年又将原宝山江湾的部分划入虹口区，使它的北界延伸到场中路以北，总面积达23.5平方公里，当然，“虹口”也指虹口区境，所以，不同时期的“虹口”，其实指的区域是不一样的，这一定要注意。

**以下图书已经出版，敬请关注：**

《民间影像》1~6辑
256p，定价：58.00

一本很另类的史料抢救丛刊，跨地域、跨学科，以第一手的历史影像为线索，来呈现一个个历史片段。既有大历史的瞬间，又有普通人的日常生活，呈现鲜活的民间生活场景，提供过往的宏大叙事里难得一见的生动细节。

《上海祭忆——七位摄影师的影像记录》
ISBN: 978-7-5608-5148-8
160p，定价：98.00

唐载清、徐喜宪、龚建华、杨元昌、陆杰、顾铮、王耀东，以七位摄影师的影像，记录七八十年代上海城市的片段，留下一个时代的记忆……